Perry London

Der gesteuerte Mensch

Perry London

Der gesteuerte Mensch

Über die Möglichkeiten einer Verhaltenskontrolle

Ehrenwirth

Die englische Ausgabe erschien unter dem Titel
BEHAVOIR CONTOL
bei Harper & Row, Publishers, New York, Evanston, London.

Die Übersetzung aus dem Englischen besorgte Dr. Wolfgang Schmidbauer.

ISBN 3-431-01524-7

Druck: Brönner & Daentler KG, Eichstätt
Printed in Germany 1973

Inhalt

I

Wie man Menschen steuert

I

Die Verhaltenssteuerung steht vor der Türe

Die ganze Geschichte menschlicher Entwicklung hat uns in endlose Versuche verwickelt, den Menschen unter Kontrolle zu bringen. Zeichen unseres Aufstiegs von tierischen Ahnen sind Werkzeuge, durch die wir unsere Größe und Stärke steigerten. Sie stellen erste Versuche dar, die Umwelt, in der wir leben, zu steuern. Blüte und Verfall von Kulturen zeigen, wie die Fähigkeit zunahm, Dinge und Menschen in den Griff zu bekommen. Die Geschichte der Religionen und ihrer Institutionen, von den indischen Yogis bis hin zu den griechischen Gymnosophen, von hebräischen Ekstatikern bis zu britischen Methodisten, ist auch eine Geschichte der Bemühungen, die menschliche Persönlichkeit, Leib und Seele, zu steuern, der unvergänglichen und der vergänglichen Welt kraft des Geistes Gesetze zu geben.

Es war keine leichte Aufgabe, menschliche Individuen zu steuern, vor allem was ihr inneres Leben angeht, ihre Hoffnungen und Wünsche. Und obschon der Mensch stets Gegenstand seiner eigenen Fragen gewesen ist, weiß er über sein eigenes Verhalten immer noch weniger als über die meisten Dinge, die er je erforscht hat. Doch er lernt schnell hinzu und sein Wissen wächst, so daß unsere gegenwärtigen Kenntnisse ausreichen, eine grobe Technik der Verhaltenssteuerung zu entwickeln. Bald wird er genug wissen, um sie geschlossener zu machen und methodisch zu verfeinern.

Verhaltenssteuerung ist die Fähigkeit, jemanden dazu zu bringen, daß er Befehle befolgt. Von alters her bis in die jüngste Vergangenheit standen uns dazu als einzige Mittel entweder physischer Zwang (oder die Drohung damit) und Überzeugung durch Inspiration oder Erziehung zur Verfügung. Diese Techniken waren meist grobschlächtig oder ihre Anwendung mühsam, ihre Wirkung war unspezifisch und unsicher. All das ändert sich jetzt. Man findet neue Mittel und Wege, wobei die Wissenschaften von der Gesellschaft, vom Menschen und vom Leben schlechthin zusammenwirken, die bald eine exakte Steuerung eines großen Teils bislang individuell bestimmter Handlungen, Gedanken, Gefühle, Stimmungen und Wünsche ermöglichen werden. In der menschlichen Geschichte hat es das bisher noch nicht gegeben: außer in der Phantasie von Utopisten. Selbst heute haben die meisten Wissenschaftler, Techniker, Lehrer, Ärzte, Ingenieure und andere Spezialisten noch nicht einmal die Werkzeuge richtig ins Auge gefaßt, die sie für sie zur Verhaltenssteuerung hergestellt haben oder bereits anwenden. Noch seltener haben sie — einzeln oder gemeinsam — größere strategische Systeme entwickelt, mit denen sie über das Leben von einzelnen oder einer ganzen Gesellschaft verfügen: Doch schon jetzt werden viele überrascht sein, in welchem Ausmaß bereits heute die systematische Manipulation des Menschen möglich ist, wenn sie den gegenwärtigen Stand der Verhaltenstechnologie, wie er hier geschildert werden soll, kennenlernen. Und präsentiert er sich im Vergleich zu dem, was in nächster Zukunft bevorsteht, noch harmlos?

Die Methoden der Psychotherapie, um nur ein Beispiel zu nennen, werden in großem Ausmaß als anerkanntes Heilverfahren bei seelischen Störungen praktiziert. Sie sind aber auch Mittel der Verhaltenssteuerung, sie können systematisch eingesetzt werden, um Wertvorstellungen und soziale Erwartungen zu beeinflussen und sie, wenn schon nicht das tatsächliche Verhalten, wenigstens in Richtung auf bestimmte Normen hin zu lenken. Sie können Gefühle von großer Intensität freisetzen, deren Wirkungen den Lebenslauf eines Menschen eingreifend zu verändern vermögen. Solche Dinge gehören in der traditionellen Psychotherapie fast schon zur Routine. Behavioristisch orientierte Psychologen sind dabei, noch feinere Techniken auszuarbeiten, mit denen sie Störungen vom Stottern bis zur Schizophrenie behandeln. Nach und nach werden sie spezifische Aspekte des individuellen Verhaltens mit immer größerer Genauigkeit angehen, traumatische Ängste durch Angstüberflutung explosionsartig ausbrennen, Perversionen wie Homosexualität zügeln, unbeherrschte Gewohnheiten vom Alkoholismus bis zum Bettnässen durch elektrische Trainingshilfen manipulieren und menschliche Gefühle und unwillkürliche Körperfunktionen darauf konditionieren, daß die Behandelten der Steuerung eines Experten für Verhaltenskontrolle durch präzis eingesetzte Signale ergeben folgen. Trotzdem zählen diese Techniken, die vielleicht bekannter sind als andere, noch zu den unwirksamsten unter den Methoden, die gerade entwickelt werden. Gleichzeitig werden die biochemischen und neurolo-

gischen Substrate des Verhaltens immer schneller erschlossen. Die Technologie, welche diesen Entdeckungen folgt, reicht von der chirurgischen Steuerung des Temperaments bis zur »Pille«, mit all ihren Auswirkungen auf die Sexualmoral unserer Gesellschaft.
Das chemische und elektronische Instrumentarium einer Technik der Verhaltenssteuerung reift sogar rascher und kräftiger als die psychologischen Werkzeuge heran. Die Unmasse der bereits auf dem Markt befindlichen beruhigenden und anregenden Drogen verkörpert die Kindheit einer Industrie, die bald Medikamente herstellen wird, die weit präziser in der Lage sind, Stimmungen und Emotionen der Menschen zu lenken und wichtige Teile ihres Intellekts (wie das Gedächtnis) zu verändern. Die fortschreitende Verkleinerung elektronischer Apparate und die Verbesserungen der chirurgischen Technik erlauben es mehr und mehr, das Wissen um die genauen Lokalisationen im Gehirn, wo die verschiedenen Verhaltensweisen gesteuert werden, auszunutzen. Wer in diese Hirnregionen vorstößt, kann ihre Funktion manipulieren. Elektronische Fernsteuerung epileptischer Anfälle, sexueller Wünsche und sprachlicher Ausdrucksformen ist bereits möglich. Nur wenige Leute haben viel über die weitreichenden Folgen einer solchen Technologie nachgedacht.
Während alle diese neuen Entwicklungen, die den Menschen angehen, Fortschritte machen, wird die Produktion durch Computer auch im größeren Rahmen zunehmend automatisiert und die nötige Arbeitskraft damit vermindert. Man tut immer bessere Methoden der Datenverarbeitung auf, so daß es auch zusehends leichter wird, nahezu jede Art der Veränderung im Verhalten der Massen zu verfolgen und vorauszusagen. Das erleichtert wiederum die Individuen, welche die Massen bilden, zu steuern.
In mancher Hinsicht hat diese Entwicklung sicherlich ihre guten Seiten. Einige ihrer Segnungen könnte die Ausrottung von Geisteskrankheiten, Verbrechen und sogar des Krieges sein. Die Aussicht, diese Ziele auf dem Weg wissenschaftlicher Verhaltenssteuerung zu erreichen, ist verlockend. Dieselben Verfahren, die man zur Eindämmung solcher Übel nutzt, können auch dazu dienen, gutes Verhalten zu fördern. Wenn man jedoch die verfeinerte Macht über individuelles Verhalten dazu einsetzt, Freiheit zu unterdrücken und Initiative zu lähmen, dann mögen ihre Kosten den Nutzen übersteigen. Die ungeheueren Risiken, die hier unweigerlich auftreten, zwingen jeden intelligenten und gutwilligen Menschen, vor

allem aber Wissenschaftler und Techniker, die hauptsächlich für die Entwicklung und Prüfung der Steuerungstechniken verantwortlich sind, so sorgfältig und umsichtig zu arbeiten, daß sie damit eine maximale Förderung menschlichen Glücks mit einem Minimum an Gefahr für die menschliche Freiheit erreichen. Ohne die Einstellung kann ihr noch moralisch neutrales »Kind« ein Ungeheuer, ein Monster werden. Geboren ist es schon, wenn auch oft noch nicht erkannt und benannt. Sicherlich wird es schnell heranwachsen, ganz gleich wer dagegen protestiert.

Die technische Eroberung unserer äußeren Umgebung ist bereits so fortgeschritten, daß die Grenze ihrer Erforschung in den Weltraum und die Tiefe der Ozeane vorgeschoben wurde. Den Rest dieses Jahrhunderts werden Durchbrüche in der Biologie und den Verhaltenswissenschaften charakterisieren, die den großen Entdeckungen der Physik in den letzten zwei Jahrhunderten entsprechen.

Jede Welle theoretischen Fortschritts in der reinen Forschung führt zu einem Wachstumsruck im Ingenieurwesen, jede von ihnen ermöglicht eine neue Technologie, die dann ihrerseits neue Möglichkeiten erschließt. So geht eine Linie von der Elektronik über das Fernsehen, den Computer zum Raumschiff. Den Fortschritten in Genetik und Biochemie folgten die effektive Viehzucht, empfängnisverhütende Pillen und Tranquilizer. So geschieht es in allen Bereichen, die man betrachtet. Der Schritt von der Möglichkeit einer technischen Entwicklung zur tatsächlichen Technologie kann früher oder später erfolgen, aber er erfolgt in jedem Fall. Die Technik der Verhaltenssteuerung wird sich aus jenen Schritten entwickeln, die gerade in den biologischen und Verhaltenswissenschaften getan werden. Und wenn sich überhaupt etwas ändert, dann wird sich dadurch die Geschwindigkeit dieser Schritte beschleunigen. Bereits heute entscheidet die Technik über einen Großteil der menschlichen Belange und die Biologie über den Rest. Reichtum und Armut, Glück und Elend, ja Leben und Tod werden durch die phantastischen Kräfte bestimmt, die der Elektrizität, der Chemie und selbst dem primitiven Mechanismus des Spülklosetts innewohnen. Menschenmassen schnell zu töten, vor Hungersnot zu retten, bei epidemischen Seuchen zu heilen oder davor zu bewahren, nur zum Hungern geboren zu werden – all das erfordert Technologien für Gase (sei es Zyklon B oder die Füllung einer Kühltruhe), für Pilze, für Hormonchemie: alles Dinge, die es schon gibt.

Alle, die sich für den Menschen interessieren, haben also bereits eine gemeinsame Aufgabe: diesen Menschen zu mobilisieren, ihn so auszustatten und vorzubereiten, daß er optimal ausgerüstet ist, *die* Welt, die er in Bewegung gebracht hat, zu kontrollieren. Das gilt nicht nur für seine äußeren Handlungen, die einfach durch Zwang begrenzt werden können, sondern auch für seine inneren Zustände, seine Motive und Absichten. Psychologen, Psychiater und andere, die sich praktisch mit Psychohygiene beschäftigen, haben schon lange im Rahmen der Psychotherapie mit Verhaltenssteuerung zu tun. Doch handelte es sich bisher um so langsam wirkende und gelegentlich auch wirkungslose Verfahren der Einflußnahme, daß sie sich nicht gezwungen fühlten oder auch nur die Notwendigkeit empfanden, diese Verfahren unter diesem Aspekt zu sehen. Folglich sind sie manchmal für diese Technik der Verhaltenssteuerung nicht reifer als andere Leute, obwohl sie diese doch in einiger Zeit verstehen, akzeptieren und meistern müssen. Die Geistesgeschichte des Westens liefert für dieses Verhalten eine Reihe triftiger Gründe, wodurch dieses Verhalten aber nicht besser, ja eher gefährlich wird. Ob sie es nun wollen oder nicht, diese Psychohygieniker sind auch Psychoingenieure.

Die Technologie des Menschen unterscheidet sich — hoffentlich! — von jeder anderen durch moralische Schranken, die ihren Inhalt und ihre Wirksamkeit begrenzen und für Experimente an Menschen gewiß weit enger gezogen werden müssen als für solche mit härteren und weniger wertvollen »Materialien«. Ebenso müßten die theoretischen Steuerungsmöglichkeiten für menschliches Verhalten weit enger begrenzt sein als für andere Materialien. Wie wichtig auch immer solche Einschränkungen und Grenzen sein mögen, so scheint doch die Entwicklung einer verfeinerten Technologie der Verhaltenssteuerung in der modernen Gesellschaft ebenso unausweichlich wie der Fortbestand aller übrigen Technologien gesichert zu sein, denn alle Technologien sind letzten Endes miteinander verbunden. Und diese Verfeinerungen lassen wirklich werden, was bisher meist der Phantasie der Unwissenden entsprang — Steuerung des Geistes. Das Jahr 1984 nähert sich, und es scheint, daß George Orwells Befürchtungen für die westlichen Demokratien zu pessimistisch waren, zumindest zu voreilig. Andererseits steht auch fest, daß seine Vorstellungen von der Art und Weise, wie Tyrannei ihren Willen dem menschlichen Geist aufzwingen kann, weitaus zu bescheiden waren.

Um diese Zeit werden die dazu verfügbaren Mittel weit verfeinerter und wirksamer sein, als es sich Orwell je träumen ließ, und sie werden, wenigstens in bescheidenem Umfang, auch tatsächlich eingesetzt werden, wie es ja hie und da schon geschieht. Allerdings nicht durch den Willen von Tyrannen, sondern auf unser aller freundliche Einladung hin, denn wir haben gelernt, uns auf diese Dinge vorzubereiten, und werden fordern, sie positiv einzusetzen, ohne uns durch ihre möglichen Gefahren verwirren zu lassen. Die Fähigkeit zur Steuerung wird, von allgemeinem Wohlwollen getragen, andauernd zunehmen.

Die psychologische Bereitschaft

Sobald das wissenschaftliche Stadium für neue technische Projekte erreicht ist, sind die wichtigsten Hindernisse für ihre Entwicklung wirtschaftlicher und psychologischer Natur. Die wirtschaftlichen Hindernisse können wir in diesem Zusammenhang außer acht lassen. Es gibt einige psychologische Barrieren, doch scheint allgemein eine Bereitschaft für die neue Verhaltenstechnologie zu bestehen. Für sie sprechen drei wichtige Gründe: Erstens besteht ein großes Bedürfnis, jene Probleme zu lösen, die durch die Technik der Verhaltenssteuerung lösbar werden können. Zweitens liegt eine rasch gewonnene und in weiten Kreisen akzeptierte Rechtfertigung für sie in der Logik des Pragmatismus. Drittens sind wir bereits recht gut an technologischen Wandel und seine Folgen gewöhnt.

Der Bedarf

Wie auch immer die hypothetischen Gefahren einer effektiven Verhaltenstechnologie beschaffen sein mögen — die realen Nachteile, die ein Verzicht auf sie mit sich brächte, würden schwer wiegen. Da gibt es Probleme der Motivation und des Antriebes, wie bei Schülern, die durchfallen, oder ungelernten Arbeitern, Fragen der sozialen Organisation und Verantwortung, wie bei Demonstranten, Protestlern, Halbstarken und der Polizei, bei Delinquenten und Kriminellen, bei Wirtschaftsbossen, die Wälder zerstören und Gewässer vergiften. Es gibt Probleme der Einstellungen und Vorurteile, wie bei Gegnern der Gleichberechtigung von Farbigen oder bei Arbeitgebern, die keine Katholiken oder Juden beschäftigen wollen, um nur einige amerikanische Beispiele zu nennen. Alle diese Fragen nehmen heute überhand. Wenn sie gelöst werden sollen, dann muß man sie auf die Ebene individueller Verhaltensmodifikation zurückführen. Einige notwendige Lösungen können natürlich gesetzlich festgelegt werden. Dadurch werden Menschen, die gegen Gesetze verstoßen, zur Änderung individuellen Verhaltens gezwungen. Aber für viele dieser Probleme ist keine direkte Gesetzgebung möglich. Man muß nach anderen Antworten suchen; die Technik der Verhaltenssteuerung öffnet hier viele Möglichkeiten.

Die Begründung

Eine Technologie ist nichts anderes als ein Weg, etwas systematisch in Angriff zu nehmen. Solange man sicher ist, daß man es überhaupt tun will, wird man gewiß auch den Vorschlag akzeptieren, der den meisten Erfolg verspricht. Je stärker überdies der Wunsch ist, bestimmte Dinge auszuführen, desto mehr Kursabweichung und Risiken wird man in Kauf nehmen, um zu einem guten Ergebnis zu kommen. Zahnärzte lassen wir an unseren Zähnen bohren, weil es uns mehr einbringt, unsere Zähne zu behalten als den Schmerz zu vermeiden. Wir erlauben sogar den Chirurgen, wenn auch mit einem gerüttelten Maß an Angst, unser Herz zu öffnen, wobei wir das Risiko, kränkelnd zu leben, gegen das eines schnellen Todes aufrechnen. Wir tun das, weil unser Wunsch zu leben übermächtig ist und sich das Versprechen der chirurgischen Technik mit unserer tiefen Sehnsucht verbindet, unsere Schranken zu durchbrechen. Die meisten von uns sind sogar noch sehr viel großzügiger, wenn die auftretenden Gefahren nur anderen schaden können, wir aber den erhofften Nutzen daraus ziehen, vor allem dann, wenn wir nicht selbst die Instrumente führen, die für uns die Arbeit tun. Diese pragmatische Einstellung mag in alten Zeiten die Gehälter gerechtfertigt haben, die ehrliche Leute den Priestern zahlten, weil sie niemals fähig gewesen wären, lebendige Kinder in den Feuerschlund des Moloch zu werfen. Heute liefert diese Einstellung den Rahmen für die gesamte technische Entwicklung, die in fast jedem Fall dadurch begründet werden kann, daß sie durch ihr Vorhandenstein Gutes schafft, durch ihre Abwesenheit aber Böses fördern würde.

Zu viele Motive zu vieler Menschen unserer Gesellschaft verbinden sich heute in der Absicht, die technische Entwicklung weiterzutreiben, als daß man Einwänden und Bedenken viel Raum geben könnte. William James' Philosophie des Pragmatismus beherrscht die Szene. Für die meisten wiegt der praktische Wert eines neuen Fortschritts schwerer als die sentimentale Klage von wenigen über den Verlust.

Die Anpassung

Die Segnungen der Technik ändern unser Leben in vielen entscheidenden Punkten unausweichlich, manches davon nehmen wir wahr – etwa die Schnelligkeit und Leichtigkeit des Reisens – und nehmen es als gegeben hin wie die Allgegenwart elektrischer Energie. Aber ob wir sie nun registrieren oder nicht, wir haben wenig Möglichkeiten, die Konsequenzen zu ändern, wenn wir einmal irgendeinen technischen Fortschritt akzeptiert haben. Ob wir diese Konsequenzen überhaupt erkennen, hängt weitgehend davon ab, wie sie sich uns darstellen.
Wir schätzen uns selbst bevorzugt als Geschöpfe mit freiem Willen ein. Deshalb wenden wir nur wenig Zeit dafür auf, um über die vielen Gelegenheiten nachzudenken, in denen wir von der Technik, die wir nutzen, mißbraucht werden. Kaum jemand wird nicht reagieren, wenn das Telefon läutet, gleichgültig wie sehr es ihn stören mag, und kaum einer zerknüllt oder durchlöchert Computer-Formblätter, selbst wenn es mühsam ist, sie richtig auszufüllen. Das sind vielleicht nur kleine Belästigungen, und der Nutzen von Telefonen und Computern gleicht sie wieder aus. Doch es kommt weniger darauf an, ob sie nun groß oder klein sind, wichtig ist, daß die technischen Hilfsmittel zusammengenommen unser Leben von Grund auf ändern. Sie tun das oft im positiven Sinn, aber wir sind so durch und durch an technische Veränderungen angepaßt, daß es hauptsächlich die Geschwindigkeit dieser Veränderungen ist, welche sie uns schneller oder langsamer assimilieren läßt.
Ein Großteil der tiefgreifenden Veränderungen in einem Menschenleben, wie Wachstum und Alter, treten so langsam ein, daß wir uns an sie gewöhnen, oft ehe wir sie bemerken. Auch große gesellschaftliche Veränderungen gehen oft so langsam vor sich, daß niemand sie wahrnimmt. Wenn der letzte, Millionen Jahre alte Eichenwald ge-

rodet sein wird, um einer neuen Autobahn Platz zu machen, wird später keiner, da er diesen Wald nie gesehen hat, ein Bedürfnis nach ihm verspüren, am allerwenigsten alle die Fahrer, welche dann die Autobahn benützen. Selbst wenn die Bucht von San Francisco sich langsam mit Müll füllt, wird sie in hundert Jahren niemand, der sie überquert, vermissen, nichtsahnend, daß hier jemals Wasser war. Und wer nie etwas anderes gekannt hat als die gelblichen Smogschwaden über den Hügeln von Los Angeles, braucht sich an keine Zeiten zu erinnern, in der die Luft über Meilen hin glasklar war.
Solange Veränderungen langsam genug eintreten, geräuschlos bleiben und alles in ihnen enthaltene Gift mit Vorteilen (oft nur einfachen Erleichterungen) ausgleichen, wird ihnen niemand in den Weg treten. Die Natur wird nicht verletzt aufschreien — und die Menschen auch nicht. Die Natur und die Menschen werden sich, ganz gleich auf welche Weise, ändern, um sich der neuen Situation anzupassen. Die Vision, daß sich eine vergewaltigte Natur gegen einen allgemeinen Angriff zur Wehr setzt, ist zwar poetisch aber falsch. Sie trifft auch für den Menschen nicht zu und wird sogar mehr und mehr zu einer gefährlichen Illusion.

Was die Entwicklung einer Verhaltenstechnologie verzögern kann

Das steht fest: Eine Technik der Verhaltenssteuerung ist beim gegenwärtigen Stand unserer Geschichte wissenschaftlich gesehen unausbleiblich, sozial notwendig und psychologisch durchaus vorbereitet. Doch ihre Entwicklung ist unabsichtlich etwas verzögert, ja behindert worden und wird wahrscheinlich in Zukunft aktiv bekämpft werden. Die bestehenden Steuerungskapazitäten sind weder voll genützt noch in jenen Berufsklassen hinreichend bekannt, die sie verwenden könnten. Und je bekannter sie werden, desto deutlicher werden die Widerstände gegen ihren Gebrauch.
Die erste und sicherlich die wichtigste Ursache der Verzögerung war bis in die jüngste Zeit der Mangel an technischen Mitteln, mit denen man Verhalten, außer auf eine sehr grobe Weise, steuern kann. Die verfügbaren Mittel gingen meist nicht über recht rudimentäre Erziehungstechniken und die Drohung mit Gewalt hinaus.
Zweitens hatten die meisten Menschen, die im Verlauf der Ge-

schichte über Macht verfügten, besonders verfeinerte Methoden der individuellen Steuerung gar nicht nötig. Die Mehrheit der Menschen hatte stets unter tyrannischen Verhältnissen gelebt, wo sie austauschbar und ersetzbar waren. Und wenn das Leben des einzelnen nicht viel Wert ist, brauchen sich machthungrige Potentaten nicht damit abzumühen, subtile Steuerungsverfahren zu erlernen. Politische Steuerung, traditionsgemäß die interessanteste Art, ist stets primär durch Gewalt aufrechterhalten worden. Selbst das Gesetz, das wichtigste Mittel rationaler Steuerung, das der menschliche Geist ersann, hat seinen Einfluß vor allem der Tatsache zu verdanken, daß hinter ihm die Drohung mit Gewalt steht.

Historisch gesehen bestand die einzige Möglichkeit, Menschen auf gewaltlosem Weg zu steuern, darin, Belohnungen für erwünschtes Verhalten zu versprechen. Die meisten Herrscher haben sich damit zufrieden gegeben, ihre Macht zu sichern und klug mit ihr umzugehen.

Trotz ihrer scheinbar leichten Handhabung waren die traditionellen Steuerungstechniken, die auf Zwang beruhten, für politische ebenso wie für individuelle Zwecke allgemein am wenigsten erwünscht. Die moderne Verhaltenstechnologie hat relativ wenig zum althergebrachten Arsenal brutaler Macht hinzuzufügen. Doch verfeinerte Mittel sozialer und subtile Verfahren individueller Steuerung stellen gerade die Ziele solcher Bemühungen dar. Vor allem die Möglichkeit, äußerst subtile Methoden zu entwickeln, mit denen man Menschen zwingen kann, das zu tun, was der Kontrollexperte will, möglicherweise ohne daß es einem überhaupt bewußt wird, hat Widerstände gegen die Technologie des Verhaltens geweckt.

Läßt man ihre technischen Grenzen beiseite, wird sich der Widerstand gegen die Verhaltenstechnologie der Zukunft vor allem an ihren moralischen Implikationen entfachen. Zwei Hauptrichtungen der moralischen Argumentation auf diesem Gebiet sind bereits klar. Sie werden hier wohl für lange Zeit die Diskussion beherrschen. Man kann sie einmal das »existentielle« oder »humanistische« Argument, zum anderen das »Argument der ethischen Tradition« nennen.

Das existentielle Argument dürfte für längere Zeit den populärsten Einwand gegen die Verhaltenstechnologie abgeben. Es besagt, daß eine bewußte Steuerung menschlichen Verhaltens unmenschlich ist, weil sie den Menschen dehumanisiert. Alles, was die Fähigkeit eines

Menschen zur freien Entscheidung beeinträchtigt (gleichgültig, ob er das überhaupt will oder nicht) stößt gerade deswegen auf Einwände, denn die freie Entscheidung ist das Kernstück der Moral, die ihrerseits eine wichtige Komponente des menschlichen Wesens darstellt. Da die Einführung von Steuerung die Antithese freier Entscheidung darstellt, dehumanisiert sie ipso facto, und da der Mensch moralisch verpflichtet ist, sich vor allem anderen seine Menschlichkeit zu bewahren, sollte er keinen Versuch unterstützen, der ihre Substanz gefährdet.

Die existenzialistische Position macht exemplarisch deutlich, daß die menschliche Existenz etwas ganz anderes ist als die tierische Existenz. In einem Artikel hat Leslie Farber, der frühere Präsident der Gesellschaft für Existentielle Psychiatrie in Washington, eine zunehmend populäre, wenngleich noch recht primitive Technik der Verhaltenssteuerung angegriffen: »... Ich würde die moralische Dickfälligkeit der Verhaltenstherapeuten der Tatsache zuschreiben, daß sie sich so lange Zeit nur mit Versuchstieren beschäftigt haben und von der Einfachheit ihrer Experimente mit diesen Tieren fasziniert sind ... Ich würde ihnen beipflichten, daß im Gegensatz zur Moral Verhalten — objektives, sichtbares, meßbares Verhalten — körperliches Agieren ist, das wir mit Tieren teilen. Aber die moralische Vorstellungskraft, etwa über Begriffe wie Gut und Böse nachzudenken — was natürlich das Verhalten einschließt, das mit solchen menschlichen Realitäten verknüpft ist — dieses Vermögen teilen wir nicht mit den Tieren. Ein Tier zu behandeln, als ob es diese Fähigkeit besäße, wäre nur töricht. Aber einen Menschen so zu behandeln, als ob er nur aus seinem Verhalten bestünde, ist, ich muß es leider sagen, verwerflich.«

Hier wird der Begriff »Verhalten« sehr eng gefaßt, als »körperliches Agieren, das wir mit Tieren teilen«, und der Gedanke, daß der Mensch mehr als sein Verhalten ist, dient offensichtlich dazu, die moralische Vorstellungskraft, die nur uns gehört, in die Definition für das menschliche Wesen aufzunehmen. Es scheint gerechtfertigt, uns selbst auf dieser Basis von anderen Spezies zu unterscheiden und daher zu sagen, daß Moral zum Wesen des Menschen gehört. Ganz gleich, in welchem Umfang die Verhaltenssteuerung moralisches Engagement reduziert, so lautet das Argument, sie ist immer verwerflich. Sie macht den Menschen zum reinen Tier.

Eine andere Möglichkeit, das humanistische Argument zu formulieren, liegt darin, dem Menschen seine Freiheit abzusprechen, indem man ihn mit seinem Verhalten, also mit seinen tierischen Eigenschaften gleichsetzt. In diesem Sinne erweitert Freiheit oder Selbstverwirklichung den Begriff der freien Entscheidung und wird als unveräußerlicher Besitz jedes Menschen angesehen, wobei sie die meisten Aspekte seiner Beziehung zur Welt umgreift. Diese Position verwirft im Grunde den Gedanken, daß die Fähigkeiten des Menschen, sich selbst zu verwirklichen und auszudrücken, begrenzt sind und daß die Gesetze, welche das Verhalten anderer physischer Organismen bestimmen, ebensogut für den Menschen gelten. Schon allein die Möglichkeit der Verhaltenssteuerung erschreckt die Anhänger dieses Standpunkts, weil sie die Begrenztheit der menschlichen Freiheit andeutet.

Auch die aus unserer ethischen Tradition gewonnenen Argumente können den Widerstand gegen eine Verhaltenstechnologie verstärken, allerdings mehr im Sinn einer konservativen Zurückhaltung als offener Opposition. Einige wichtige Prinzipien dieser ethischen Traditionen des freien Westens werden durch die Möglichkeiten einer Technik der Verhaltenssteuerung ernstlich herausgefordert. Sie entstammen den politischen und religiösen Erfahrungen antiker Völker im Mittelmeerraum, wurden in Europa ständig verfeinert und endlich in den französischen und amerikanischen Revolutionen zu förmlichen Lehren erhoben. Ihre wichtigsten Prinzipien sind das Gesetz des Verzichts auf Gewalt (Menschen sollen nicht gezwungen werden, zu tun, was andere wünschen, sondern die Freiheit haben, abzulehnen), das Gesetz der vernünftigen Begründung (die Menschen sollen nicht zu bestimmten Ansichten verführt, sondern durch rationale Argumente überzeugt werden) und, den beiden ersten entsprechend, das Gebot der Selbst-Steuerung (man muß dem Menschen die Möglichkeit geben, für sich selbst zu entscheiden, welches Leben er führen will).

Keines dieser Gebote läßt sich unbegrenzt verwirklichen, wenn soziale Organisationen selbst der einfachsten Art bestehen bleiben sollen. Doch sie alle sind lebendige Teile einer ethischen Tradition, die wir verehren und als beispielhaftes Verhaltensmodell akzeptieren. Unabhängig davon, wie kompliziert die Gesellschaft wird, diese Gebote, die eine operationale Definition der Freiheit im Verkehr der Menschen untereinander beinhalten, verlieren ihren Wert nicht. Aber dieser Wert hängt von ihrer Bedeutung ab, und die

Lieber Leser,

der Themenkatalog unserer Verlagsarbeit ist weitgefächert und reicht vom literarisch anspruchsvollen Roman bis zur heiter-geistreichen Unterhaltung, von der aufschlußreichen Biographie bis zur aktuellen Information aus Wirtschaft, Technik und Politik, vom praktischen Ratgeber für Küche und Gesundheit bis zum Fachbuch für den Imker, vom erziehungswissenschaftlichen Handbuch bis zur Unterrichtspraxis, von der Hilfe für Eltern bis zum Schulbuch. Wir berichten Ihnen gern regelmäßig über unsere neuen Bücher, wenn Sie uns diese Karte ausgefüllt zurückschikken. Bestellungen richten Sie bitte an Ihre Buchhandlung, die Ihnen unsere Bücher auch jederzeit gern zur Ansicht vorlegen wird.

Bitte als
Postkarte
frankieren

Ehrenwirth Verlag

8 München 86
Postfach 860348

traditionellen Bedeutungen dieser Gebote werden möglicherweise von den harten Tatsachen der Verhaltenstechnologie untergraben.
Es ist beispielsweise recht leicht, das Wesen der Gewalt in einer Gesellschaft zu verstehen, deren Waffen Bogen und Pfeile oder sogar Atombomben sind. Sie bedeutet Angriff, Gefangenschaft, Schmerz oder Tod. Aber wie steht es mit chirurgischen Eingriffen, die Rückfallsverbrecher vor gewalttätigen Akten bewahren sollen, indem sie die physische Maschinerie zerstören, die in ihrem Nervensystem zu aggressiven Akten treibt? Oder wie steht es etwa mit einer Pille zur Reinigung des Gedächtnisses, um den giftigen Herd eingebildeter Ungerechtigkeiten zu beseitigen, die nach gewalttätiger Rache schreien? Oder mit der Hypnosebehandlung, Konditionieren oder irgendeiner äußerst erfolgreichen Art der Psychotherapie, die das Ziel hat, Menschen die Ablehnung von Gewalt zu lehren? Zwang bedeutet von jeher, Menschen gegen ihren Willen zum Handeln zu bewegen. Damit setzt man aber voraus, daß der Wille selbst irgendwie unverletzlich ist. Die Techniken, um die es hier geht, zielen darauf ab, den Willen zu ändern, nicht ihn zu vergewaltigen. Anfänglich mögen sie als Zwang empfunden werden, im Endeffekt verführen sie lediglich.
Aber Verführung darf nicht viel nachsichtiger bewertet werden als Zwang, denn die Mittel, mit denen sie arbeitet, verfeinern sich ständig. Die praktische Ethik der Vernunft war immer problematisch, da Dinge, die zum Lehrstoff gehören, wie z. B. Charakterbildung, ganz einfach unbewußt besser erlernt werden, indem man andere nachahmt, und ein Mensch eher durch Beispiele als durch Ermahnungen oder Erklärungen dazu geführt wird, »gut« zu sein. Eine Steuerungstechnik des Verhaltens fügt hier lediglich ein neues zu einem alten Problem, indem sie die verfügbare Maschinerie bereichert, Menschen auch gegen oder ohne Rücksicht auf ihren Willen zu beeinflussen. Letzten Endes geht es um die Verführung des Willens selbst, nicht darum, ob ihr Zweck erklärt wird.
Selbststeuerung aber ist der Kern des freien Willens. In welche Richtung wir steuern, resultiert vielfach unmittelbar aus den Möglichkeiten und Grenzen der jeweiligen Technik. Erlaubt die Technik erst einmal die Steuerung individuellen Verhaltens, dann ist es nahezu unmöglich, sich nicht mit ihren faustischen Implikationen auseinanderzusetzen. So hat die Pille nur den letzten Anstoß für eine moralische Revolution gegeben, die schon seit rund fünfzig

Jahren mit dem Automobil eingeleitet wurde. Eine noch billigere Droge ermöglicht es heute, mühelos mystischen Erfahrungen nachzueifern, und dabei ist dieses Gebiet noch kaum erschlossen.
Es ist klar, daß man den Willen ebenso wie viele unsere Handlungen manipulieren kann. Unklar scheint dagegen, wie wir unsere herkömmliche Ethik der Verhaltenssteuerung, die unsere Zivilisation bis heute bestimmt hat, ummodeln sollen. Sie gründet sich letzten Endes auf die Idee des freien Willens, die ihrerseits auf der Idee einer Seele basiert. Hier handelt es sich um eine bloße akademische Frage, denn Irrtümer im sozialen Planen werden als eine praktische Konsequenz der Verhaltenstechnologie weniger vom Zufall bestimmt sein und sich einschneidender auswirken als jemals zuvor in der menschlichen Geschichte.

Die Kontrolle der Verhaltenssteuerung

Es gibt immer noch einige Experten, die angesichts der ungeheueren Unterschiede zwischen den Menschen nur an eine begrenzte Wirkung von Steuerung glauben. Aber selbst diese werden mehr und mehr den Manipulationen von Chirurgen und Biochemikern zugänglich. Jedenfalls wird eine angewendete Wissenschaft der Verhaltenssteuerung in dem Moment möglich, in dem man genügend relevante Fakten gesammelt hat, um für ein begrenztes Ziel Voraussagen machen und Steuerung gewährleisten zu können. Selbst eine angewandte Verhaltenswissenschaft mit utopischen Zielen erfordert keineswegs eine unbegrenzte Kenntnis ihres Gegenstandes, um in die Tat umgesetzt zu werden. Sie erfordert ein *gewisses* Maß an Kenntnis der menschlichen Natur, eine Menge Planung, Vertrauen zu überschaubaren Zielen und zu einem Regelsystem, in dem sich der Erfolg, sie zu erreichen und der Mißerfolg, sie aufzugeben, ausgleichen, und etwas Vorstellungskraft für die indirekten Folgen, die geplante Eingriffe für den Menschen und seine Welt zufällig bringen. Je mehr man weiß, desto besser ist es, denn Wissen ist der Schlüssel zur Steuerung und verbannt den Zufall. Aber es ist ein Fehler, in diesem Zusammenhang dem professionellen Einwand »Wir wissen noch nicht genug, um zu handeln«, in die Falle zu gehen, der oft genug nur so viel Wahrheitsgehalt hat, daß man damit die Gutwilligen verwirrt und lähmt.

Tatsächlich muß die endgültige Erkenntnis der Fakten immer den Gang der Geschichte abwarten. Die Genauigkeit, die man einer Entscheidung für das eigene Handeln zugrunde legt, ist immer ein Abwägen von Wahrscheinlichkeiten, deren Relevanz, wenn sie einmal abgeschätzt ist, geprüft werden muß, um sie zu erkennen. Sich zu weigern, auch nur daran zu denken, ist eine feige, von Selbstmitleid bestimmte Vogel-Strauß-Politik, die sich konservative Zurückhaltung nennt.

Es ist heute nicht sehr sinnvoll und war es wohl auch früher nicht, lang und breit darüber zu debattieren, ob eine Technik der Verhaltenssteuerung möglich ist, ob man es allgemein mit ihr versuchen oder sie vermeiden sollte. Eine solche Wahl haben wir gar nicht mehr. Uns bleibt nur noch übrig, die Eigenschaften dieser Technik, ihre inneren Gesetze und Einsatzmöglichkeiten zu bestimmen. Das ist keine geringe Aufgabe. Wir können auch nicht länger darüber beraten, ob wir jetzt die Geheimnisse nuklearer Partikel weiter erforschen wollen, aber das heißt noch lange nicht, daß wir jetzt Atombomben aufeinander werfen müssen.

Verhaltensforscher täten gut daran, sich jetzt über diese Situation Gedanken zu machen, da nur wenige andere Leute in der Lage sind, es zu tun. Die Physiker interessierten sich nicht sehr für die Konsequenzen der Atomphysik, bevor sie die Mittel entdeckt hatten, die Welt in die Luft zu jagen. Ihre besorgten Überlegungen waren seither für die Politiker, die nun diese Dinge kontrollieren sollen, nicht gerade besonders produktiv oder nützlich. Die Verhaltenswissenschaft steht noch an der Schwelle zu einer mächtigen Steuerungstechnik. Sie hat sie noch nicht so weit verfeinert, daß man sie den Wissenschaftlern rasch aus den Händen nehmen müßte, obschon sie viel zu wichtig ist, nur ihrer Verantwortung überlassen zu bleiben. Nehmen wir an, das atomare Brandopfer der Menschheit findet nicht statt. Welche Art von Welt müssen wir dann schaffen, nachdem wir wissen, daß wir eine schaffen müssen?

Das Urteil der Geschichte ist in diesem Zusammenhang immer leichter vorauszusagen, denn wir nähern uns dem Punkt, wo wir Geschichte gestalten und nicht nur lesen. Mehr und mehr lehrt sie mit W. C. Fields »öffnet nie der Dummheit eine Gasse!«.

Aldous Huxley hat dieses Problem in *Schöne Neue Welt, Zwanzig Jahre danach* und *Affe und Wesen* mit großer Klarheit vorausgesehen. Die Science-Fiction-Autoren diskutieren es seit Jahren. Verhaltensforscher müssen jetzt endlich an dieser Diskussion teilnehmen und andere in dieser Teilnahme unterstützen. Sie tragen sehr viel mehr Verantwortung als andere, denn sie planen heute und können morgen die Ingenieure dieser geplanten Steuerung sein, ob sie es wollen oder nicht. Die Zukunft selbst hat schon begonnen, und sie muß gesteuert werden.

2

Die Anfänge der Steuerungstechnik

Ein Katalog aller althergebrachten Mittel, die Menschen benützt haben, um einander zu steuern, würde deutlich zeigen, daß es viele Mittel gab und einige von ihnen wirksam waren. Dennoch bedeuten sie als Technologie nicht eben viel, denn dieser Ausdruck impliziert ein System, geplante Formen der Steuerung, mit ebenso präzisen wie mächtigen Wirkungen.

Selbst die alten Träume von okkulter Macht über Menschen waren ebenso grobschlächtig wie die Herrschaft über die Natur. Sie nahmen im allgemeinen zwei Formen an: Einmal wurden die geistigen Projektionen der Menschen in übernatürliche Wesen verwandelt, die übernatürliche Macht hatten. Zum andern übten gewöhnliche Menschen ähnliche Macht aus, indem sie geeignete Amulette erwarben oder bestimmte Künste beherrschten.

In alten Märchen, die oft die Wünsche und Hoffnungen der Völker widerspiegeln, und in religiösen Mythen, die stets den Volksglauben aufzeigen, konnte man Geister, Engel und Dämonen magisch manipulieren, um ihre Mächte zum Vorteil des menschlichen Klienten einzusetzen, der ihnen befahl. Die meisten Legenden der jüngsten Zeit sind der Wahrheit nähergekommen. Die letzten Jahrhunderte erlebten eine stete Zunahme des naturalistischen Charakters dieser Fabeln, von der Geschichte des Golem im Prag des sechzehnten Jahrhunderts über Frankensteins Monster im letzten Jahrhundert bis herunter zu den heutigen Zombies, Robotern und Androiden. Die letzten beiden erreichten den Gipfel öffentlicher Anerkennung 1966 in Amerika, als sie in einer Serie von Fernsehsendungen im Familienprogramm auftraten. Liebenswertere Ungeheuer waren schon früher telegen, und davor erschienen sie unter Teenagern in der Form bizarrer Rock-and-Roll-Platten, komischer Grußpostkarten oder ironischer Monsterfilme, wie *Ich war ein Teenager-Werwolf*.

Die Sagen, die von diesen Wesen handeln, zeigen sie oft als menschliche Geschöpfe, die nur deshalb untermenschlich sind, weil ihr Stoff von Menschen inspiriert ist, nicht etwa weil ihnen menschliche Fähigkeiten fehlen. (Das deckt sich mit unserer Übereinkunft, wonach Gott allein den Lebensodem einhaucht.) Mrs. Shelley (die Frankensteins Monster ersann, A. d. Ü.) und die Dichter der Zombiegeschichten gehen tatsächlich so weit, daß sie ihre Geschöpfe aus Leichenteilen zusammensetzen.

Die zweite Form der Suche nach magischer Gewalt, die naturgemäßer scheint als der Versuch, mit übernatürlichen Wesen zu verhandeln oder sie herzustellen, beruht auf der unmittelbaren Einflußnahme durch magische Beschwörungen und Zaubersprüche, verbunden mit einem reichen Sortiment chemischer Zusätze — in der Regel schädlicher Stoffe, die relativ heimtückisch angewandt wurden. Seit jeher gab es einen lebhaften Handel mit Liebestränken und Kraftpillen, aus denen sich ein guter Teil der gegenwärtigen Arzneimittelproduktion herleitet, sowie mit einigen wenigen Heilmitteln. Dieser Handel lag in den Händen von Priestern, Schamanen, Hexenmeistern und einfachen Leuten, deren Ehrgeiz sich in der Regel auf einen einzelnen Mord, Verführung oder ein profitables Geschäft beschränkte. Während des größten Teils der Geschichte haben an den meisten Orten der Erde Hexen und Hexenjäger Seite an Seite gehaust und aus der Annahme Vorteile gezogen, daß dem Menschen unbegrenzte Macht zur Verfügung steht, wenn er nur die richtige Magie zu nutzen weiß.

Diese althergebrachten Machtträume unterschieden sich stets so sehr von den Realitäten der Macht, daß sich die nach konkreter Macht strebenden Menschen selten bemüht haben, ihre Ziele über die individuelle Steuerung im okkulten Bereich zu erreichen. Damals wie heute konnten sie es sich nicht leisten, in zweifelhaften und oft betrügerischen Abenteuern zuviel einzusetzen, um etwa einzelne Menschen zu steuern, wenn sie nur plumpe und brutale Steuerungsmethoden für Menschenmassen brauchten, um eine sehr kleine Zahl von Zielen zu erreichen: 1. zu herrschen, 2. Aufständen oder Widerständen gegen eine Eroberung vorzubeugen (oder sie zu nähren) und 3. religiöse Institutionen zu fördern. Diejenigen, die eine Gesellschaft praktisch steuern mußten, konnten nicht erst auf die Methoden, Individuen zu steuern, warten, wie hilfreich diese für ihre Zwecke auch gewesen wären.

Alle Verhaltenssteuerung ist naturgemäß die Steuerung von Individuen. Vielleicht die einzige vernünftige Unterscheidung zwischen sozialer und individueller Steuerung beruht darauf, daß soziale Steuerung offenbar unpersönlich ist. Gesetze etwa gehen von einer steuernden Körperschaft aus und richten sich gegen eine ganze Klasse von Menschen. Jedoch beeindruckt dieser individuelle Aspekt der Gesetze keinen, der von ihnen betroffen ist, sei es als Polizist oder Opfer. Letzten Endes ist der Ausdruck »soziale Steuerung« nur als dialektische Übereinkunft nützlich, die besagt, daß viele Leute betroffen sind. Jedenfalls waren die großen Machtsucher der Vergangenheit vorwiegend mit dem Menschen im Plural beschäftigt, und es ist die Breite, nicht die Tiefe ihres Ehrgeizes und ihrer Erfolge, die ihre Namen durch die Zeit überliefern half.

Traditionelle Verhaltenssteuerung

Die wichtigsten Steuerungstechniken, die ihren Benützern Erfolg eintrugen, waren immer psychologischer Natur. Die primitiven Ausnahmen, in denen Machthaber durch Mittel wie Mord, Folter und Gefängnis herrschen, sind relativ selten und waren von nur vorübergehendem Wert. Alle weitverbreiteten Steuerungstechniken, die bis heute gebräuchlich sind, entwickelten sich aus zufälligen Entdeckungen der Macht, die in der Manipulation von Gewohnheit und Überzeugung liegt, im Appell an Ängste und Wünsche, wobei die letzteren wichtiger sind. Denn auf lange Sicht ist es eher die Hoffnung, etwas zu gewinnen, als die Angst, etwas zu verlieren, die einen Untergebenen veranlaßt, die Macht des Häuptlings zu stützen.

Die klassischen psychologischen Techniken der Steuerung lassen sich in den drei hauptsächlichen sozialen Funktionen darstellen, die sie unterstützt und getragen haben: Herrschaft, Religion und Aufstand. Prüft man, wie sie hier im Laufe der Geschichte wirksam waren, so fällt es leichter, Natur und Entwicklung der Steuerungstechnik zu begreifen.

Herrschaft

Wie die Verfassung der Vereinigten Staaten ausführlich darlegt, arbeiten die Regierungen durchweg mit einer Kooperation legislativer, rechtsprechender und exekutiver Funktionen und Funktionäre. Gleichgültig wie diese Funktionen auf verschiedene Leute verteilt sind, und gleichgültig, wer jetzt von ihnen Rechenschaft fordert (hier liegt der Hauptpunkt, durch den sich demokratische und tyrannische Systeme unterscheiden), die Arbeitsweisen sind relativ unterschiedlich: Legislative und ihnen helfende Institutionen steuern durch Rede und Dekret, exekutive Körperschaften steuern durch Zwang und Belohnung. Zweck von Zwang und Belohnung ist es natürlich, die Gesetze durchzuführen. Dennoch muß man beide unterscheiden, da manche Gesetze keinerlei Ausübung von Zwang durch irgendwelche Organe der Regierung erfordern. Psychologisch gesehen wird das Gesetz von den meisten Menschen deshalb befolgt, weil es verkündet wird, nicht weil es durch Zwang geschützt ist. Dieser gewohnheitsmäßige Gehorsam kann schon in früher Kindheit durch die Erfahrung von Lohn und Strafe begründet werden, arbeitet jedoch im Alltagsleben der meisten Erwachsenen relativ selbständig.

Religion

Für organisierte Religionen sind zwei Steuerungstechniken von zentraler Bedeutung. Die erste und wichtigere beruht auf der Ausübung ritueller Akte, einschließlich des Gebets, die zweite ist die Predigt. Ein ritueller Akt läßt sich dadurch bestimmen, daß er symbolischer Natur ist, seine Steuerungsfunktion somit indirekt erfüllt. Man kann den Göttern Speise opfern, um ihre Gunst zu gewinnen, ohne jedoch zu glauben, daß sie essen, oder sie preisen, ohne anzunehmen, daß sie Schmeichelei schätzen. Die Predigt läßt sich durch ihre engen Beziehungen zur Inspiration charakterisieren. Sie dient nicht nur dazu, Informationen zu übertragen, sondern auch eine bestimmte, meist emotionsgeladene Reaktion bei den Zuhörern zu erzielen.

Aufstand

Das Steuerungsproblem bei Aufständen liegt darin, Menschen einzeln oder in Massen gegen eine existierende Organisation zu mobilisieren. Der einzige Unterschied zwischen einer individuellen und einer Massenaktion liegt darin, daß die Erregung einer Masse einen katalytischen Effekt auf die in ihr befindlichen Individuen hat, der ihnen das Gefühl der persönlichen Verantwortung für das, was geschieht, nimmt. Die Teilnahme entspricht einem Erlebniszustand, in dem der einzelne zwar sein Ichbewußtsein aufrechterhält, trotzdem aber genau das tut, was alle übrigen um ihn herum tun. Es schützt ihn vor dem Untertauchen, der Selbstaufgabe, die den Mob kennzeichnet. Die Menge selbst ist der Katalysator, der das Gefühl intensiver Teilnahme in das der Auflösung des Ich verwandeln kann.

Wer einen Aufstand plant, interessiert sich besonders für die Aktionen des Mob, denn die Gefahren, welche einer Rebellion innewohnen, erschweren es sehr, Einzelmenschen für Aktionen zu gewinnen. Die schrittweise vorgehenden Methoden etablierter Regierungen kühlen das Blut und verhindern die raschen, gewalttätigen Aktionen, die der Aufständische braucht. Nolens volens muß er, um die Menge in einen Mob zu verwandeln, auf die primitiven Steuerungsmechanismen der Religion zurückgreifen. »Predigen« ist ein Hauptmittel, sein Ziel zu erreichen. Seine Reden mögen nebenher auch den Leuten einige Informationen geben, die dadurch zur Tat stimuliert werden, aber an sich sind Informationen erst in zweiter Linie wichtig. In erster Linie geht es darum, Emotionen zu erregen, welche die Botschaft so umsetzen, daß ihre Antriebskraft steigt. Dieser emotionale Grundton, nicht die nachweisbare Information, enthält die eigentliche Botschaft der »Predigt«. Umgekehrt ist es der katalytische Charakter einer emotionalen Erregung, der aus der »Predigt« überhaupt ein Steuerungsinstrument macht.

Steuerung durch Katalysatoren

Der katalytische Charakter eines solchen Zustandes kann also zu einem bedeutsamen Steuerungsmittel werden. In der Chemie versteht man unter einem Katalysator einen Stoff, der die Wechselwirkung zwischen anderen Substanzen beschleunigt, selbst aber kaum in diesen Prozeß verwickelt ist. Er vermittelt sozusagen andere chemische Vorgänge, in deren Ablauf er aber nicht eingreift. Erweitert man den Begriff über die Chemie hinaus, dann kann man in jedem Vermittler, der die Geschwindigkeit der Ereignisse beschleunigt, einen Katalysator sehen — einen eigentümlichen Makler, der Transaktionen beschleunigt, ohne ihren Inhalt und Charakter zu verzerren. Aufs Ganze gesehen, sind die Effekte des Katalysators völlig unwichtig für das, was tatsächlich geschieht, wie ja auch die Agenten eines Reisebüros keinerlei Einflüsse auf die Fahrpläne von Flugzeugen und Schiffen haben, für die sie buchen. Aber prüft man katalytische Faktoren als Vermittler von Reaktionen zwischen bestimmten Ereignissen, so wird deutlich, daß das nicht notwendig so sein muß. Der Vermittler kann nicht nur beschleunigen, ohne daß er sich selbst verändert, was ohne ihn langsamer geschehen würde. Er kann auch bestimmen, was schließlich geschieht, und kann selbst durch die Ereignisse geändert werden. Wasser ist das Medium, durch das sich Schiffe bewegen, aber ohne es könnten sie sich überhaupt nicht bewegen, und ihr Bauplan müßte sehr viel anders sein, um sie auf Luft oder festes Land umzustellen. Und indem sie durch Wasser fahren, stören Schiffe dieses Medium, verändern, was in ihm vorgeht, ob es sich nun um die Wellen, die Fische oder den Kurs anderer Boote handelt. Ein Medium kann also mehr als nur passiv mit bestimmten Ereignissen verknüpft sein, die sich in ihm abspielen. Das heißt nicht, wie es Marshall McLuhan von den Massenkommunikationsmitteln behauptet, »das Medium ist die Botschaft«, was im großen ganzen einfach nicht richtig sein kann. Es besagt aber, daß eine Menschenmenge, also das Medium, einen Mob zu schaffen, für dessen Zustandekommen keineswegs unwichtig ist. Obschon das Gefühl des Versinkens oder der Verlust des Ichbewußtseins die Mitgliedschaft in einem Mob definiert und nicht die Tatsache, daß eine Person einer Menge anderer physisch nahe ist, so kann es doch höchst schwierig sein, dasselbe Gefühl des Versinkens in diesem Individuum zu einer Zeit herzustellen, in der die Menge nicht vorhanden ist. Das Problem, hier ähnlich mächtige, aber wirtschaftlichere Medien zu finden, hat religiöse Missionare und politische Rebellen immer beschäftigt, da ein großer Teil von gewünschten Handlungen, von einem Mob weder eingeleitet noch aufrechterhalten werden kann.

Der Gebrauch von Katalysatoren zur Erziehung von Verhaltenseffekten ist weit verbreitet, in der menschlichen Gesellschaft seit langem bekannt und sogar für viele Zwecke unreflektiert akzeptiert. Psychologische Katalysatoren des Verhaltens sind so lange als gegeben anerkannt, daß die Frage ihres Mißbrauchs bereits gesetzlich verankert ist als das »Ausüben unerlaubten Einflusses«. Chemische Katalysatoren des Verhaltens, nicht weniger vertraut, seit Geschichte geschrieben wird, blieben nicht auf seltsame und nutzlose Liebestränke, Unsichbtarkeitsdrogen oder Wässer der ewigen Jugend beschränkt. Einige von ihnen leisteten sogar sehr gute Arbeit, z. B. Drogen, die den Zustand des Bewußtseins verändern. Ihr Gebrauch mag zum Wesen der Gesellschaft selbst gehören, da sehr fortgeschrittene und sehr verarmte Gesellschaften sie mehr benutzen als andere. Alkoholika werden von allen bewußtseinsverändernden Drogen am meisten gebraucht, und ihr Konsum ist allgemein akzeptiert und in nahezu jeden Aspekt der formalen Organisation unserer Gesellschaft integriert. Fasten, Geißelung, Tanzen und andere dionysische Riten gehören ebenfalls zu den vielen drastischen Veränderungen in körperlichen Vorgängen und im Verhalten, die Menschen stets überlegt eingesetzt haben, um ihre sinnliche und geistige Erfahrung vom tristen Alltag zu neuen Verzückungen zu führen. Der zentrale Punkt liegt hier, aus unserer Perspektive gesehen, darin, daß die entsprechenden Verhaltensweisen oder Drogen nicht um ihrer selbst willen empfohlen werden, sondern als Weg zu Fähigkeiten, die über sie hinausgehen. Marihuana wird nicht wegen seines Duftes geraucht und Schnaps nicht wegen seines Wohlgeschmacks getrunken. Sie sind Medien, Schlüssel zu neuen Erfahrungen, nichts anderes.

Ein Ritual dient in genau der gleichen Weise als Medium; es ist seiner Bestimmung nach ein katalytischer Mittler für einen begrenzten Zweck. Der Auftritt der Regentänzer ist ein Medium zur Anrufung der Götter, die ihrerseits Regen schicken. Das Haus der Priester ist ein Medium der Kommunikation mit Gott, es soll sie erleichtern, nicht aber ersetzen.

Eine der mächtigsten Steuerungsmethoden, die man je entwickelt hat, ist der rituelle Gebrauch von Worten in schlagkräftigen Formeln oder Eiden. Oft werden diese Formeln noch durch die Musik von Nationalhymnen, patriotischen Liedern und Marschgesängen betont. Oft wird die Musik sehr wirksam als Katalysator eingesetzt, um die Gefühlswirkung bestimmter Situationen zu verstärken, besonders als Hintergrund gefühlsbestimmter oder spannender Situationen im Film, Radio und in Fernsehspielen. Ein weniger verbreiteter, doch leicht erkennbarer katalytischer Steuerungsmechanismus ist der Gebrauch an sich irrelevanter Handlungen oder Worte, um die Botschaft zu katalysieren, die dann um so tiefer eindringt. Hitlers Zeremonielle im Licht der Fackeln setzten diese Methode glänzend ein, um einen Mob zu schaffen und zu vereinigen. Der Aufmarsch der Gefolgsleute war überlegt geplant und ausgeführt, um ein Gefühlserlebnis von solcher Stärke hervorzubringen, daß es, wenn Hitler selbst endlich zu reden anfing, gar nicht mehr darauf ankam, was er nun sagte. Die nahezu hysterischen Massen waren bereits seine sklavischen Anbeter. Einen subtileren und noch wirkungsvolleren Ansatz ähnlicher Art stellt der Mau-Mau-Eid dar, der durch seine abstoßend schreckliche Gestalt einzelne Menschen steuern sollte. Das Ritual, das die Eidesformel vorbereitete, hatte keinerlei Beziehung zu ihnen. Es war schrecklich und fremdartig, kleidete die Worte in ein Mysterium, das ihre suggestive Kraft, wenn schon nicht steigerte, wenigstens dekorativ umhüllte.

Die Folge technischer Entwicklungen

Das Rohmaterial der Verhaltenssteuerung besteht aus katalytischen Kräften, aber die Basis einer Technologie bildet ein Plan oder ein System zu ihrer Nutzung. Die Entwicklung einer Technik der Verhaltenssteuerung ist insofern typisch, als diese Rohmaterialien zuerst zufällig, später systematisch, aber ohne weitreichenden Plan, und endlich gezielt eingesetzt werden. Damit sind auch ihre zuerst reichlich unbestimmten Effekte immer genauer faßbar.
Die frühesten Vorläufer einer Verhaltenstechnologie waren wohl Institutionen, die man für Steuerungsaufgaben geschaffen hatte. Die Organisation einer Religion durch bestimmte Priesterschaften mag das erste Ereignis dieser Art gewesen sein. Sie begann, als die Menschen zunehmend an die Möglichkeit glaubten, die vergöttlichten Naturmächte zu beschwören, das heißt ihr Verhalten zu steuern. In diesem Fall schien es gerechtfertigt, daß einige Menschen produktivere Tätigkeiten aufgaben und sich solchen Aufgaben widmeten. Die Evolution dieser Funktionen in religiösen Riten bedeutet nicht weniger als die Evolution einer eigenen Steuerungsmaschinerie, in der Mysterien, Alkohol (Wein), sakramentale oder andere rituelle Objekte, Orakel und Gebetsformeln eine Rolle spielen. Technologie beginnt, sobald diese Maschinerie differenziert und geplant auf Individuen angewandt wird; denn die Erkenntnis individueller Unterschiede führt zum Bedürfnis nach Präzision, um diesen Unterschieden gerecht zu werden.

Wahre Technologie ist nicht nur geplant, sondern arbeitet auch gezielt. Sie verlangt vier Fähigkeiten: 1. bestimmte Arten von Wirkungen zu erzielen, 2. die Intensität dieser Wirkungen zu steuern, 3. den Einflußbereich dieser Wirkungen einzugrenzen und 4. ihre Dauer zu bestimmen. In bezug auf das Verhalten stand bis in die jüngste Zeit keine dieser Fähigkeiten wirklich zur Verfügung, und es wird wohl noch eine lange Zeit dauern — möglicherweise eine Ewigkeit — bis sie vollständig verfügbar sind. Aber wenn einmal erkannt ist, daß diese Fähigkeiten die Voraussetzungen einer Steuerungstechnik sind, wird es auch möglich, daß man das ganze Problem als eine Frage der Entwurfs- und Produktionstechnik betrachtet. Auf diese Weise läßt es sich mit der Klarheit abgrenzen, die seine Entwicklung sowohl beschleunigt als auch steuert.

Was in dieser Ära einer aufblühenden Biochemie am meisten für den Erfolg einer echten Technik der Verhaltenssteuerung verspricht, ist die Tatsache, daß eine grobe Steuerung schon lange vor dem Einsatz äußerlich produzierter Chemikalien oder ähnlicher Dinge möglich war. Geschickte Manipulatoren haben immer erkannt, daß Verhalten selbst der ideale Katalysator für Verhalten ist. Wenn jemand es richtig versteht, die Gefühle anderer Menschen zu erregen oder in ihnen Reaktionen auszulösen, die dann ihre Emotionen kanalisieren, kann er sie zu einer gewünschten Verhaltensänderung bringen, unabhängig davon, wo ihre wirklichen Interessen liegen. Er kann sie überzeugen, gegen alle Vernunft in den Krieg zu ziehen, wie es Nasser in Ägypten tat, oder ihre Freunde und Verwandten für wertloses Lob zu verraten, wie es Stalin in Rußland, Hitler in Deutschland und Mao Tse-tung in China getan haben. Oder er kann sie veranlassen, ihr Leben ohne Zögern zu opfern, um Bäume zu bewässern, deren Frucht noch nach einem Jahrtausend nicht reift, wie es Jesus tat und wenige andere wagten.

Die Mechanismen der Verhaltenskatalyse wurde im Verlauf der Geschichte meist durch den Zufall bestimmt, oft aber auch durch die Projektion der eigenen Gefühle des Steuernden. Oft hatte er natürlich auch Zerstörungswerkzeuge in seiner Hand, wie Napoleon oder Julius Caesar und Alexander, jedoch nicht immer. Buddha verfügte über keine Lanzenträger, und Jesus ebensowenig. Was sie besaßen, war Sympathie, die Macht, Gefühle mit anderen zu teilen, so daß andere Menschen ihre eigenen Gefühle mit ihren Worten verbinden konnten. Sympathie ist stets das mächtigste Instrument der Verhal-

tenssteuerung gewesen, da sie intensiv ist und verfeinerte Kommunikation überflüssig macht. Der mächtigste Ausdruck der Sympathie ist die Liebe, weil in der Liebe die Sympathie die Erfüllung eines unabhängig von ihr mächtigen Triebes — der Sexualität — katalysiert. Das Einverständnis wird durch Lust verstärkt. Haß ist aber ebenfalls die Basis starker Sympathien, da er die Befriedigung von Schuldgefühlen im Zusammensein mit andern erleichtert. So kommt es, daß Demagogen immer das Beste und Schlechteste im Menschen erregt haben, indem sie sich mit ihren stärksten Gefühlen verbündeten, ihren Intellekt verführten und aus ihren Taten Nutzen zogen.
Doch ist Sympathie kein besonders wirksamer Antrieb des Verhaltens, auch wenn es sich um den stärksten Antrieb überhaupt handelt, in einem Zeitalter, in dem Psychologie und Biologie versprechen, die Mechanik zu entschlüsseln, auf der menschliches Verhalten beruht. Sympathie kann nur in einem Zusammenhang Früchte tragen, der durch Wohlwollen bestimmt ist, was man politisch in Fügsamkeit oder Unterstützung übersetzen muß. Selbst im günstigsten Fall führt Sympathie nicht zu präzisen Reaktionen. Das erklärt auch den periodischen Niedergang von Don Juans und Politikern, trotz ihrer oft weitreichenden Erfahrungen und ihrer außerordentlichen Gewandtheit.

Steuerung durch Information und Zwang

Das erste Mal in der Geschichte verspricht die Wissenschaft eine reine Steuerungstechnik, die keine anderen Inhalte und Ziele außer der Steuerung hat. Ihre Ursprünge sind medizinischer, nicht politischer Art, und ihre Urheber interessieren sich mehr für ihre heilenden als für ihre schöpferischen Anwendungsbereiche. Sie wollen Krankheiten bekämpfen, nicht die Gesellschaft.
Sie haben zwei hauptsächliche Wege dazu gefunden. Der erste besteht darin, die Informationen zu steuern, die unsere Sinne verarbeiten, so daß uns unser eigenes Denken in eine gewünschte Richtung führt. Die zweite besteht darin, die physischen Mechanismen, nach denen unsere Sinne arbeiten, so zu steuern, daß wir wie beabsichtigt reagieren, ganz gleich, welche Information wir erhalten. Steuerung durch Information ist jedermann sehr vertraut, da sie die meisten Kommunikations- und Überredungsmethoden einschließt,

die Menschen unserer Gesellschaft stets als legitim angesehen haben und die von der Propaganda bis zur Erziehung reichen. Sie schließt allerdings auch einige eher esoterische Methoden ein, wie Psychotherapie, Hypnose und Konditionierungstechniken. Die Steuerung physischer Mechanismen wird hauptsächlich auf medikamentösem oder chirurgischem Weg durchgeführt. Medikamente gelten in der Regel nicht als Instrumente zur Verhaltenssteuerung, aber sie werden allgemein als solche benützt. Selbst das harmlose Aspirin ist in mancher Hinsicht ein Werkzeug der Verhaltenssteuerung, und die weniger harmlosen Schlafmittel erst recht. Chirurgie, vor allem im Verbund mit den verfeinerten Steuerungsmöglichkeiten der Miniaturelektronik und moderner Gehirnkarten, ist in diesem Zusammenhang nur wenig bekannt (und muß manchem unheilvoll erscheinen), aber in einfacher Form ist sie seit vielen Jahren eingesetzt und steht heute für noch weit komplexere Aufgaben bereit.
Weil sie unmittelbar auf körperliche Vorgänge einwirken, habe ich Medikamente und chirurgische Steuerung als Zwangsverfahren eingestuft. Das heißt nicht so sehr, daß ihr Einsatz dem Opfer keine freie Entscheidung mehr beläßt, wie es nun handeln soll, sondern eher, daß ihr physischer Effekt mit großer Sicherheit eintritt, da sie körperliche Prozesse unmittelbar beeinflussen. Aus ähnlichen Gründen, weil erzieherische, persuasive und andere Kommunikationsmethoden körperliche Vorgänge nicht so direkt ansprechen, sondern eher Informationen, die zu den Sinnesorganen gesendet werden, bezeichnete ich sie als Informationssteuerung. Diese Unterscheidung ist tatsächlich weit weniger eindeutig oder vollständig, als es die Bezeichnungen implizieren, und man sollte sich nicht durch die Vorstellung verwirren lassen, es handle sich um völlig verschiedene Methoden.
Wie wir bereits im ersten Kapitel sahen und auch später noch sehen werden, ist die Bedeutung von »Zwang« nicht immer klar. Sofern es einen Versuch betrifft, sich über den Willen eines anderen hinwegzusetzen, ist leicht zu erkennen, daß das ebensogut durch Steuerung der erreichbaren Information wie durch eine Steuerung seines Körpers geschehen kann. Die primitivste Art einer Zwangssteuerung arbeitet tatsächlich mit Information und nicht mit physischer Manipulation, nämlich durch Androhung von Schmerzen oder anderem Ungemach. Und auf der anderen Seite können physische Manipulationen wie Medikamente, dazu dienen, Zwang besser zu wider-

stehen oder dem Betroffenen mehr Wahlmöglichkeiten, als er vorher hatte, zu eröffnen. In der Medizin und im Krieg ist das alles so gut bekannt, daß man nicht mehr darüber diskutiert. Betäubungsmittel ermöglichen chirurgische Eingriffe. Mit dem Wissen, daß sie sich im Moment der Gefangennahme durch Gift töten können, fassen Spione und Soldaten Mut, mehr zu tun als ihnen die Angst vor Marter oder Verrat erlauben würde.

Der tatsächliche Unterschied zwischen Informations- und Zwangssteuerung liegt darin, daß erstere zur Erfüllung ihrer Aufgabe die körperliche Struktur des Organismus nicht geplant angreift, während das die letztere tut. Darin liegt keine Unterscheidung von Absicht oder Wirkung, was das Verhalten an sich angeht, sondern nur eine Unterscheidung der Techniken. Niemand versucht, Verhalten ohne Absicht zu steuern, und deshalb ist wohl die Annahme richtig, daß die meisten Entscheidungen darüber, welche Technik in welcher Situation verwendet werden soll, selbst technische Entscheidungen sind, die sich vor allem an den Fragen der Ökonomie, der Sicherheit des Effekts, des Wissens und der Geschicklichkeit der Manipulatoren orientieren.

Selbst bei genauer Kenntnis der technischen Aspekte ist aber die Unterscheidung zwischen Information und Zwang nicht immer eindeutig und kann keineswegs mit dem hoffnungslosen Versuch einer Widerbelebung der heute fruchtlosen philosophischen Erörterung des Leib-Seele-Problems verknüpft werden. Diese Grenze zeigt der Placebo-Effekt in der Medizin am besten.

»Placebo« heißt lateinisch »ich werde gefallen«. Der Ausdruck wurde ein geachteter Bestandteil der medizinischen Pharmokologie, als schon vor Jahrhunderten einige Ärzte entdeckten, daß manche Patienten, für die es keine geeignete Medizin gab, weder nach Hause gehen noch ihre Rechnungen zahlen wollten, ehe nicht der Arzt »etwas für sie tat«, beispielsweise ein Heilkraut mit eindrucksvollem lateinischen Namen zu verschreiben. Seine moderne Bedeutung ist ähnlich: Eine wirkungslose Chemikalie, die man einem Patienten mit der Bemerkung gibt, es handle sich um eine kräftige Arznei. Meist verändern solche Stoffe den Metabolismus oder die Pathologie des Kranken nicht, was sie für Vergleiche mit vermutlich wirksamen Arzneistoffen brauchbar macht. Einige Placebos produzieren aber nachweisbare Stoffwechseleffekte, die man Placeboeffekte nennt, als Ergebnis einer Suggestion interpretiert und deshalb als eine Informationssteuerung ansehen könnte. Aber die tatsächliche Suggestion liegt darin, daß eine bestimmte Droge, von der der Patient annimmt, daß sie bessere Effekte als Zucker, Kalk oder Aspirin erzielt, dazu dient, ein besonderes Leiden zu beheben. Und das Wunder der Placebo-Behandlungen besteht gerade darin, daß sie oft helfen, daß also tatsächlich eine physische Erleichterung eintritt! Der einzige Grund, warum jedermann zögert, diese Behandlung eine physische Manipulation zu nennen, liegt in dem Faktum, daß man einfach nicht genau sagen kann, welche Mechanismen von Nerven, Drüsen oder Sehnen beteiligt sind. Aber es ist klar: Die Wechselwirkung einer chemischen und einer Informationssteuerung hat einen physischen Wandel herbeigeführt. Genaueres Wissen über diese Wechselwirkung würde die Unterscheidung zwischen den beiden Steuerungstechniken überflüssig machen, doch dieses Wissen fehlt uns noch.

Selbst heute könnte diese Unterscheidung schon mehr oder weniger überflüssig sein, müßte man nicht die erwähnten Übereinkünfte berücksichtigen, die mit den Eigenschaften der verschiedenen Steuerungsmittel und unserer meist geringen Kenntnis der wunderbaren und verwickelten Steuerungsmöglichkeiten der nahen Zukunft zusammenhängen. Solche ethische Fragen müssen ausgiebig erörtert werden. Sie sind freilich erst sinnvoll, sobald klar ist, daß verschiedene Steuerungsmethoden zur Verfügung stehen und man mit jeder Alternative mehr oder weniger präzise Effekte erzielen kann. Es gibt keine sinnvolle Moral der Ohnmacht, das heißt, man kann nicht über die Moralität von Methoden reden, die nicht zufrieden stellen. In diesem Sinn entstehen moralische Probleme aus technischen Neuerungen.

Wenn ein Steuerungswerkzeug einmal funktioniert, haben die mit seinem Einsatz zusammenhängenden moralischen Probleme nichts mehr mit der Frage zu tun, ob es dem Informations- oder dem Zwangstyp angehört. Sie hängen nur noch mit der Frage zusammen, ob es lediglich für bestimmte Menschengruppen verwendet und von bestimmten Autoritäten in bestimmten Situationen eingesetzt oder verboten werden soll. Bis heute sind leider die meisten von uns daran gewöhnt, nur die Extreme zufälliger Information oder Waffengewalt als akzeptable Mittel der Fremdsteuerung anzusehen. Unsere Kultur hat Erziehung und Krieg legitimiert, hauptsächlich aus Gewohnheit, und wir sind geneigt, jeden subtileren Einfluß als

Heuchelei oder Perfidie zu betrachten. Wahrscheinlich gibt es gute Gründe für diese törichte Schwäche, die vielen Möglichkeiten zu übersehen, mit denen der Mensch steuerbar ist. Aber ob man sich nun den Mantel des prätentiösen Liberalismus umhängt, der irrtümlich behauptet, jedem zu gestatten, was ihm gefalle, oder in jenen reaktionären Affekt verfällt und dem leisesten Hinweis auf die menschliche Freiheit, von festgesetzten Normen abzuweichen, mit Haßgefühlen begegnet — Torheit produziert immer dasselbe Resultat: Ignoranz über den (und Furcht vor dem) wirklichen Charakter des Menschen.

Der Mensch ist ein ungeheuer bildungsfähiges Geschöpf. Seine Bildbarkeit, durch reiche Intelligenz und werkzeuggerechte Hände begünstigt, hat ihn zu der arroganten Überzeugung gebracht, über unendliche Möglichkeiten zu verfügen. Einst fühlte er sich im Mittelpunkt der Welt, die sich buchstäblich wie ein Rad um seinen Heimatplaneten drehte. Als er diesen Glauben aufgab, empfand er sich immer noch als einzigartig, als das besondere Produkt einer besonderen Schöpfung. Und als die Evolution menschlichen Wissens ihn endlich von der Evolution der menschlichen Spezies überzeugte, erhob sich sein Stolz noch einmal, diesmal zu einer besonders subtilen Idee, die er auch heute noch aufrechterhält — daß er persönlich einzigartig und etwas ganz Besonderes und mehr als ein Fleischklumpen in einer verrückten Galaxie ist, mehr als ein zufälliger Zustand in einem zufälligen Wirbel atomarer Ballspiele. Daraus leitete er ab, er sei frei, ungebunden und unbeschränkt, nicht nur in der Politik (diesem Selbstgeschenk ehrenwerter Männer), sondern auch in seinem inneren Kern, der — sterblich oder nicht — eine Art Unverletzlichkeit besitzt.

Er kann nicht glauben, daß dieser innere Kern in seinem Körper liegt, der sichtbar ist und, verglichen mit anderen Menschen, recht ähnlich aussieht. So bleibt ihm zur Proklamation dieses Kerns nichts anderes als *seine* Aktivität und *sein* Verhalten übrig. Wenn sonst schon nichts, so sagt er, dann gehört ihm wenigstens dies ganz.

Aus dieser Philosophie oder, um genauer zu sein, diesem verzweifelten Wunsch entwickelt sich eine Ethik des Verhaltens in der es ganz richtig ist, jemanden zu lehren, was man will, um ihn gefügig zu machen, ihm Schaden zuzufügen oder ihn zu töten, wenn er es nicht will. Nur eins darf man nicht: Gehorsam erpressen, der weder erzwungen noch angeboten wird, was ja den wertvollen Mythos vom freien Willen untergraben würde. Denn das zu tun, besonders indem man eine verfeinerte und flexible Steuerung der menschlichen Bedürfnisse und Wünsche vornimmt, ganz zu schweigen von seinen Taten, hieße anzuerkennen, wenn nicht gar zu erklären, daß sich der Mechanismus des menschlichen Ich nur in seiner Komplexität von anderen Organen unterscheidet, daß er ebenso aus Gewebe und Anatomie, aus Nerven und Drüsen besteht, daß er kartographisch erfaßt, manipuliert und durch einen fremden Willen gesteuert werden kann. Nichts könnte beredter für die mechanische Natur des Menschen sprechen als ein Handbuch mit Anweisungen, wie seine Maschinerie zu bedienen ist.

Nach Meinung einiger Menschen müßte diese Erkenntnis der Bannfluch treffen, weil sie sie zum Eingeständnis zwingt, daß sie an ein unkörperliches Ich glauben — ein Affront, der jene Menschen besonders berührt, die den traditionellen Unsterblichkeitsglauben ablehnen oder, noch schlimmer, verspotten. Aber selbst Menschen ohne religiöse Konflikte mögen sich darüber Sorgen machen, daß diese kühne Mechanik der menschlichen Freiheit im politischen Alltagsleben hart zusetzen wird, weil sie jede absolute Verankerung dieser Freiheit in der menschlichen Natur selbst ablehnt. Um dem entgegenzuwirken, schlagen sie eine Ethik mehr relativen Charakters vor, die Verletzungen der Freiheit in absteigender Reihenfolge ordnet, mit Zwang als der schwersten Verletzung, Information als der leichtesten und allen Stufen von Drohung, Überzeugung und Manipulation dazwischen, wobei diesen Kategorien jeweils wechselnde Grade von Immoralität zugeschrieben werden.

Dieses Schema ist verdienstvoll. In seinem Rahmen wurde die vorliegende Taxonomie eingeordnet, nicht um einen Moralkodex oder einen Glauben zu verteidigen, die nicht länger aufrechtzuerhalten sind, sondern als Gerüst für ein ethisches System, das man aus dem Wissen über die wahre Natur des Menschen und seiner Fähigkeiten aufbauen kann. Im großen ganzen gibt es einige Unterschiede zwischen der Steuerung durch Information und der durch Zwang, obschon sie letzten Endes nicht so zahlreich sind, um damit einen antimechanistischen Moralkodex zu rechtfertigen, allerdings haben sie wiederum auch nicht so viel Gemeinsames, daß jede Erörterung unter moralischen Aspekten töricht wäre. Ihre Einzelheiten, Unterschiede und ihre Tragweite herauszufinden, ist die Aufgabe der nächsten Kapitel.

II
Die Meisterwerkzeuge

3

Steuerung durch Information: a) Psychotherapie

Seit Eva und die Schlange ihr schicksalhaftes Gespräch führten, ist die Übermittlung ausgewählter Information das wichtigste Mittel für die Menschen, sich gegenseitig zu manipulieren. Das wird wohl immer so sein. Erziehung, Gebet, Rhetorik, Propaganda, Demagogie, romantische Verführung und Reklame dienen in typischer Weise allesamt diesem Ziel, obwohl sie nur einen Bruchteil des Ganzen ausmachen. Sie alle sind Vorläufer einer Technik der Informationssteuerung, und einige haben sich so verfeinert, daß man sie mit Recht selbst als Teile betrachten kann. Der größte Teil dieses und des nächsten Kapitels wird die drei Formen der Verfeinerung der Informationstechnik behandeln, die gegenwärtig für die Steuerung individuellen Verhaltens am gebräuchlichsten sind: Psychotherapie, Hypnose und Konditionierung. Wie die meisten Methoden der Informationssteuerung schließen diese Techniken noch keinen sehr sorgfältig ausgearbeiteten Gebrauch von instrumentellen Hilfsmitteln ein. In Zukunft werden jedoch Maschinen in erhöhtem Maße zur Informationssteuerung herangezogen. Unsere Aufmerksamkeit soll deshalb auch elektronischen Kommunikationsmitteln, Computern und anderen technischen Vorrichtungen gelten, die für diesen Zweck in hohem Maße nützlich sein können.

Arten und Klassen der Information

Jede Art der Information und jedes Kommunikationsmittel ist potentiell als Steuerungsinstrument brauchbar. Deshalb ist es nicht notwendig, sie alle zu untersuchen, um ihre Hauptprinzipien oder Methoden zu verstehen. Aber es scheint unerläßlich, die wichtigsten Klassen der Information und die hauptsächlichsten Mittel für ihre Übertragung zu kennen, um ihre Macht und Fehlerquellen, ihre Bedeutung, ihren Wert und ihre Gefahren einschätzen zu können. »Information« beschränkt sich hier nicht nur auf Worte. Sie wird nicht nur durch Sprechen oder Schreiben übermittelt. Sie schließt Gesehenes und Gehörtes ein, Träume, Gefühle, kurz alle Dinge, die den Sinnen und viele, die unterhalb dieser Ebene mitgeteilt werden können. Alles, was irgendein Sender irgendeinem Empfänger als Signal übermittelt, ist Information. In der Tat können Chemikalien, elektrische Impulse und einige andere physikalische Einheiten, die wir vornehmlich als Zwangsmittel betrachten werden, technisch als Information charakterisiert werden, weil sie alle als Signale fungieren.

Wie wir sie hier verstehen, sind Informationssteuerungen Techniken, die sozusagen »ohne Hände« angewendet werden können, Methoden, die ohne das Einbeziehen physiologischer Prozesse funktionieren. Obwohl die Übermittlung von Information an die Sinne physische Prozesse im Körper auslösen mag, geschieht das auf so subtile Weise, verglichen mit chirurgischen Eingriffen, Medikamenten oder Strahlung, daß wir sensorische Prozesse und Wahrnehmungsvorgänge einer eigenen Klasse zurechnen. Solches Denken spiegelt sich bis zu einem gewissen Grade in der falschen, aber weit verbreiteten Annahme, daß es so etwas gäbe wie rein »geistige« Prozesse. Was wir gemeinhin als Dinge des Geistes betrachten, ist zur Hauptsache das, was wir hier mit Information meinen.

Aus der umfassenden Sicht, wie sie die Geschichte erfordert, entwickeln sich alle Technologien in einer Folge von immer höheren Tauglichkeitsgraden. Deshalb scheint es ratsam, sie in einer mehr oder weniger historischen Anordnung darzustellen. Die Technik der Informationssteuerung beginnt mit wörtlicher Information, dem für den Menschen geläufigsten Kommunikationsmedium, und entwächst ihren Kinderschuhen mit der Einsichttherapie und ihren Schulen. Größere Genauigkeit und ausgereiftere Ergebnisse erzielt man durch handlungsbezogene Therapieformen, die weniger auf verbalen Formulierungen beruhen als die Einsichttherapie. Diese Therapieformen öffnen einer zweiten Generation von Techniken der Informationssteuerung die Tür. Hypnose und Konditionierung werden nun benutzt, um Änderungen des Verhaltens und persönlicher Einstellungen zu erzielen, die ebenso gut auch von der traditionellen Psychotherapie behandelte, persönliche Probleme außer acht lassen können. Diese Techniken greifen nicht auf sprachliche Vorgänge zurück. Die Hypnose basiert allem Anschein nach auf der Einbildungskraft, und die Konditionierung auf nicht verbalen, sensorischen Signalen.

Noch wichtiger ist: Man kann mit ihnen Gehirnprozesse beeinflussen, die gewöhnlich unwillkürlich ablaufen. Sie lassen sich außerdem mit relativ großer Geschwindigkeit und in vielen Situationen außerhalb des Sprechzimmers oder der Klinik anwenden. Manche dramatischen Phänomene der Verhaltenssteuerung von politischer, religiöser oder kultureller Bedeutung hat man als besondere Fälle von Hypnose und/oder Konditionierung erklärt. Dazu gehören Gehirnwäsche, Bekehrungen und der psychogene Tod vom »Voodoo«-Typ.

Eine dritte Generation der Verhaltenssteuerung durch Information tritt mit dem Gebrauch von verfeinerten Geräten auf, die Information aufnehmen und zur Verfügung stellen. Computer-Therapie steht für die eine Möglichkeit, Datenbanken und elektronische Abhöranlagen für die andere. Beide stecken noch in den Kinderschuhen, aber sie werden bald wichtige Werkzeuge der Verhaltenssteuerung sein und uns vor entsprechende Probleme stellen.

Verbalinformation

Worte sind das verbreitetste und für die meisten Zwecke billigste und wirkungsvollste Vehikel der Informationen. Die Sprache kann man als Prototyp aller Arten von Informationssteuerung ansehen. Weil die Sprache manchmal ungenau und oft unwirksam ist, neigen viele Menschen zu der Annahme, Worte und Informationssteuerung seien allgemein überhaupt keine richtigen Steuerungsmittel. Jeder Rechtsanwalt, jeder Streitsüchtige und Gigolo weiß das besser.

Die bekannteste Steuerung durch verbale Information ist wahrscheinlich die Werbung, eine öffentlich anerkannte Form der Propaganda, die dazu dient, das Konsumverhalten zu steuern und zu bestimmen, welche Zahnpasta die Menschen kaufen oder welchen Politiker sie wählen sollen. Wie das Fernsehen oder andere Kommunikationsmittel richtet sich die Werbung mehr an Menschenmassen als an Individuen, deshalb interessiert sie uns hier nicht. Die meisten Versuche, Individuen verbal zu steuern, hat man mit Etiketten wie »Überredung« oder »Suggestion« versehen. Diese Steuerungsart wendet also für ihre Zwecke keine Gewalt an. Wenn dem Opfer einer Steuerung deren Ziel nicht deutlich wird oder wenn ihre Geschicklichkeit, Widerstände zu brechen, groß ist, werden ihre Techniken von Intellektuellen »Verführung« und von den

meisten anderen Menschen »Verkaufstüchtigkeit« genannt. Wenn jemand mit irgendeiner dieser Methoden Erfolg hat, so nennt man das eher Einfluß als Steuerung. Unterstellt wird, daß das Opfer für das Verhalten, das man von ihm forderte, verantwortlich war.
Die Künste der Überredung waren wahrscheinlich im Zeitalter der biblischen Patriarchen fast genauso gut ausgebildet wie heute. Aber obwohl es eine riesige moderne Literatur darüber gibt, wie man alles an den Mann bringen kann, von Industriegütern bis zur eigenen Person, hat man sie nie als eine wirkliche Technik angesehen. Es gibt darüber hinaus formale Möglichkeiten, den Handel unter den verschiedensten Aspekten an Colleges, an eigenen Akademien und an vielen größeren Universitäten zu studieren, was allerhand für den Fortschritt einer solchen Technologie verspricht. Wenn man die Werbung auch nicht als Methode der individuellen Verhaltenssteuerung definieren kann, weil sie mit dem Menschen auf statistischer Basis zu tun hat — weil sie versucht, Massen von namenlosen Individuen zu beeinflussen —, so bleibt doch der einzelne Verkäufer das non plus ultra einer verbalen Verhaltenssteuerung. Dessen ungeachtet hat er diesen Titel niemals auf irgendeine formale Weise zu beanspruchen versucht. Es gibt keinen Doktorgrad für talentierte Verkäufer*.

Psychotherapie: Der Prototyp einer Steuerungstechnik durch Information

Die erste wirkliche Technik individueller Verhaltenssteuerung mittels verbaler Information war wahrscheinlich die Psychotherapie, besonders die Vielfalt von Systemen und Untersystemen, die zur Einsichtstherapie zählen und darauf abzielen, Menschen bei der Lösung ihrer persönlichen Probleme vor allem durch eine besondere Art des Gesprächs und des Zuhörens zu helfen. Die eine oder andere Form der Psychotherapie ist gebildeten Menschen sicher ver-

* Diese kulturelle Rückständigkeit scheint auf einer Kombination soziologischer und religiöser Ursachen zu beruhen. Manchen Leuten in der Wissenschaft (oder in Literatur und Kunst) ist der Gedanke zuwider, daß es so etwas geben solle wie eine Wissenschaft vom Handel (oder von Literatur und Kunst). Eine hartnäckige Idee von den Schulen als Stätte einer anderen Welt macht es sogar für Handelshochschulen anrüchig, Doktoranden auszubilden und Dissertationen und Diplome aus dem Bereich des Handels auszugeben.

traut, entweder direkt im Zusammenhang mit spezifischen Problemen oder aus dem Sensitivity Training und der Gruppentherapie.
Verglichen mit zukünftigen Methoden ist die Psychotherapie ein technisch primitives Mittel der Verhaltenssteuerung. Aber sie ist wichtig, weil sie weit verbreitet und mächtig ist. Außerdem wirft sie bereits alle ethischen Probleme auf, denen der gewissenhafte Student der Verhaltenssteuerung begegnen wird. Allein in den Vereinigten Staaten gibt es buchstäblich Millionen von Menschen, die sich einer Psychotherapie unterziehen. Und das würden wahrscheinlich noch weitere Millionen tun, wenn viele Psychotherapeuten, Erzieher, Geistliche, Eltern oder ihre Feinde die Macht hätten, das zu entscheiden. Es gibt *einige Dutzend* eigenständiger therapeutischer Systeme oder Schulen, denen offizielle Experten für geistige Gesundheit, wie Psychiater, Psychologen und Sozialarbeiter, vorstehen. Es gibt noch viel mehr halb- oder inoffizielle Arten der Psychotherapie, die von Geistlichen praktiziert werden, von Eheberatern, Personalbeamten in höheren Schulen, Colleges und Betrieben, von Hausärzten, von Laien, deren persönliche Erfahrung sie für diese Arbeit qualifiziert hat, wie die Leiter von Alcoholics Anonymous, Synanon-Mitgliedern und anderen freiwilligen Organisationen mit besonderen therapeutischen Aufgaben. Dieser keineswegs erschöpfende Katalog enthält keine der unzähligen Psychotherapien, die unter falscher oder zumindest nicht deutlich erkennbarer Flagge segeln, als da sind Sensitivity Training oder Encounter-Gruppen. Sie sind in bezug auf Verhaltenssteuerung nicht weniger wichtig als psychoanalytische Konsultationen.
Wenn man die halbprofessionellen Helfer im Dienste der geistigen Gesundheit, wie freiwillige Mitarbeiter von Kliniken oder Berater im Dienste der Psychohygiene, auf sich gestellte All-Zweck-Scharlatane, Astrologen, Teeblätterleser oder freundliche Apfelverkäuferinnen auf der Straße einmal beiseite läßt, wird trotzdem deutlich, daß eine ganze Industrie praktisch mit Psychotherapie beschäftigt ist. Ihre Techniken bestehen nicht bloß in abstrakten Abhandlungen über die Möglichkeiten, Menschen zu beeinflussen, sondern in praktischen Plänen, wie man das tun kann. Sie werden von etlichen vollgültigen Berufen und von Vereinigungen gefördert, von Handbüchern, Fachzeitschriften und geheimen Publikationen durch offene Kommunikation zwischen den Ausübenden und ihren Kunden unterstützt. Darüber hinaus ist ihre Ausübung oft durch Gesetz und

Gewohnheitsrecht geschützt und aus enormen öffentlichen und privaten Mitteln gespeist, die ihre künftige Entwicklung vorantreiben und neue Methoden fördern, um sie auf individuelle Störungen anzuwenden, wobei man auch hofft, sozialen Bedürfnissen gerecht zu werden. Bedenkt man, welche beträchtliche Summe öffentlicher Aufmerksamkeit, Energie und Gelder für die Suche nach Mitteln aufgeboten werden, um in der einen oder anderen Form mit Verhaltensstörungen fertig zu werden — und somit für Verhaltenskontrolle, wie auch immer man sie nennen mag —, dann ist und bleibt die Psychotherapie eine bedeutende Macht, mit der man rechnen muß.

Selbst wo sie sich engere Ziele setzt, bleibt die Psychotherapie ein wichtiger Prototyp für die informelle Technologie der Verhaltenssteuerung, denn sie verzichtet auf Zwang. Sämtliche Psychotherapien sind somit Sonderfälle der vielfältigen Situationen, in denen rationale, gewaltlose Mittel der Überzeugung nötig sind, um individuelles Verhalten zu steuern oder gesellschaftlich Verantwortliche zu lehren, wie sie dabei verfahren müssen. Ihr Wert als Forschungsgebiet liegt teilweise darin, daß sie die Entwicklung von Steuerungsverfahren unter Verhältnissen einschließt, bei denen für Steuerungsversuche äußerst ungünstige Faktoren eine Rolle spielen. »Der Therapeut«, sagt Neal Miller von der Rockefeller University, »hat keine unmittelbare Kontrolle über die wichtigen Lohn- und Strafreize in der Umwelt des Patienten.« Weder der Zwang durch eine Polizeimacht noch die ständige Verfügungsgewalt über Lohn und Strafe, wie sie Eltern haben, stehen gewöhnlich dem Psychotherapeuten zu. Das macht sein Vorgehen zu einem relativ reinen Versuch, mit beschränkten Mitteln Einfluß auszuüben, deren wichtigstes die Sprache ist. Deshalb erscheint es nicht als Zynismus, wenn man sagt, daß die systematischen Überzeugungsmethoden in der Psychotherapie Verkaufskunst sind, die freilich zum Niveau einer eigenen Technologie weiterentwickelt ist.

Da sie auf einem höchst komplexen Medium, den »höheren Vorgängen« von Sprache und Symbolisation beruht (die man manchmal für die einzigen spezifisch menschlichen Eigenschaften hält), ist Psychotherapie zugleich auch eine unmittelbare Fortsetzung der Erziehung. Diese wiederum gilt aus der ethischen Einstellung unseres Jahrhunderts heraus als das gerade Gegenteil der Steuerung durch Zwang. Und weil sie sich unmittelbar an Individuen wendet,

kommt sie auch einem individuellen Steuerungsmittel am nächsten, das die moderne Ethik der Freiheit und persönlichen Entscheidung befriedigt.
Vieles von der sozialen Bedeutung der Psychotherapie-Industrie beruht darauf, daß man nahezu alles, was man über sie sagte, auch über die Erziehung sagen könnte. Dieser Tatbestand geht manchmal Ärzten auf die Nerven, die Psychotherapie als Zweig der Medizin ansehen möchten, und auch Psychologen, die sie für ein ganz einzigartiges Verfahren halten. Tatsächlich kann man Psychotherapie aber immer als Sonderfall der Erziehung ansehen, obschon man sie öfter als eine eigene Disziplin ansieht, die nicht genau der ärztlichen Praxis entspricht, nicht ganz dasselbe ist wie Lehren, mehr als nur Beraten und weniger als religiöse Erweckung darstellt — immer aber ein Mittel, um das Leben von Menschen durch Information zu ändern.

Die Ziele der Psychotherapie

Alle Formen der Psychotherapie zielen darauf ab, Verhalten zu steuern, das nach dem einen oder anderen Maßstab geistesgestört, krank, verwirrt oder sonstwie ungeordnet ist. Daher verstehen Psychotherapeuten ihre Methoden meist als Behandlungs-, nicht als Steuerungstechniken. Diese Sprachregelung beeinflußt ihr Vorgehen aber nicht entscheidend.
Die Vielfalt von Problemen, für die Menschen psychotherapeutische Hilfe suchen, ist in jedem Fall ungeheuer groß. Sie schließt nahezu jede Art individueller Störungen ein. Sie umfassen auf der einen Seite Probleme, die sich aus der Beziehung zur Gesellschaft, zu anderen Menschen, Aufgaben oder Fähigkeiten ergeben. Andererseits schließen sie auch Klagen über das eigene Ich ein, aber auch Stimmungen, Gefühle, Ansprüche und Ideale, ja sogar körperliche Leiden. Jede beliebige Zahl von Störungen kann schließlich in einem einzelnen Patienten des Psychotherapeuten auf einmal auftreten und ihn veranlassen, Hilfe zu suchen. Die Probleme, die Menschen in eine Therapie führen, lassen sich ganz verschieden einteilen. Einige davon betreffen den sozialen Charakter des jeweiligen Konflikts, wobei die Menschen aufgrund sozialer Anpassung oder Abweichung von gesellschaftlichen Normen eingeordnet werden. Andere klassifizieren Konflikte nach der Art ihres Entstehens, etwa

durch spezielle Lernprozesse, durch Ausbildung von Gewohnheiten (habit formation) oder während besonderer Stadien der kindlichen Entwicklung. Wieder andere stellen Problemlisten auf, die ihre philosophischen Ansichten über das menschliche Leben widerspiegeln und etwa zwischen Verhaltensproblemen im engeren Sinn und weitgespannten existentiellen Krisen unterscheiden. Darüber hinaus gibt es noch andere Klassifikationen, die sich beispielsweise nach der offensichtlichen Schwere der Symptome, ihrer physiologischen Bedeutung oder dem dabei auftretenden Grad von Angst richten.
Was allen psychotherapeutisch behandelten Störungen gemeinsam (und vielleicht ihre einzige Gemeinsamkeit) ist: Durchweg handelt es sich um *Verhaltens*störungen in einem sehr weiten Sinn, d. h. es sind durchweg Störungen des Handelns, des Gefühls und der Einstellung, aber keine Störungen rein physischer Funktionen. Gerade die meisten Probleme, vor denen die Psychotherapie steht, beziehen sich auf einen Verhaltensaspekt, der außer Kontrolle geraten zu sein scheint, entweder aus der Perspektive des Therapeuten oder eines anderen Verantwortlichen: so die Unfähigkeit, auf übermäßiges Trinken oder bestimmte Drogen zu verzichten; sexuelle Impulse zu beherrschen oder zu zeigen; sich auf die Schularbeiten zu konzentrieren; aufzuhören, sich über Trivialitäten zu erregen; zu lernen, richtig zu lesen; nachts nicht das Bett zu nässen; sich von einer übermäßigen Elternbindung zu befreien; sein Recht durchzusetzen; antisoziale Aggression zu unterdrücken oder nicht einmal Ärger äußern zu können; mit seiner Frau auszukommen oder eine wohlverdiente Scheidung zu erreichen; von grundloser Angst frei zu werden; irrationale Ängste vor fernen, unwahrscheinlichen oder harmlosen Ereignissen zu beherrschen; sich wohl zu fühlen; sich von Kleinmütigkeit zu befreien oder ein endloses, manisches Hochgefühl loszuwerden; physischen Gleichmut im Angesicht von Streßsituationen zu bewahren, die Anfälle von Asthma verursachen, die Haut mit Schuppen oder Pusteln bedecken oder den Magen durch schmerzhafte Geschwüre zusammenkrampfen; seine Gliedmaßen zu bewegen, die ohne körperliche Veränderungen an Nerven und Sehnen gelähmt sind; die Illusion zu verlieren, auserwählt, verfolgt oder beobachtet zu sein; eigenartige Gefühle loszuwerden, z. B., daß sich der eigene Körper auflöst, das Geschlecht wandelt, daß man hilflos zusieht, wie die Fähigkeit mitmenschlicher Kontakte nachläßt, bis man allein in katatonem Stupor zurückbleibt, ohne

Hoffnung auf eine Rückkehr und in einem tödlichen Schweigen ohnmächtig verharrend: alle diese und viele andere Situationen, die hier nicht erwähnt werden müssen, stehen für den Bereich, in der das Handwerk der Psychotherapie stattfindet. Und das Ziel der Therapie liegt in jedem Fall darin, die Kontrolle des Patienten über das gestörte Verhalten wiederherzustellen oder es aus seinem Verhaltensrepertoire zu eliminieren, indem man ihn umfassend steuert, so daß ihn sein Verhalten nicht länger beeinträchtigt.
Wie gut diese Ziele erreicht werden, ist oft eine ganz andere Geschichte, die keineswegs immer in ein Happy-End mündet. Diese Tatsache führt aber ihrerseits dazu, daß man ständig nach neuen Wegen sucht, um die Vielfalt menschlicher Impulse, Hemmungen und Versessenheiten zu steuern. Verschiedene Formen der Psychotherapie suchen dieses Bedürfnis zu erfüllen.

Die psychotherapeutischen Systeme

Es gibt nicht nur sehr viele psychotherapeutische Probleme, sondern auch eine Vielzahl von Schulen, Systemen und Orientierungen, die wahrscheinlich die Zahl Fünfzig überschreiten, wenn man alles, was sich Schule nennt, akzeptiert. Doch die Zahl der Behandlungsmethoden und der Anwendungsbereiche der einzelnen Methoden ist bereits erheblich kleiner. So betrachtet, kann man die vielen Schulen auf zwei Typen zurückführen: Therapien durch Einsicht und Therapien durch Handlung.
Viele Leute verwechseln immer noch den allgemeinen Ausdruck »Psychotherapie« mit »Psychoanalyse«, einer Sonderform, die zugleich Prototyp der Therapie durch Einsicht ist. Die Psychoanalyse wurde das Opfer einer ganzen Reihe von Häresien, die Freuds Schüler schon kurz nach der Jahrhundertwende, als er diese Technik entdeckt hatte, begründeten. Eine Zahl wichtiger Schulen der Psychoanalyse wurde von 1910 bis kurz nach dem Zweiten Weltkrieg bekannt. Einige von ihnen sind noch dem Namen nach mit der Psychoanalyse verwandt, wie die analytische Psychologie von C. G. Jung. Einige andere, die keine offensichtlichen Verbindungen mehr zur Psychoanalyse haben, stammen doch von ihr ab, so die Willens-Therapie von Otto Rank oder die Klienten-zentrierte Therapie von Carl Rogers. Sie alle zählen mit einigen anderen gewöhnlich zu den Therapien durch Einsicht.

Der Einfluß dieser von der Psychoanalyse abgeleiteten Therapieformen ist in Amerika so groß gewesen, daß viele Menschen mit den Therapiesystemen, die sich von den Forschungen über den bedingten Reflex durch Ivan Pawlow in Rußland und der Lernforschung durch E. L. Thorndike in den Vereinigten Staaten herleiten, noch gar nicht vertraut sind. Beide arbeiteten zu der Zeit, als Freud die psychoanalytische Theorie in Wien formulierte. Pawlow und Thorndike waren Laboratoriumsforscher, keine Kliniker. Das begründet u. a., warum ihre Arbeit jahrelang nicht klinisch angewendet wurde. Heute jedoch haben schon zwei Generationen von Wissenschaftlern ihre ersten Entdeckungen erweitert und verfeinert. Die psychotherapeutischen Systeme, die auf Thorndikes und Pawlows Studien fußen, erregen an Universitäten, Schulen, Kliniken und Krankenhäusern zunehmend Interesse. Ich habe diese Methoden Handlungstherapien genannt, um sie von der Therapie durch Einsicht abzugrenzen. Bekannter sind sie jedoch unter dem Namen »Verhaltenstherapie« (nach John B. Watson).

Therapien durch Einsicht und Handlung überschneiden sich in ihrem Anwendungsbereich. In beiden werden Menschen einzeln oder in kleinen Gruppen, manchmal auch in einer Kombination von Einzel- und Gruppensitzungen behandelt. Beide Systeme setzen eine bunte Palette von Hilfsmethoden ein, z. B. dramatisches Agieren (»Psychodrama«), Hypnose oder Drogen wie LSD. Man kann sie ebensowenig nach ihren Organisationen wie nach den Honoraren ihrer Vertreter unterscheiden. Für einen ungeschulten Beobachter mag sich eine psychoanalytische Sitzung (Einsicht) ungefähr ebenso ausnehmen wie eine Desensibilisierung (Verhaltenstherapie).

Die hauptsächlichen Unterschiede zwischen Einsicht- und Handlungstherapie liegen erstens in ihren Techniken und zweitens in ihren unterschiedlichen Absichten und Effekten. Das erste System zielt darauf ab, die Einsicht oder das Verständnis des Patienten für die Aspekte seines Lebens zu verstärken, das andere sucht einen entscheidenden Wendepunkt in seinem Verhalten herbeizuführen. Die tatsächlichen Operationen jedes Systems sind so weit verwandt, daß sie es gestatten, nahezu jede psychotherapeutische Schule einzuordnen, je nachdem ob ihre Technik mehr auf Einsicht oder Handlung abzielt.

Aus historischen und wirtschaftlichen wie auch aus theoretischen Gründen stehen die Therapiesysteme in einem Wettbewerb. Jedes versucht, zugleich umfassend und ausschließlich zu sein, alles zu behandeln und alles zu erklären. Keines dieser Ziele wird sehr gut erreicht, da die Extreme jeder Schule allzu vereinfachte Ansichten über menschliches Verhalten vertreten. In der klinischen Praxis verlangt diese Übervereinfachung von den Psychotherapeuten, die gute Arbeit leisten und über ihr Tun reflektieren wollen, entweder ständig ihrem System oder ihrem Verstand untreu zu werden. Ergebene Anhänger beider Richtungen neigen dazu, ihr eigenes System durch seinen theoretischen Unterbau und das andere durch seine praktischen Mängel zu beschreiben. Beides tun sie aber in der Regel nicht exakt. Der Hauptunterschied zwischen ihnen liegt darin, daß sich die Einsichttherapie an das richtet, was David McClelland von der Harvard-Universität »innere Verhaltenssysteme« nennt (Motive, Gefühle, Einstellungen), und Techniken benützt, die darauf abzielen, das Bewußtsein zu erweitern, während sich die Handlungstherapie an Symptomgruppen oder »äußere Verhaltenssyndrome« richtet (die offenkundigen Probleme, deren Therapie gewünscht wird) und Methoden verwendet, die diese Symptome direkt ändern können. Verhaltenstherapeuten kümmern sich deshalb um die Einzelheiten von Umweltreizen, Reaktionen und Verstärkern, während sich Einsichttherapeuten dem Innenleben ihrer Patienten zuwenden. Keine dieser Methoden bietet heute absolute Sicherheit, alles zu heilen, aber jede hat vorerst eine gut begründbare Technik entwickelt, die manche künftigen Eigenarten der individuellen Steuerung durch Information vorwegnimmt. Ihre Eigenheiten erfordern also eine genauere Beschreibung.

Die Einsichttherapie

Der grundlegende, wenngleich auch vielfach abgewandelte und interpretierte Gedanke, auf dem alle Einsichttherapien beruhen, ist der, daß Motive unser Verhalten bestimmen. Das bedeutet, daß gestörtes Verhalten durch Besonderheiten innerhalb des Individuums verursacht ist. Um solche Störungen erfolgreich zu behandeln, so wird argumentiert, muß der Therapeut die inneren Zustände herausfinden, die den äußerlichen Schwierigkeiten entsprechen, und sie ans Licht bringen. Dadurch wird auch die Verbindung zwischen ihnen und dem gestörten Verhalten, das sie verursachen, gelöst. Um es anders auszudrücken: Der Therapeut versucht, den Patienten zu einer Einsicht in die Beziehung zwischen seinen Motiven und seinem Verhalten zu führen, wobei er annimmt, daß ihm diese Einsicht größere Kontrolle über sie verschafft, als er sie vorher hatte.

Einsicht bedeutet Verstehen. Alle Techniken der Einsichttherapie versuchen, den Patienten zu einem besseren Verstehen seiner selbst zu führen, besonders zu den Bereichen seines Ich, die ihm nicht voll bewußt waren oder denen er nicht ehrlich und direkt ins Gesicht schauen konnte. Der Patient versucht daher herauszufinden, warum er auf die Weise fühlt und so handelt, wobei er hofft, daß seine Einsichten ihn von den Beschwerden befreien, die ihn in die Therapie brachten.

Im Verlauf des Gesprächs, das oft einige hundert Stunden über mehrere Jahre hin dauert, wird er wahrscheinlich nicht nur nach den Gründen für sein ursprüngliches Problem forschen, sondern auch nach seinen Gefühlen und Erfahrungen wie Hemmung, Angst, Schuld, Feindseligkeit, Ärger, Freude, Selbstbewußtsein, Lust, Sorge, Liebe, Eifersucht und Abhängigkeit in allen wichtigen und vielen weniger wichtigen zwischenmenschlichen Beziehungen. Eben diese Gefühle kann er in den therapeutischen Sitzungen und in der Beziehung zum Psychotherapeuten erleben. Mit Glück, Geduld und Mühe kann er zudem seine Symptome loswerden; auf jeden Fall wird er sich selbst besser verstehen.

Wenn man die Grundlagen des eigenen Verhaltens besser versteht, dann wird dieses Verhalten natürlicherweise auch sinnvoller. Daher schätzen die meisten Anhänger die Therapie durch Einsicht nicht nur als eine Technik, die den Patienten von hinderlichen Symptomen befreit, sondern auch, weil sie den Sinn seiner Handlungen klärt und sein ganzes Leben sinnvoller macht. Diese Eigenschaft verleiht der Einsichttherapie heute ihre größte Anziehungskraft, vor allem in Form existenzieller Psychotherapie, die ihre Popularität unangefochten aufrechterhält, während ihre wirkliche Fähigkeit, beschwerliche Symptome zu beseitigen, zunehmend in Frage gestellt, bezweifelt, ja geleugnet wird.

Die Techniken der Einsichttherapie

Der Weg, auf dem die Einsichttherapie das Verhalten beeinflußt, entspricht im Grunde einer Systematisierung der sokratischen Lehrmethode, die die Vorstellungen, Einsichten und Gefühle einer Person (des Schülers, Patienten usw.) prüft, herausfordert und in Frage stellt (durch den Lehrer, Arzt, Manipulator), bis sie entweder bestätigt, neu formuliert oder abgelehnt werden. Von Platon »Hebammenkunst« genannt, kann diese Methode aus einem Menschen vermutlich nur das herausholen, was bereits in ihm ist, das hieße, daß alle Schlüsse, zu denen er kommt, letzten Endes seiner eigenen Steuerung gehorchen und deshalb seiner Verantwortung unterstehen.

Diese Argumentation durchdringt die gesamte Einsichttherapie, während technische Details vielfach von Schule zu Schule variieren. Als grundlegende Regel ist ihnen meist gemeinsam, daß der Patient selbst die Verantwortung für fast alle persönlichen Aussagen in den Therapiestunden übernimmt. Allgemein ruht auf ihm die Last, das Gespräch zu beginnen und fortzuführen, während der Therapeut den Strom des Patientenbewußtseins mehr lenkt als beeinflußt. Tatsächlich soll alles, was der Therapeut tut, die Selbsterforschung des Patienten fördern und ermutigen, ohne neue Inhalte in sein Leben zu bringen. Der Einsichttherapeut vermeidet nicht nur, dem Patienten seine eigene Meinung aufzudrängen, sondern er vermeidet in der Regel auch wichtigere Aufschlüsse über sich selbst. Diese Anonymität zwingt den Patienten noch mehr dazu, für sich selbst verantwortlich zu sein. Wenn er zuviel über das persönliche Leben des Therapeuten wüßte, könnte er sein eigenes Verhalten nach diesem Modell gestalten. In ihrer reinsten Form ist die Einsichttherapie eher ein Dialog des Patienten mit sich selbst als eine inhaltsreiche Diskussion mit einer anderen Person. Sein platonisches Ideal ist, sich selbst zu erkennen, sein neoplatonisches Credo, daß der Prozeß dieser Erkenntnis, die Wahrheit, die gewonnen wird, von den Beschwerden befreit, die den Patienten zum Therapeuten führten.

Das klingt so, als ob der Einsichttherapeut im Idealfall nichts tut, als passiv dazusitzen, und der Patient gesund wird, indem er zu sich selbst oder zu einem sympathisch aussehenden Klotz spricht. Das ist nicht richtig, obschon Carl Rogers tatsächlich in seinem Hauptwerk *Client-Centered Therapy* über einen solchen Fall berichtet, in dem ein Mädchen in Therapie kam, wenige Stunden blieb, und sehr wenig zum Therapeuten sagte, der seinerseits ebensowenig antwortete, das aber einfühlend. Endlich erklärte sie, ihre Konflikte seien aufgearbeitet, so daß sie ihn nicht länger zu besuchen brauche. Objektive Informationen von Dritten bewiesen, daß sie recht hatte. Ähnliche Berichte gibt auch ein Beratungsprogramm, das die Westinghouse Corporation für ihre Angestellten schuf. Eine Reihe von Leuten sagten, sie fühlten sich besser, nachdem sie mit dem Berater gesprochen hatten, der kaum mehr tat als wohlwollend zu grunzen. Auch die Unzahl von Witzen (und Klagen) über Therapeuten, die während der Sitzungen einschlafen (neben einigen ernsthaften Aufsätzen über diese Frage, die lustig gemeint waren), illustriert ebenso das relativ passive, abwartende und zurückhaltende Verhalten von Einsichttherapeuten. Das Drama einer Einsichttherapie spielt sich nicht in einem lebhaften Dialog ab. Selbst im günstigsten Fall wird es nur dem geistigen Auge des Patienten sichtbar, der es erfährt.

Der Einfluß des Einsichttherapeuten leitet sich von den subtilen Methoden her, mit denen er den Patienten durch die Therapie führt. Ihre Subtilität ist zugleich der größte Vorzug und Nachteil der Einsichttherapie. Wenn sie erfolgreich ist, kann sie tiefgreifende und dauernde Änderungen im Patienten erzielen, Änderungen seiner Gefühle, Einstellungen und Aktivitäten, für die er sich allein verantwortlich fühlt. Wenn sie versagt, hat er Zeit, Energie und Geld verschwendet. Und sie versagt oft, weil ihre Subtilität selbst keinen Eindruck hinterläßt oder weil der Patient, da man ihm die Herrschaft über sich selbst überläßt, seinem Leben vielleicht eine falsche Richtung gibt. In jedem Fall verwendet man in der Einsichttherapie vor allem drei Techniken. Wir können sie der Einfachheit halber *Assoziation, Deutung und Beziehung* nennen. Ihre Zwecke sind es, leichter Aufschluß über Konflikte zu gewinnen, die Aufmerksamkeit in eine bestimmte Richtung zu lenken und Verhalten neu zu formen.

Einige Arten der Einsichttherapie verfügen über gar keine speziellen Techniken, um Aufschluß über innere Prozesse zu erhalten. In der Klienten-zentrierten Therapie etwa hört der Therapeut einfach zu, was der Patient zu sagen hat, und versucht, mit jeder Information zu arbeiten, die er freiwillig zur Verfügung stellt.

In den meisten psychoanalytischen Therapieformen jedoch (die wohl die herrschende Strömung darstellen) wird die eine oder andere Assoziationstechnik benützt, um die Menschen dazu zu bringen, sich aufzuschließen. Manchmal ist diese Methode so simpel, daß der Therapeut nur Fragen über Dinge stellt, die er für wichtig hält, oder, sobald der Patient etwas von besonderem Interesse gesagt hat, diesen fragt: »Was fällt Ihnen dazu ein?« In einigen Therapien, wie der Jungschen Analyse, läßt der Therapeut den Patienten Träume aufschreiben oder Phantasien und Märchen als Wegweiser zu seinem inneren Ich verfassen. Freud selbst nannte Träume die »via regia zum Unbewußten«. Obschon sie alle einem ähnlichen Zweck dienen, ist doch keine dieser Techniken so formalisiert wie die freie Assoziation.

»Freie Assoziation« ist die hauptsächliche psychoanalytische Methode, um unbewußte Motive aufzudecken. Der Analytiker fordert den Patienten auf, ohne Ausnahme alles zu sagen, was ihm in den Sinn kommt. Dann sitzt er hinter ihm, meist außer Sicht des Patienten, und wartet. Dabei ist es nicht leicht, frei zu assoziieren. Nur der Spur der eigenen Gedanken zu folgen, ist schwierig, noch schwieriger aber ist es, sie einer anderen Person zu gestehen. Ein Zweck der analytischen Couch liegt darin, den Patienten zu entspannen, so daß ihm die freien Assoziationen leichter fallen. Der Analytiker kann von Zeit zu Zeit Bemerkungen machen, um die Einfälle des Patienten zu stimulieren, aber die Initiative, die dazu nötige Geschicklichkeit zu erwerben, bleibt beim Patienten. Eben derselbe Grund, der das freie Assoziieren so schwierig macht, ist wiederum wertvoll, wenn es gilt, verborgene Gedanken aufzudekken. Im Gegensatz zu einem gewöhnlichen Gespräch, in dem der Sprecher verpflichtet ist, einen bestimmten Weg zu verfolgen und von Schritt zu Schritt logisch vorzugehen, ist in der Psychoanalyse gerade jene Gedankenkette nützlich und passend, die man gewöhnlich als nutzlos, unwichtig oder bestürzend unterdrücken würde. Der Nutzen beruht darin, daß Gedanken meist in Assoziationsketten ablaufen, von denen die bewußteren zuerst und die eher unterdrückten später kommen. Freie Assoziation erlaubt es, allmählich von den offenliegenden zu den verborgenen vorzudringen und Vorstellungen, Gefühle und Erlebnisse aufzudecken, die angstbeladen und für das Bewußtsein nicht verfügbar sind.

Jedoch ist die freie Assoziation auch deshalb nützlich, weil sie gewöhnliche Gesprächsarten verletzt. Indem man ermutigt, was

Donald Ford und Hugh Urban den »Drang zu stammeln« nennen, wird der Patient dazu gebracht, seine Gedanken und Gefühle zu bewerten und zu erforschen.
Sobald der Patient das freie Assoziieren beherrscht oder seine Probleme auf andere Weise klar werden, bietet der Therapeut zunehmend Deutungen dessen, was geschieht. Manchmal handelt es sich um Interpretationen der Inhalte, die der Patient mitgeteilt hat, manchmal um Gefühle, die er ausdrückte, aber nicht beschrieb, manchmal um Dinge, die er nicht offenlegte, die aber der Therapeut erschließt. Eine spezifische Art der Interpretation, die »Reflexion«, ist das wichtigste Werkzeug der Klienten-zentrierten Therapie. Dabei wiederholt der Therapeut, was der Patient sagte, und zwar in einer Weise, welche die Gefühle, die dieser Aussage zugrunde liegen, widerspiegelt und Verständnis und Wohlwollen ausdrückt. Das hat zur Folge, daß der Patient in der Suche nach seinen eigenen Gedanken und Einfällen bestärkt wird, ferner darin, die Verantwortung für den Therapieverlauf zu übernehmen. Deutungen, die nichts »reflektieren«, können denselben Effekt haben: Indem der Therapeut seine Deutungen so begrenzt, daß sie nicht weiter gehen als der Patient zu folgen bereit ist, teilt er ihm mit, daß er sich nach ihm richtet und ermutigt ihn so, in seiner Selbsterforschung fortzufahren.
Die Deutungen bieten dem Einsichttherapeuten die beste Gelegenheit, das Verhalten seines Patienten zu beeinflussen, da sie ihm den größten Spielraum einräumen, das Denken des Patienten zu steuern. Der Patient sucht sich sozusagen sein Problem und in bestimmtem Maß auch seine Assoziationen selber aus, aber nur der Therapeut gibt Deutungen. Ob diese Deutungen nun das Verhalten des Patienten unterstützen oder in Frage stellen, inwieweit er sie annimmt, spiegelt den Grad wider, in dem er sich dem steuernden Einfluß des Therapeuten beugt.
Das Ausmaß, in dem der Patient seinem Therapeuten dessen Interpretationen, mit allem was sie für sein Verhalten bedeuten, abnimmt, hängt wahrscheinlich mehr von ihrer persönlichen Beziehung ab als von irgendeinem anderen Faktor, einschließlich der Güte oder Richtigkeit der Deutung. Die Bedeutung der therapeutischen Beziehung wird von den Einsichttherapeuten weithin anerkannt. Diese Beziehung nützen sie offenbar eher als Mittel, künftiges Selbstverstehen des Patienten zu fördern als Deutungen durch-

zusetzen. Der klassische Weg, eine warme, freundliche Atmosphäre in jedweder Psychotherapie herzustellen, liegt einfach darin, wohlwollend anzuhören, was der Patient sagt. Verhaltenstherapeuten betrachten einfühlendes Zuhören als eine von vielen Techniken, die sie »Verstärkerrückzug« nennen. Aber wie man es auch nennen mag, ihre Leistungen und Folgen sind dieselben. Sie regen Menschen dazu an, sich dem Therapeuten aufzuschließen und sich seinetwegen zu ändern. Wenn jemand glaubt, verlacht, kritisiert oder verurteilt zu werden, weil er seine Gedanken, Gefühle oder Erlebnisse schildert, dann wird er ängstlich und verstummt. Wenn er hingegen offen spricht und keine solchen unerfreulichen Folgen auftreten, dann vermindert sich die Angst oder verschwindet ganz (sie wird ausgelöscht), und er fühlt sich frei, sich dem Zuhörer aufzuschließen. John Dollard und Neal Miller haben darauf hingewiesen, daß diese Art von Verstärkerrückzug eine allgemeine Technik der Einsichttherapie ist. Indem er seinem Patienten einfach zuhört, ohne negativ auf das zu reagieren, was dieser sagt, vermeidet der Therapeut, die Ängste des Patienten über seine Selbstoffenbarung zu verstärken. Das macht es ihm nolens volens leichter zu reden.
Wohlwollendes Zuhören hat in gewöhnlichen Lebenssituationen ebenso wie in der Psychotherapie einen stark verführenden Effekt. Wenn es für jemanden schwierig ist, mit anderen Leuten zu reden, dann möchte er das gerade besonders gerne tun, und je mehr er eine ablehnende Reaktion erwartet, desto eher wird es starke Gefühle der Dankbarkeit, ja Zuneigung in ihm wecken, wenn er sich gegenüber einem unerwarteten, einfühlsamen Zuhörer entladen kann. Der raffinierte Zuhörer kann dann, wenn er Wert darauf legt, diese positiven Gefühle ausnützen, um Geld, Sex oder andere Geschenke von seinem dankbaren »Klienten« zu erhalten, und kann, wenn er ihn ausnützt, mit Recht sagen, er habe tatsächlich nicht das geringste für ihn getan. Intuitive Erkenntnis dieses Prinzips ist einer der Gründe, warum berufsmäßige Schwindler Jagd auf *einsame* Opfer machen, die niemanden haben, mit dem sie reden können. Tatsächlich ist es gerade ihre Fähigkeit, systematisch Vertrauen und positive Gefühle zu erregen, die sie zu (Heirats-)Schwindlern macht. In diesem Zusammenhang haben James H. Bryan von der Northwestern University und ich in einer ausgedehnten Studie über amerikanische Callgirls herausgefunden, daß ein sehr wichtiges Motiv einiger Mädchen, sich an einen Beschützer zu binden, ihm alles ver-

diente Geld zu geben, ihn hoffnungslos und vergeblich zu lieben (trotz der im allgemeinen schäbigen Behandlung) darin liegt, daß er ein offenes Ohr hat. Ein Zuhälter ist, wenn schon nichts anderes, »jemand, mit dem man reden kann«, vor allem für ein Mädchen, das sich scheut, über seine Arbeit in der Öffentlichkeit zu sprechen, und besonders in den kalten, einsamen Stunden vor der Dämmerung. Für die meisten Menschen bedeutet Einsamkeit, »niemanden zu haben, mit dem man reden kann«.

Die meisten Psychotherapeuten benützen einfühlendes Zuhören als allgemeines Mittel, um eine gute Beziehung zu ihren Patienten aufrecht zu erhalten. Psychoanalytiker setzen es gezielter ein, um — verbunden mit ihrer kalkulierten Anonymität — Übertragungsreaktionen zu produzieren. »Übertragung« ist das Erlebnis, daß man auf den Analytiker die Eigenschaften anderer Menschen projiziert, die für das eigene Leben wichtig waren, und dann ihm gegenüber die gleichen Emotionen zu fühlen, die sie erregten. Ein Patient mag etwa zu der Überzeugung kommen, daß der Analytiker genauso ist wie sein grausamer Vater, um ihm gegenüber Gefühle der Angst und Wut zu hegen, wie er sie auch gegen den Vater hegte. Übertragung tritt bis zu einem gewissen Grad in allen engen persönlichen Beziehungen auf, die Psychoanalyse jedoch setzt sie berechnet und variabel ein, um dem Patienten zu helfen, jene Gefühle auszudrükken, die ihn bisher erschreckt haben und seine Kontakte mit anderen behinderten. Sind sie erst einmal ausgesprochen, können sie analysiert und die Übertragung beseitigt werden.

Die persönliche Anonymität des Therapeuten trägt dazu bei, die Übertragungsreaktion zu fördern, da sie Informationen ausschließt, die dem Patienten einen Grund liefern könnten, ihn realistisch einzuschätzen und dementsprechend auf ihn zu reagieren. Da der Patient nur wenig über das Leben des Analytikers weiß, müssen die Dinge, die er dem Analytiker zuschreibt, und die Gefühle, welche er ihm gegenüber hat, aus seinem Erleben mit anderen Menschen stammen. Ein Grund dafür, warum Freud anfing, außerhalb des Blickfeldes seiner Patienten zu sitzen, war sein Bestreben, den Einfluß seiner eigenen Reaktionen in Mimik und Gestik möglichst gering zu halten. (Er fand es auch belastend, jeden Tag viele Stunden angestarrt zu werden.)

Die Folgen und ungelösten Fragen einer Steuerung durch Einsicht

Einsichttherapie ist aus technischen und moralischen Gründen kritisiert worden. Geht man davon aus, daß sie eine Technik der Verhaltenssteuerung ist, so lassen sie sich auf zwei Einwände zurückführen. Der erste besagt, daß es sich um eine wirkungslose Methode der Verhaltenssteuerung handelt, der zweite, daß sie ihre Effekte auf unmoralischem Weg erzielt: entweder indem sie den Patienten von seinen ursprünglichen Zielen ablenkt, oder indem sie verführerisch seine Ziele seiner besonderen Lage anpaßt. Beide Argumente sind wichtig.

Einsichttherapie stellt eine ziemlich dürftige Methode zur Steuerung von Symptomen dar. Nach nahezu siebzig Jahren, in denen sie angewendet wird, gibt es immer noch wenig definitive Beweise für die Annahme, daß das Aufdecken von Motiven und die Erweiterung des Selbstverständnisses ein wirklich brauchbares therapeutisches Instrument sei, die meisten beschwerlichen Symptome zu beseitigen. Im großen ganzen kommen die Studien über die Effektivität dieser Therapie zu widersprüchlichen Ergebnissen. Nur wenige berichten von guten Resultaten, andere geben wenige Hinweise darauf, ob die Therapie Symptome erfolgreich angeht. Die Tatsache, daß intelligente, gebildete und feinsinnige Menschen dazu neigen, lange Zeit mit Therapie zu verbringen, legt nahe, daß sie in irgendeinem anderen Sinn erfolgreich ist, den die meiste Forschung, die ihre Wirksamkeit untersuchte, nicht erfaßt hat. An diesem Punkt setzt die moralische Kritik der Einsichttherapie ein.

Indem er annimmt, daß Symptome auf Motivationsproblemen basieren, die einen Menschen in Psychotherapie bringen, versucht der Einsichttherapeut unbedingt, den Patienten zu bewegen, sich mit seinen Motiven zu beschäftigen. Aber es waren schließlich die Symptome, nicht die Motive, die ihn vor allem in Therapie brachten. Wenn es sich nun herausstellt, daß die Therapie der Motivation die Symptome nicht heilt, dann ertappt sich der Therapeut dabei, daß er auf verführerische Weise ein etwas anderes Produkt verkauft hat als der Patient zu erwerben wünschte – Verstehen anstelle von Erleichterung.

Während diese Verführung getadelt werden muß, kann das Produkt doch wertvoll sein, wenn man dem Anspruch zustimmt, daß Einsichttherapie den Menschen hilft, existentielle Probleme zu lösen, selbst wenn sie versagt, ihre Symptome zu heilen. Viele Patienten, die eine Therapie nur deshalb anfangen, um ihre symptomatischen Beschwerden loszuwerden, entdecken später, daß die »Suche nach Sinn« oder, was James Bugental die »Suche nach Authentizität« nennt, für ihr Leben weit wichtiger ist. In diesen Fällen kann der Patient sagen, daß ihn sein Symptom nicht länger stört, obgleich es nicht geheilt wurde. Hier hat die Therapie die Bedürfnisse des Patienten geändert, um dem Symptom zu entsprechen, und nicht das Symptom, um seinen Bedürfnissen gerecht zu werden.

Oft kann sie gar nicht mehr tun, denn die Natur der Einsichttherapie selbst, ganz abgesehen von den wissenschaftlichen und moralischen Begründungen ihrer Vertreter, läßt sie als eine höchst allgemeine, unspezifische Methode der Verhaltenssteuerung erscheinen, die entweder den Lebensstil eines Menschen von Grund auf ändert oder ihn gar nicht betrifft. Jemand wird wahrscheinlich eher seine berufliche Laufbahn infolge einer Einsichttherapie ändern als einen nervösen Tick verlieren und eher das Elternhaus verlassen, seine politische Einstellung ändern, religiöse Überzeugungen korrigieren als Phobien, Rauchen, Homosexualität oder einen Waschzwang aufzugeben.

Ein Patient, der eine Therapie begann, weil er sich fürchtete, auf den Autobahnen von Los Angeles zu fahren, ließ sich nach einem Behandlungsjahr scheiden, schlug mit Erfolg eine neue berufliche Laufbahn ein und verlagerte einen wichtigen Teil seiner sozialen Kontakte, aber auf den Autobahnen konnte er immer noch nicht fahren. Er hielt seine Therapie für erfolgreich, obwohl sie ihr Anfangsziel nie erreicht hatte.

Sowohl ihre Grundsätze wie ihre Methoden machen die Einsichttherapie für weitgespannte Ziele besonders wirksam. Der erste Grundsatz ist, daß der einzig angemessene Ort der Steuerung der Patient selbst ist. Das bedeutet, daß die einzig angemessene Verhaltenssteuerung Selbststeuerung ist. Zweitens wird angenommen, daß Selbststeuerung durch eine Erweiterung des Bewußtseins erreicht und drittens, daß das Bewußtsein durch Gespräche erweitert werden kann. Alle Techniken der Einsichttherapie dienen diesen Zielen, wobei sie zugleich die Suche des Patienten nach sich selbst fördern und die Verantwortung für das Gefundene dem Patienten überlassen. Freies Assoziieren und »Reflektieren« lassen den Patienten seine eigene Aktivität steuern. Indem er seine Anonymität bewahrt und die Übertragung deutet, vermeidet der Therapeut unerlaubten Einfluß. »Unerlaubter Einfluß« bedeutet hier alles, was der Therapeut tut, um dem Patienten bestimmte Dinge vorzuschreiben, selbst wenn dieses Tun helfen könnte, die Symptome zu beseitigen. Die Quelle der Steuerung ist für den Einsichttherapeuten wichtiger als der Akt der Steuerung selbst. Wenn sie nicht vom Patienten selbst gewonnen wird, dann kann sie auf legitime Weise überhaupt nicht gewonnen werden. Strikte Anhänger dieses Systems stellen die Therapie nicht nur ganz und gar auf die bewußtseinserweiternden Methoden ab, sondern verlangen darüber hinaus, daß diese durch das Bewußtsein allein arbeiten müssen, rein und ungeschminkt und ohne äußere Hilfsmittel wie Medikamente. Das Ziel ist nicht einfach, den Patienten zu behandeln, sondern ihn ohne Manipulation zu behandeln.

Die Ächtung der Manipulation ermöglicht den Einsichttherapeuten, sich gegen manche Kritiken zu verteidigen. Wenn sie etwas verkaufen, was der Patient ursprünglich gar nicht wollte, nämlich Selbstverstehen anstelle von Beseitigung der Symptome, dann verkaufen sie keinen wertlosen Plunder, und der Patient kann selbst entscheiden, ob er das Angebot annehmen will oder nicht. Wenn die Erhellung von Motiven auch nicht immer Symptome beseitigt, so bleibt es trotzdem verwerflich, Symptome auf unmoralischem Wege zu beseitigen, selbst wenn diese erfolgreich sein sollten. Letzten Endes ist die Suche nach Sinn doch wichtiger als die Lust an der Selbstzufriedenheit, und wenn sich der Patient vollkommen bewußt dafür entscheidet, mit seinem Symptom zu leben, kann man die Therapie nicht ablehnen. Wenn ein Mann seine Fähigkeit verliert, viel Geld zu verdienen, deshalb mit einem Therapeuten spricht, und nun entdeckt, daß sein Leben durch eine neue Karriere, die ihn nie reich machen kann, sinnvoller wird, dann ist es naiv zu behaupten, daß die Therapie versagte. Die einzige Steuerung, welche die Einsichttherapeuten gelten lassen, ist die Selbststeuerung.

Die meisten Kenner der Einsichttherapie würden freilich andererseits sagen, daß sie keineswegs so lupenrein arbeitet wie sie vorgibt und daß Einsichttherapeuten weit mehr Einfluß auf ihre Patienten ausüben als sie wollen. Es gibt in Forschungsbereichen sogar einige Beweise dafür, daß Patienten dazu neigen, sich mit ihren Therapeuten zu identifizieren und schrittweise ähnliche persönliche Wertvorstellungen zu entwickeln.

Kein Wunder! Wie zurückhaltend auch immer der Einsichttherapeut seinen Patienten gegenüber ist, wie rein seine Motive sein mögen, ihn nicht zu steuern oder zu beherrschen, er kann einfach gar nicht anders, als sich auf das zu beziehen, was er selbst für das wichtigste Material hält. In der Regel müssen die Hauptgedanken des Patienten den seinigen entsprechen, oder die Interaktion kann nicht weitergehen. Darüber hinaus läßt das notwendig verschobene Gleichgewicht in der Beziehung selbst, wo immer eine Person hilft und die andere Hälfte empfängt, den Patienten zu dem Therapeuten als einem potentiellen Modell, einer Autorität oder Quelle der Inspiration aufschauen, gleichgültig, wie wenig er vom Leben des Therapeuten weiß. Nahezu unausweichlich lernt er eine Menge über die Einstellungen des Therapeuten zu Dingen, die in seinem Leben am meisten zählen, und er wird wahrscheinlich diese Einstellungen zu seinen eigenen machen.
Kurz gesagt: Steuerung in der Einsichttherapie arbeitet mit einer Kombination von subtiler Überzeugung und wohlwollender Neutralität. Die eine lenkt die Aufmerksamkeit des Patienten auf das, von dem der Therapeut glaubt, es sei wichtig, die andere ermutigt ihn, jene Einstellungen anzunehmen, von denen er glaubt, daß sie der Therapeut teilt. All das geschieht, ohne daß der Therapeut versucht, irgendwie zu steuern. Wenn er es versuchen würde, hätte er wohl bessere und präzisere Effekte.
Ob sie nun ihre Patienten steuern wollen oder nicht, Einsichttherapeuten müssen einige Verantwortung für die Beseitigung von Symptomen übernehmen, solange sie Schilder aushängen, die symptomgeplagte Leute zur Therapie auffordern. Und es ist diese Verantwortung, der ihre vorsichtigen Techniken nicht gerecht werden. In dieser Hinsicht sind diese Techniken nicht gerechtfertigt, gleichgültig, wieviel Therapeuten oder Patienten von ihnen halten mögen. Ohne eine gute Technik der Symptombeseitigung oder ein entschiedenes Dementi, daß man sie liefern kann, wird der moralische Verzicht auf Manipulation selbst zu einer Manipulation, weil er ein offensichtlich unzureichender Grund ist, jemand zur Therapie zu zwingen. Man stelle sich vor, ein Arzt behandelt Blinddarmentzündung, indem er seine Patienten mit Bananen füttert, und verteidigt sich, wenn sie sterben, damit, es sei falsch gewesen, sie mit Äpfeln zu füttern. Ob sie es wollen oder nicht, Einsichttherapeuten sind aus dem Metier der Verhaltenssteuerung nicht mehr wegzudenken, aber

die engen Grenzen, welche ihre Theorien ihren Aktivitäten setzen, verhindern, daß diese Steuerung Symptome einbezieht. Ihr Glaube an diese Theorien macht sie zu nützlichen Vertretern anderer Steuerungsarten, vielleicht sogar auf wichtigeren Gebieten, aber er lähmt oder behindert ihre Funktion in der Beseitigung von Symptomen. Gerade deswegen haben die Handlungstherapeuten berechtigte Klagen gegen die Methoden der Einsichttherapie vorgebracht. Indem sie diese zum einzigen Kriterium für ihren therapeutischen Erfolg machten, konnten sie ein starkes Konkurrenzsystem aufbauen, das zu einer ganz neuen Dimension der Informationssteuerung geführt hat.

Die Handlungstherapie

Im technischen Vorgehen sind die Handlungstherapien den Einsichttherapien entgegengesetzt. Statt sich vor allem auf die Motive zu konzentrieren, die die Symptome einer Person hervorriefen, richten sie ihre Behandlung gegen die Symptome selbst, ohne sich viel um ihre Bedeutung oder ihren Ursprung zu kümmern. Statt die Verantwortung für die Therapie dem Patienten zu geben, legen sie sie dem Therapeuten auf. Statt sich der existentiellen Probleme des Patienten anzunehmen, kümmern sie sich nur darum, wie es ihm geht und wie seine Symptome seinen Zustand beeinflussen können. Statt Therapie als Mittel zur Förderung des Selbstverständnisses aufzufassen, sehen sie in ihr einen geplanten Angriff auf die Störung selbst, bei dem es nur am Rande interessiert, ob Einsicht überhaupt zustandekommt. Die meisten Symptome, so glauben sie, sind tatsächlich Gewohnheiten, die nach Hans Eysenck, dem berühmten britischen Psychologen, der den Namen Verhaltenstherapie prägte, »in einem Konditionierungsprozeß gelernt werden und durch Techniken wieder ausgelöscht werden können, deren Effektivität experimentell erwiesen ist ... Behandlung richtet sich gänzlich gegen die Symptome, im Unterschied zur Psychotherapie mit ihrem Akzent auf hypothetischen Komplexen und Krankheitsprozessen.« Zwei führende Vertreter der Handlungstherapie sind Joseph Wolpe und Arnold Lazarus, beide gleichermaßen Praktiker wie Forscher. Sie bestimmen ihr Gebiet als den Einsatz »experimentell erwiesener Lernprinzipien«, um »fortbestehende, unangepaßte Verhal-

tensweisen« zu überwinden. Tatsächlich sind Handlungstherapien weit weniger eng an wissenschaftliche Theorien und Laborstudien gebunden als ihre Vertreter anzunehmen geneigt sind. Dennoch basieren sie auf einigen anerkannten Prinzipien des Lernens, die als nützliche Richtlinien dienen, um spezifische therapeutische Maßnahmen zu planen. Wie die meisten praktizierenden Therapeuten sind Handlungstherapeuten mehr an dem Wert ihrer Methoden für die Behandlung von Kranken interessiert als an dem wissenschaftlichen Status oder Ursprung dieser Methoden selbst.
Verhalten ist immer Verhalten, und Handlungstherapie, als ein Konkurrenzsystem, wird für dieselben Verhaltensformen verwendet wie Einsichttherapie, wobei sie sich von ihr in dem unterscheidet, was sie erreicht und wie sie es erreicht, aber nicht in dem, was sie versucht. Die abweichenden Auffassungen über die menschliche Natur und die psychologische Theorie sind weniger wichtig als die technischen Unterschiede, die sich auf eine einzelne Frage reduzieren: Wie kann man spezifische Verhaltensweisen präzise steuern? Handlungstherapeuten greifen die Einsichttherapien als unexakt an, sie werfen ihnen einen Mangel an Steuerungsfähigkeit vor. Sie erklären das Verschwinden von Symptomen für das hauptsächliche Kriterium therapeutischer Erfolge, weil es der sichtbarste Anzeiger der Steuerungsfähigkeit ist. Durch ihr Bemühen um Präzision beginnt die Handlungstherapie die Kriterien einer echten Technologie zu erfüllen. Was mit ihr gewonnen oder verloren wird, hängt davon ab, was sie tun kann und wohin sie führt.

Die Techniken der Handlungstherapie

Es ist nicht übertrieben, wenn man die Hauptregel jeder Technik der Handlungstherapie so formuliert: Sei spezifisch. Alle ihre Methoden sind deshalb immer durch dieselbe klare Folge von Operationen bestimmt: 1. Definiere das Problem genau, 2. Entwickle einen speziellen Plan, um es anzugehen, 3. Richte dich nach diesem Plan, 4. Prüfe, ob er funktioniert hat. Die Probleme, Symptome oder Störungen, die definiert werden müssen, und die Fragen, die mit der Beurteilung des Behandlungserfolges zusammenhängen, sind für alle Therapieformen gleich. Aber die speziellen Methoden des Verhaltenstherapeuten sind den meisten Menschen weniger vertraut. Zwei der wichtigsten, »Gegenkonditionieren« und »Auslöschen«, werden hauptsächlich gebraucht, um extreme Furchtreaktionen (Phobien), Angst und sexuelle Störungen zu beheben. Ein drittes Verfahren, das unter dem Namen Verhaltensformung (behavior shaping) oder »operante« Methode bekannt ist, wird eingesetzt, um erwünschte Verhaltensweisen oder Geschicklichkeiten einzuüben. Alle beanspruchen eine hohe Erfolgsquote, die oft in recht kurzer Zeit erreicht wird, etwa in einer einzigen Therapiesitzung.

Gegenkonditionieren heißt, ein Gefühl oder Verhalten durch ein anderes entgegengesetztes Verhalten zu ersetzen. Das bedeutet gewöhnlich, ein nutzloses oder unangenehmes Gefühl durch ein positives oder angenehmes zu ersetzen. Die hilflose Angst eines pflaumweichen Angestellten wird in gerechtfertigten, konstruktiven Ärger über einen ungerechten Vorgesetzten verwandelt. Der unerbittliche Trieb, Whisky zu trinken, wird in Ekel vor seinem Anblick verwandelt. Die zwanghafte Sorge einer Studentin über das, was andere Leute von ihr denken könnten, ersetzt man durch eine ruhige und realistische Erkenntnis, daß verschiedene Situationen unterschiedlich beurteilt sein wollen.

Es gibt verschiedene Wege des Gegenkonditionierens; die meisten von ihnen sind mit dem zeitgenössischen Werk von Joseph Wolpe verknüpft, doch finden sie sich bereits, wie er betont, in Behandlungen, die 1924 durchgeführt wurden.

Sexuelle Impotenz kann durch Unterscheidungslernen (discriminative »training«) behoben werden, das vorwiegend für solche Fälle eingesetzt wird. Es besteht darin, den Patienten zu lehren, daß er erkennt, welche sexuellen Begegnungen ihn wahrscheinlich erschrekken und impotent machen, und ihm davon unabhängig jene Begegnungen zu schildern, die er wohl als angenehm erlebt, und sein Verhalten diesem Wissen anzupassen. Wie Wolpe schreibt, bringt man dem Patienten bei, sexuelle Beziehungen nur aufzunehmen, wenn er »einen unverkennbaren Wunsch hat, das zu tun, denn sonst könnte er seine sexuellen Hemmungen sehr leicht verfestigen oder sogar verstärken«. Ihm wird gelehrt, Menschen auszusuchen, mit denen er »auf angenehme Weise erregt werden kann ... und wenn er in ihrer Gesellschaft ist ... sich ›gehen zu lassen‹, so freizügig es die Umstände nur erlauben ... Wenn er fähig ist, diesem Plan zu folgen, dann wird er eine schrittweise Zunahme seiner sexuellen Reaktionsfähigkeiten in jenen Situationen bemerken, die der herangezogenen entsprechen ... (und) die Zahl der Situationen, in denen es zum Liebesakt kommen kann, wird so zunehmend ausgeweitet, während die Angstpotentiale solcher Reize abnehmen.«

Für Menschen, die leicht von anderen eingeschüchtert und ausgenützt werden (eine sehr verbreitete Klage von Psychotherapie-Patienten), ist das Selbstbehauptungstraining (assertive training) die Methode der Wahl. Dabei wird dem Patienten gezeigt, wie und wann er anderen Menschen mit (verbalen) Aggressionen antworten soll. Das übt er in den Therapiesitzungen und wendet es im wirklichen Leben an, wobei die geeigneten Arten der Selbstbehauptung erneut in den Therapiesitzungen besprochen und einstudiert werden. Das Selbstbehauptungstraining dient nicht nur der Durchsetzung von Aggression; Wolpe benutzt es auch, um den »offenen Ausdruck von freundlichen, liebevollen und anderen, nicht angstbestimmten Gefühlen« zu erleichtern und um »Kontrolle über eine zwischenmenschliche Beziehung durch Mittel zu gewinnen, die subtiler sind als bloßes Durchsetzungsvermögen«. In diesem Zusammenhang hält Stephen Potters *Gamesmanship* für einen wertvollen Text, den er ohne Zögern Patienten empfiehlt, »die wahrscheinlich aus dieser Lektüre Nutzen ziehen«.

Wie alle Methoden des Gegenkonditionierens basiert das Selbstbehauptungstraining auf der Annahme, daß Angst das persönliche Ausdrucksvermögen lähmt. Bei Durchsetzung wird auch die Angst gehemmt, wodurch der Patient größeren Spielraum erhält, sich in seinem Umgang mit anderen auszudrücken.

Unbestimmte, »frei flotierende« Angst läßt sich durch konditionierte Vermeidungsmethoden beheben. Wolpe beschreibt eine Methode, die in der Praxis aber nur selten angewandt wird. Sie beruht darauf, daß der Patient wiederholt einen harmlosen, aber schmerzlichen elektrischen Schlag erhält. Bevor man den Patienten schockt, sagt ihm der Therapeut, daß er den Schlag beenden kann, sobald er ihm zu stark ist, indem er »ruhig« sagt. Wiederholt man das öfters, so wird das Wort »ruhig« mit dem Aufhören des Schmerzes verknüpft (oder der Schmerz auf dieses Wort konditioniert), so daß das Aussprechen oder Denken dieses Wortes einen besänftigenden Effekt gewinnt. Wahrscheinlich verallgemeinert sich dieser bedingte Reflex außerhalb des Sprechzimmers, so daß der Patient intensive Angst vermindern kann, wenn er das Wort »ruhig« ausspricht.

Konditionierte Vermeidung kann ebenso eingesetzt werden, um das

Vergnügen an Verhaltensweisen, von denen Kranke loskommen wollen, zu vermindern. Um einen Menschen von homosexuellen Wünschen zu befreien, wird beispielsweise der elektrische Schlag mit Bildern nackter Männer verknüpft. Wenn ein solches Bild den Patienten erregt, erhält er den Schlag, bis die Lust an dem Bild durch die Verbindung mit dem Schmerz zerstört ist. Die entstehende Unlust verallgemeinert sich auf die Situationen im wirklichen Leben, in denen er homosexuellen Reizen ausgesetzt ist.

Auslöschungsmethoden attackieren Störungen direkt, weniger indem sie neue Gefühle an die Stelle der alten setzen. In der Praxis werden drei Techniken empfohlen: Wenn das Symptom für seinen Träger lustvoll oder vorteilhaft ist, was oft für kindliche Verhaltensschwierigkeiten zutrifft, muß die Belohnung entzogen werden. Das nennt man »Verstärker-Rückzug«. Wo Angst vorliegt, wie bei Phobien, kann man sie entweder durch eine systematische Desensibilisierung behandeln, indem man die Vorstellungskraft des Patienten manipuliert, oder man brennt die Angst durch die Implosionstherapie (implosive therapy) mit einem Schlag aus.

Die Behandlung von Wutanfällen vor dem Schlafengehen erfolgt durch Vorenthaltung des Verstärkers. Wenn Kinder solche Wutanfälle zeigen, dann schreien und strampeln sie im typischen Fall, sobald ihre Eltern den Raum verlassen haben. Das führt dazu, daß die Eltern zurückkehren und den Kindern erlauben, länger aufzubleiben, was also das Schreien von vorher »verstärkt«, d. h. belohnt. Wenn jedoch die Eltern das Kind schlafen legen, den Raum verlassen und nicht zurückkehren, wenn es wütend schreit, dann wird es diese Ausbrüche allmählich aufgeben. D. C. Williams hat im »Journal of Abnormal and Social Psychology« die Veränderungen der Schreidauer während einer solchen Behandlung aufgezeichnet. In der ersten Nacht schrie der kleine Junge fünfundvierzig Minuten, ehe er einschlief. In der zweiten schlief er gleich ein, in der dritten schrie er zehn Minuten und so fort bis zur zehnten Nacht, bis er nicht mehr mit der Wimper zuckte und auch nicht mehr weinte, sondern sogar lachte, wenn seine Eltern ihm eine gute Nacht wünschten und den Raum verließen.

Die am häufigsten erprobte und offensichtlich erfolgreiche Einzelmethode der Handlungstherapie ist die systematische Desensibilisierung. Anfänglich von Joseph Wolpe entwickelt, ist sie ein Verfahren, die Vorstellungskraft zu benützen, um Ängste vor allem bei

Phobien aufzulösen. Sie geht wie folgt vor sich: Patient und Therapeut stellen gemeinsam eine Liste jener Dinge zusammen, die Angst erregen, und bringen sie in eine Stufenfolge, die vom schwächsten bis zum stärksten Angstreiz aufsteigt. Dann wird der Patient manchmal mit Hilfe der Hypnose trainiert, sich zu entspannen. Nun schildert der Therapeut das am niedrigsten eingestufte Angstsignal und bittet den Patienten, es sich lebhaft vorzustellen. Wenn ihm das ohne Erregung gelingt, wird der nächste, stärkere Angstreiz beschrieben und durch die Vorstellungskraft des Patienten vergegenwärtigt. Wenn solch ein Signal beim Patienten einen Spannungszustand hervorruft, meldet er das dem Therapeuten, der nun zu einem schwächeren Angstreiz zurückgeht. Das setzt sich von Sitzung zu Sitzung fort, bis schließlich auch das am meisten angstauslösende Signal vom Patienten vollkommen entspannt erlebt wird. Nach den vorliegenden Erfahrungen ist er dann auch im wirklichen Leben von Ängsten befreit.
Die Implosionstherapie dient denselben Zwecken wie die Desensibilisierung, sie geht aber ganz anders vor. Statt den Angstanfall, die Phobie usw. sich selbst »verbrauchen« zu lassen, zielt diese Methode auf eine innere Explosion (implosion) von Angst ab, indem sie den Patienten so stark wie nur irgend möglich erschreckt, ohne ihm wirklich etwas zustoßen zu lassen. Wie in der Desensibilisierung entscheiden der Therapeut und der Patient zusammen, welche Dinge mehr oder weniger angsterregend sind, und danach bringt der Therapeut den Patienten dazu, sich diese Reize vorzustellen. Im Gegensatz zur Desensibilisierung beginnt jedoch der Implosionstherapeut mit den stärksten angsterregenden Reizen, beschreibt sie so eindringlich und furchtbar, wie er nur irgend kann, und versucht so den Patienten eher zu erschrecken als zu besänftigen. Das Prinzip, um das es hier geht, ist eine Art eleganter Umkehrung des Sprichworts »Stock und Stein bricht mein Bein, doch Worte tun nicht weh.« Da phobische Angst definitionsgemäß »neurotisch« ist, d. h. unrealistisch, löscht bereits die wiederholte Auslösung durch bloße Worte, ohne daß die gefürchteten Folgen eintreten. Die Behandlung ist abgeschlossen, wenn der Therapeut den Patienten mit seinen Schauergeschichten nicht mehr erschrecken kann. Die Implosionstherapie hat Thomas Stampfl vor weniger als zehn Jahren entwikkelt. Sie wird erst heute in der psychotherapeutischen Literatur weithin bekannt.

Kritiker der Implosionstherapie fürchten manchmal, daß Patienten in den Händen eines genügend dramatisch verfahrenden Praktikers so erschreckt werden, daß sie Herzattacken erleiden oder von Angst überwältigt werden, d. h. einen Nervenzusammenbruch erleiden. Bisher wurde solch ein Ereignis nicht berichtet, vielleicht, weil Implosionstherapeuten ihr eigenes Handwerk nicht gut genug beherrschen oder auch, weil angsterregende Worte in Wirklichkeit nicht so sehr »zusetzen«, wie allgemein befürchtet wird.
Eine mehr und mehr verbreitete Abart der Auslöschungsmethoden im Sprechzimmer beruht darauf, daß Therapeuten ihren Patienten Hausaufgaben geben oder mit ihnen gehen, um jenen Dingen zu begegnen, die sie erschrecken, z. B. indem sie zusammen in Aufzügen fahren, Flugzeuge oder die Untergrundbahn besteigen, oder mit ihnen praktische Übungen abhalten, um Ängste zu überwinden. In einem solchen Fall wurde eine extreme Klaustrophobie (Angst vor Eingeschlossensein, A. d. Ü.) dadurch behoben, daß der Patient allein üben mußte, in einem kleinen Raum zu bleiben, der von außen zugeschlossen war, während er selbst mit gefesselten Händen und Füßen in einem Schlafsack lag, dessen Reißverschluß zugezogen war. Wie jeder weiß, der gefährliche Tätigkeiten erlernt, passen sich Menschen an riskante Umstände an, wenn sie ihnen lange genug ausgesetzt sind, ohne tatsächlich Schaden zu erleiden.
Die Verhaltensmodifikation ist aus dem Werk von B. F. Skinner abgeleitet, der – obschon selbst kein Psychotherapeut – wichtige Übungsmethoden entwickelt hat, die vielversprechende Beispiele für die Psychotherapie enthalten. Verhaltensmodifikation wird bei chronischen Zuständen eingesetzt, die komplexe Aktivitätsveränderungen verlangen. Das schließt nicht nur viele neurotische und psychotische Symptome ein, sondern so begrenzte Verhaltensstörungen wie Stottern auf der einen, aber auch so umfassende wie Jugendkriminalität, Schulversagen und allgemeine soziale Anpassung auf der anderen Seite.
Zwei einfache Prinzipien liefern die Grundlage für sämtliche Operationen der Verhaltensmodifikation. Das erste ist das Verstärkungsprinzip, welches allen Handlungstherapien gemeinsam ist und besagt, daß ein Organismus lernt, eine Handlung zu wiederholen, für die er belohnt, und eine andere zu vermeiden, die erfolglos blieb oder bestraft wurde. Das zweite Prinzip ist das Lernen durch »schrittweise Annäherung« und besagt, daß komplizierte Verhal-

tensweisen, vor allem solche, die Geschicklichkeit verlangen, in kleinen Schritten gelernt werden, die sich allmählich einem Optimum an Leistungsfähigkeit annähern.

Um diese Prinzipien praktisch einzusetzen, muß der Therapeut wissen, was der Patient als Belohnung und als unlustvoll empfindet. Er muß seine Umgebung genügend steuern können, um diese Belohnungen willkürlich gewähren oder versagen zu können, sie zu vermehren, wenn das erwünschte Verhalten zunimmt, sie zu vermindern, wenn unerwünschtes Verhalten auftritt. Er kann natürlich auch auf Strafen zurückgreifen, um unerwünschtes Verhalten zu steuern. Doch haben Strafen, wenn sie falsch verwendet werden, oft unerwartete Effekte. Der Skinnersche Therapeut arbeitet deshalb im allgemeinen mit Belohnung und Bedürfnis, wobei er die Belonung manipuliert, um das Bedürfnis zu befriedigen.

Diese Techniken verlangen mehr Einfälle und Wissen als die meisten anderen Handlungstherapien; sie benötigen auch mehr Zeit. Nichtsdestoweniger hat die Verhaltensformung einige eindrucksvolle Resultate erzielt. An der Universität von Virginia gelang es Bachrach, Erwin und Mohr, ein Mädchen mit nervöser Magersucht (einer Sonderform der Depression, in der Essen abgelehnt wird) dazu zu bringen, daß es wieder aß und zunahm, indem sie die Verfügbarkeit jener Dinge steuerten, die sie als Belohnung empfand – etwa das Hören von Musik und Plaudern mit anderen Menschen. Willard Mainord an der Universität von Lousville und andere haben Methoden der Verhaltensformung in therapeutischen Gruppen und auf klinischen Stationen eingesetzt. Auch leitete man Eltern und Lehrer an, Verhaltensprobleme von Kindern zu meistern. Da jede Verhaltenseinheit, die durch Verhaltensformung gelehrt werden kann, in der Regel sehr klein ist, hat sich die Methode in Fällen chronischer Geisteskrankheit als nicht so erfolgreich erwiesen wie man hoffte. Aber auch hier verspricht sie einiges. Ivar Lovaas und seine Mitarbeiter an der Universität von Californien in Los Angeles hatten mehr Erfolg, schizophrenen Kindern verschiedene intellektuelle und soziale Fähigkeiten beizubringen, als die meisten anderen Fachleute. Sie haben das mit angeblich hoffnungslosen Fällen erreicht. Und sie waren bemerkenswert erfolgreich, indem sie Laien schulten, dieselben therapeutischen Funktionen wie die erfahrenen Mitglieder der Forschungsgruppe um Lovaas zu übernehmen, was die wirtschaftliche Bedeutung der Verhaltensformung gewaltig steigert. Ihre grundlegende Bedeutung für die Verhaltenssteuerung wird noch deutlicher, wenn wir sie später unter dem Aspekt der Konditionierung betrachten.

Handlungstherapien lassen sich leichter als Steuerungssysteme bewerten als Einsichttherapien, weil sie sehr viel deutlicher zum Zweck der Steuerung entwickelt werden. Die Handlungstechniken gehen davon aus, daß die eigentliche Steuerung des Verhaltens durch den Therapeuten erfolgt. Er muß entscheiden, was getan werden soll, um dem Patienten zu helfen (ihn zu ändern), und er ist verpflichtet, danach zu handeln. Seine Aufgabe besteht nicht darin, den Patienten zur Eigensteuerung zu bringen, sondern ihm Symptomerleichterung zu verschaffen, was auf vielen verschiedenen Wegen erreicht werden kann, von denen nur einer verbal ist. Alles, was Erfolg verspricht, ohne dem Patienten zu schaden, wird akzeptiert. Die Bewußtseinserweiterung ist für diesen Zweck gewöhnlich ohne Belang, manchmal schädlich und selten wertvoll.

Manipulatorisches Geschick, das die Einsichttherapie mit ihrem Bannstrahl belegt, ist das heiß erstrebte Ziel der Handlungstherapeuten. In dem Maße, in dem sie steuern, übernehmen sie aber auch die Verantwortung für die Heilung. Für sie ist erfolgreiche Manipulation nicht nur nützliche Taktik, sondern ein Imperativ, den sie erfüllen müssen, um überhaupt zur Hilfe befugt zu sein. Der therapeutische Eingriff in das Leben des Patienten ist das Ziel und die Existenzberechtigung ihrer Tätigkeit. Die Fähigkeit, den Eingriff erfolgreich durchzuführen, stellt ein Versprechen für eine Technologie der Zukunft dar und macht aus den Handlungstherapien weit mehr als nur optimistische Kochbücher, um die Ängste der Leute abzukühlen, ihren Appetit wiederherzustellen oder sie glücklich zu machen. Gleichzeitig nimmt eben diese Fähigkeit das moralische Dilemma vorweg, in das alle Verhaltenstechnologien einmal geraten.

Handlungstherapie ist kein rein empirisches Verfahren ohne theoretische Fundierung, aber da ihr Akzent darin liegt, praktische Anwendungen zu entdecken, erweckt sie den Anschein, die Theorie in die zweite Linie zu verdrängen. Dabei sind Befürworter der Handlungstherapie etwa kausalem Denken nicht weniger verpflichtet als Einsichttherapeuten. Nach dem wie sie kausales Denken praktisch einsetzen, erhält man aber den Eindruck, daß sie ihre therapeutische Arbeit genauer planen und nach Kriterien beurteilen, die jedermann

verstehen kann. Indem sie das tun, übersehen oder übersimplifizieren sie manchmal Feinheiten und Erlebnisweisen der menschlichen Natur und verzerren sie. Aber das ist therapeutisch wertvoller als die meisten anderen Konstrukte, die bislang verfügbar waren; denn die Handlungstherapien können viele Probleme weit erfolgreicher lösen, als es den Einsichttherapien je gelang.
Die wichtigste Tatsache, welche die Handlungstherapien grundlegend von allen ihren Vorläufern abgrenzt — unabhängig davon, inwieweit Adler, Jung, Freud, Rogers, Sullivan und alle anderen sich gegenseitig widersprechen —, ist die enge Verbindung zwischen therapeutischer Methode und therapierter Störung. Die eine Technik eignet sich am besten für sexuelle Störungen, die andere für Wutausbrüche; diese ist brauchbar bei Ängstlichkeit und jene bei Erschrecken und eine dritte bei Aggressionen, Stottern oder dahindämmerndem Wahnsinn. Wenn dieser Anspruch einmal erhoben ist und wenn man ihn beweisen kann, dann ist eine Technologie begründet, ganz gleich, wie begrenzt sie zur Zeit noch sein mag. In diesem Sinn ist die Handlungstherapie bereits Technologie, nicht weil ihre Methoden von funkelnagelneuen Theorien abgeleitet wurden (was nicht der Fall ist) oder weil diese Methoden selbst besonders neuartig sind (was auch nicht zutrifft) oder weil sie so besonders erfolgreich sind (was manchmal der Fall ist und manchmal nicht), sondern weil sie vielfach eine Gemeinsamkeit aller Psychotherapien, nämlich die Sprache als einziges Medium für Kommunikation und Steuerung, aufgegeben haben.

Der gemeinsame Nenner der Psychotherapien

Die wachsende Zahl der Handlungstherapien besagt nicht, daß Einsichttherapien keinen praktischen Wert besitzen, sondern nur, daß sie gegenüber klar definierten, eng begrenzten Symptomen weniger spezifisch anwendbar sind. In diesem Sinn sind sie weniger genau, folglich technisch weniger entwickelt. Die spezielle Brauchbarkeit kann allemal dazu benützt werden, jedes Therapiesystem zu verteidigen oder anzugreifen, indem man beispielsweise aus ihr ableitet, daß die Handlungstherapie um so nützlicher wird, je trivialer ein Problem ist, oder daß man mit der Einsichttherapie um so mehr ausrichten kann, je verschwommener ein Problem ist. Tatsächlich macht ihre spezielle Brauchbarkeit die Handlungstherapie säuberlich und wissenschaftlich, doch auf Kosten ihrer Wirkung für einige wichtige psychische Störungen. Die Einsichttherapie ist bedeutend wegen ihrer Tiefenwirkung und allgemeinen Anwendbarkeit, allerdings zu Lasten ihrer Effektivität.

Diese Unterschiede sind durchaus von Vorteil, denn verschiedene Menschen haben in Wirklichkeit verschiedene Probleme, und manche davon sind tatsächlich spezifischer als andere, und schließlich hat die Bedeutung einer Störung nichts mit ihrer Komplexität zu tun. Einfache Phobien sind, wissenschaftlich gesehen, einfache Störungen, aber sie können das Leben eines Menschen von Grund auf vernichten. Sein Anspruch auf Behandlung und der Wert ihres Erfolges hängen nicht davon ab, wie leicht der Erfolg zu erreichen ist. Die Wahl der Therapie erfolgt vielmehr danach, welche Art von Störungen vorliegen. Bei eng umrissenen Störungen wie Phobien, Zwängen und den vielen Persönlichkeitsstörungen, die man als unangepaßte Gewohnheiten einstufen kann, sind die reinen Handlungstherapien angezeigt. Für die breiter angelegten existentiellen Störungen, die man mehr mit allgemeinem Lebensglück als mit sinnlicher Befriedigung verbindet, für Lebensziele im Gegensatz zu Triebzielen, ist eine Einsichttherapie geeignet. Existentielle Störungen, die öfter bei Menschen aus den höheren Gesellschaftsschichten als bei Armen auftreten, können offensichtlich nicht wie auf der Hand liegende Verhaltensstörungen angegangen werden, sondern nur wie innere Konflikte, die sich oft mehr in Einstellungen als in Handlungen widerspiegeln. Zwischen diese Extremtypen lassen sich zahlreiche Probleme des modernen Menschen einordnen, in denen es zu Dissonanzen zwischen Aufgaben und Ansprüchen kommt, wenn sich Handlungen und Einstellungen widersprechen, so daß das Individuum mit sich selbst und oft auch mit der Gesellschaft nicht zurechtkommt. Psychopathie und Abnormität gehören hierher. Weder Handlungs- noch Einsichttherapien scheinen besonders gut mit ihnen fertig zu werden. Eine Reihe von Methoden, die auf diesen Therapien basieren, versucht das mit wechselnder Genauigkeit und unterschiedlichem Erfolg.

Bis vor kurzem war Psychotherapie in jeder Form auf das Sprechzimmer beschränkt. Verhaltenssteuerung blieb vorwiegend im Stadium der Diskussion, die oft langwierig war und ihr Ziel nur mit Mühe erreichte. Das wichtigste Instrument der Therapie war die

Sprache, und das wichtigste Mittel der Verhaltenssteuerung verbale Information.
Das galt allgemein mehr für Einsicht- als für Verhaltenstherapeuten, obschon beide versucht haben, den tatsächlichen verbalen Charakter ihrer Aktivitäten zu verschlüsseln. Rogers sagt zum Beispiel, daß die Veränderungen in den Gefühlen und in der Selbstwahrnehmung des Patienten, die den entscheidenden Punkt der Therapie markieren, nicht als »Ergebnis einer verbalen Kommunikation« stattfinden, sondern dank »des Erlebnisses einer Beziehung«. Wolpe äußert sich in dieser Beziehung nicht genau, aber von seinem Standpunkt aus dient die verbale Aktivität des Therapeuten nur dazu, die Wirkungen auf Reiz-Reaktions-Verbindungen zu steuern, während der Inhalt der Worte selbst nur von sekundärer Bedeutung ist. Wie beim Würfelspiel während eines Gottesdienstes wird vorne die Hymne gesungen, während sich das tatsächliche Geschehen im Raum dahinter abspielt. Einsichttherapeuten, die ohnedies der Auffassung sind, daß die meisten psychischen Störungen und ihre Therapie um die emotionalen Aspekte zwischenmenschlicher Kontakte kreisen, werden zu dem Schluß kommen, daß Gefühle und nicht verbale Inhalte die entscheidenden Elemente in der Therapie sind. Handlungstherapeuten, die manchmal herausbekommen wollen, ob sie menschliche Wesen zu lehren vermögen, was auch Tauben, Ratten und Goldfische lernen, können von den oberflächlichen Übereinstimmungen zwischen Mensch und Tier so gefangengenommen sein, daß sie die wichtigen Unterschiede übersehen, die allein in der Tatsache begründet sind, daß Tieren durchwegs die menschliche Sprachfähigkeit abgeht.
Trotzdem hat die Handlungstherapie einen technischen Vorsprung gegenüber der Einsichttherapie, nämlich daß sie Sprachen einfacher gebraucht. Sie richtet sich nur nach einem Sprachsystem, während die Einsichttherapie zwei verschiedene Systeme innerer Zwiesprache gleichzeitig fördert. Die Einsicht unterstützt das Bewußtsein und sozusagen das Bewußtsein des Bewußtseins, also das Selbstbewußtsein und die Reflexion. Handlungstherapie bezieht sich allein auf das Bewußtsein. Für die meisten Alltagszwecke ist es besser, bewußt zu sein, als seiner selbst bewußt zu sein; es ist gewöhnlich dienlicher, über die Lösung eines Problems nachzudenken, als sich dessen bewußt zu sein, daß man nachdenkt. Reflexion allein trägt zur Lösung der meisten Probleme nicht eben viel bei, ob es sich nun um mathe-

matische oder innerseelische Konflikte handelt. Im Gegensatz zu Ekklesiastes, gibt es andererseits auch keinen Beweis dafür, daß vermehrtes Wissen auch wirklich den Schmerz vermehrt, noch gibt es vernünftige Gründe für die Annahme, daß fehlende Reflexion das Leben irgendwie verbessern kann. Doch wahrscheinlich macht Reflexion die Beseitigung von Störungen nicht leichter oder erfolgreicher und sie befriedigt, verstärkt und motiviert sicherlich weniger als das Wissen um die Leistung der eigenen Person, des eigenen Ichs oder Selbst. Der Wert des Selbstbewußtseins ist jedenfalls von den Einsichttherapeuten bis heute nur behauptet, nicht aber bewiesen. Die relativ niedrigen Erfolgsquoten der Einsichttherapeuten könnten in der Tat die unangemessene Arbeit am Selbst widerspiegeln. Ebenso dokumentieren die höheren Erfolgsquoten der Handlungstherapeuten den Vorzug, die richtige Störung zu bearbeiten. Danach ist die unterschiedliche Stellung der Sprache in beiden Therapien für ihre Leistung in der Verhaltenssteuerung von geringem Belang. Da Sprache das Verhalten beeinflußt, könnten Einsichttherapeuten hier die gleichen Effekte erzielen wie Handlungstherapeuten, die allerdings ihre Worte gezielter auf das tatsächliche Problem richten. Gerade das führt nach Wolpe zu ihrem Erfolg.

Die Förderung der Selbsterkenntnis in der Einsichttherapie ist nicht nur eine Sache der Technik, wie die Konzentration der Handlungstherapeuten auf das einfache Bewußtsein, sondern Ausdruck grundlegender Unterschiede zwischen beiden Systemen. Einige Anhänger der Einsichttherapie vertreten Selbsterkenntnis als Ideologie. Die sich mit der mechanistischen Auffassung eher befreunden können, sehen in ihr einen Ausdruck der zerebralen, d. h. der Computer- oder ausführenden Funktionen, sozusagen der Maschine im Menschen, die ihn befähigt, effektiv zu arbeiten und, was wichtiger ist, Entscheidungen zu treffen, so daß sie handeln kann, als ob sie und mit ihr der Mensch frei wäre.

Die philosophischen Differenzen zwischen den Therapien sind letzten Endes jedoch weniger wichtig für die Menschen, die von ihnen vor allem betroffen sind, als für ihre Therapeuten. Den meisten Patienten ist es persönlich ziemlich gleichgültig, ob man sie nun als »Objekt« oder »Mensch« ansieht, solange ihre Ängste erleichtert, ihre Fähigkeiten erhalten und ihre Wünsche erfüllt werden. Die hauptsächliche Wirkung ihres Strebens nach Sinndeutungen lag darin, daß Einsichttherapeuten moralische Schemata entwickelt oder

übernommen haben, mit denen man entscheiden kann, ob Menschen ein sinnvolles Leben führen, und daß sie neue Techniken zur Bewußtseinserweiterung entwickelten. Diese Techniken fallen manchmal derart aus dem Rahmen konventioneller wissenschaftlicher Therapie, daß es fast unmöglich ist, sie dort einzuordnen. Manche haben einen entschieden religiösen Zug, der häufig östlich geprägt ist: Yogastudien, transzendentale Meditation, intensiver Gebrauch oder Mißbrauch mystischer Überlieferungen, vor allem des Chassidismus. Einige sind eher hedonistische Übungen, wie die Kurse in Körperbewußtsein des kalifornischen Esalen-Instituts oder die wachsende Bedeutung der Nacht-Gruppentherapie. Einige von ihnen, wie die Marathontherapie, sind weder sakral noch sinnlich, sondern benützen wohlbekannte Prinzipien, um die individuellen Fähigkeiten abzubauen, Suggestionen zu widerstehen, um Normen und Gebote der Gruppe oder des Therapeuten durchzusetzen.
Diese bewußtseinserweiternden Methoden entwickeln sich sämtlich mehr oder weniger zufällig. Sie beruhen gewöhnlich eher auf der Überzeugung, daß Selbsterkenntnis wünschenswert sei, als auf einer Technik, die wirklich lohnend ist (für den Patienten; den Therapeuten geht es gut). Und sie alle definieren sich, wenn überhaupt, als nicht-technisch. Es ist wahrscheinlich richtig, sie als selbstgenügsame Ableger der Einsichttherapie zu betrachten, die mehr darauf abzielen, das Wissen des Individuums über sein Ich zu vertiefen, als seine Handlungen oder Stimmungen so zu manipulieren, daß eine konkrete Störung behoben wird.
In einer Gesellschaft, in der die Religion nicht länger fähig ist, einen Rahmen für religiöse Erlebnisse zu schaffen, und wo das Leben zu sehr durch Enge und Unruhe belastet ist, um solche Erlebnisse ungeplant geschehen zu lassen, mögen derartige selbstbefangene Therapien für einzelne Menschen höchst wertvoll sein und auch die Gesellschaft selbst erheblich beeinflussen. Jedoch gehören sie nicht zur wichtigsten Strömung, die zur Entwicklung einer Verhaltenstechnologie führt. Diese muß man sich als Weiterentwicklung der Handlungstherapie vorstellen, die ihre Methoden eher als Instrumente denn als absolute Werte betrachtet und alles heranzieht, was zur Verhaltensänderung dienen kann, z. B. die Hypnose und das Konditionieren, beides Methoden ohne begrenzte Anwendung, die eben deshalb beispielhaft eine zweite Stufe in der Technologie der Informationssteuerung verkörpern.

4

Steuerung durch Information: b) Hypnose, Konditionieren und elektronische Techniken

Die beiden wichtigsten und allgemein bekannten Methoden der Informationssteuerung, *Hypnose* und *Konditionieren,* sind historisch eher die Vorfahren als die Kinder der Einsicht- und Handlungstherapien. Hypnose ist in der einen oder anderen Form seit sehr alten Zeiten bekannt gewesen und angewendet worden. Wissenschaftliche Anerkennung (um genau zu sein: Ablehnung) fand sie während der amerikanischen Revolution, als Benjamin Franklin einer königlich-französischen Kommission half, die Heilkräfte des »Mesmerismus« herabzusetzen und den wachsenden Erfolg Franz Anton Mesmers einzuschränken. Im nächsten Jahrhundert führte die Hypnose ein öffentliches Leben von zweifelhaftem Ruf. Der Schotte James Braid nannte sie in »Neurohypnotimus« um, weil sie eine oberflächliche Ähnlichkeit mit dem Schlaf aufwies. Dann wurde sie von einer Unzahl europäischer Kliniken, Chirurgen und Psychiatern benützt oder auch verworfen, von Freud anfänglich akzeptiert und dann wieder aufgegeben, als er gegen Ende des Jahrhunderts aus ihr die psychoanalytische Methode abgeleitet hatte. Techniken des Konditionierens sind ebenfalls seit langer Zeit in der Tierdressur benutzt worden, aber bis Pawlow und Thorndike (ebenfalls gegen die Jahrhundertwende) hatten sie weder einen formellen Namen noch Vertreter oder mit ihnen beschäftigte Industriezweige. Pawlow prägte den Ausdruck »Konditionieren«, um einen besonderen Lernprozeß zu beschreiben, aber seither erstreckte er sich auf viele verschiedene Arten des Lehrens oder Lernens.

Weder Hypnose noch Konditionieren sind so volkstümlich wie die Psychotherapie, jedoch sind beide für die Technik der Verhaltenssteuerung sehr wichtig. Ihre Methoden, Absichten und ihre Bedeutung zielen, wenn auch (noch) nicht in ihren tatsächlichen Leistungen, auf einen höheren Standard technischer Präzision ab als andere Methoden der Informationssteuerung.

Verhaltenssteuerung durch Hypnose

In die Macht der Hypnose, menschliches Verhalten zu beeinflussen, setzen wir hochgespannte Erwartungen. Trotz einer langen Geschichte und reicher anekdotischer Literatur weiß die Wissenschaft aber wenig über sie. Die anfängliche Hypnoseforschung war lükkenhaft und manchmal ungenau. Gegenwärtig beschäftigen sich mit ihr in den Vereinigten Staaten nur sehr wenige Forscher und Institute; russische Wissenschaftler hatten zwar ein weit beständigeres Interesse an Hypnose als die Amerikaner, seit Pawlows Schüler mit ihrem Versuch begannnen, die höheren seelischen Vorgänge mit dem Konditionieren einfacher Verhaltensweisen zu verbinden, aber auch sie scheinen nicht viel über sie herausgebracht zu haben (Das ist ihnen mit Studien über das Konditionieren weit besser geglückt.) In vieler Hinsicht hat man in Amerika bessere Arbeit geleistet, aber eine Reihe entscheidender wissenschaftlicher Fragen über dieses Phänomen bleibt unbeantwortet.
Die Verbreitung hypnotischen Volksglaubens ist dadurch nicht beeinträchtigt worden. Was die Manipulation von Einzelmenschen angeht, hat man im Lauf der Geschichte wohl keiner Methode so große Macht zugeschrieben wie der Hypnose. Es gibt kaum einen Aspekt menschlichen Verhaltens, von dem man nicht angenommen hat, daß man ihn durch irgendein hypnotisches Verfahren verbessern oder verschlechtern könnte. Sie alle aufzuführen, wäre langweilig und nutzlos, sie lassen sich aber leicht ordnen.
Die verbreitetsten, höchst bedenklichen und romanhaften Geschichten über Hypnose handeln von ihrer Fähigkeit, Menschen in Automaten zu verwandeln, die dem leisesten Wink des Hypnotiseurs folgen müssen und unfähig sind, die moralische Qualität seiner Befehle zu erkennen oder ihnen nicht zu gehorchen. Noch schlimmer ist es, daß das Opfer nicht einmal verhindern kann, daß es hypnotisiert wird. Das kann gegen seinen Willen oder ohne sein Wissen, kann mit Individuen oder Menschenmassen und sogar ohne die persönliche Anwesenheit des Hypnotiseurs (etwa über Radio oder Fernsehen) geschehen, und läßt sich periodisch durch Signale oder posthypnotische Suggestionen erneuern, die schließlich dazu führen, daß sich das Opfer selbst hypnotisiert. Solche Ansichten geben nicht nur Stoff für Theaterstücke, Romane und Detektivgeschichten ab. Viele gebildete Leute glauben bis heute, daß Rasputin die letzte

Zarin von Rußland durch Mittel der Hypnose beherrschte, und es hat Gerichtsprozesse über Mord und Verführung gegeben, in denen die kriminellen Akte angeblich unter dem unwiderstehlichen Einfluß hypnotischer Suggestionen begangen wurden.

Weniger verstiegene, aber immer noch herausfordernde Aussagen über die Hypnose behaupten, sie könne benützt werden, um intellektuelle Funktionen zu steuern, Gefühle, Einstellungen und Antriebe zu manipulieren, körperliche Vorgänge zu ändern, die physische Leistungsfähigkeit zu steigern und alle möglichen geistigen oder körperlichen Beschwerden zu behandeln. Demnach vermag man mit ihrer Hilfe das Gedächtnis zu steigern oder zu vermindern; verlorene Erinnerungen wieder wachzurufen; die Lerngeschwindigkeit zu erhöhen; Träume und Halluzinationen hervorzurufen; Menschen ihre wirkliche Umwelt vergessen zu lassen; den Widerstand gegenüber Fragen zu vermindern und den Verrat von Geheimnissen zu erzwingen, bestimmte Gefühlszustände zu erzielen oder zu steigern, rassische, politische oder religiöse Vorurteile zu korrigieren; die Motivation so zu verbessern, daß Menschen außergewöhnliche Leistungen an Stärke, Ausdauer oder Koordination vollbringen oder sich zutiefst Anliegen verpflichtet fühlen, die sie sonst bald aufgeben würden; ferner ihre körperliche Widerstandskraft gegen Hitze und Kälte, Müdigkeit und Schmerz zu erhöhen; ihre Herzschlagfrequenz, ihren Blutdruck oder die elektrischen Eigenschaften ihrer Haut und ihres Gehirns zu verändern; Blasen auf ihrer Haut durch bloße Suggestion wachsen zu lassen, sie zu betäuben, so daß auch größere Operationen ohne chemische Narkosemittel durchgeführt werden können; aber auch Warzen zu entfernen, Asthma zu heilen und noch vieles mehr. Und seltsam, es gibt einige Beweise dafür, daß alle diese Aussagen teilweise berechtigt sind!

Alles oben Erwähnte ist tatsächlich durch Hypnose erreicht worden. Die meisten Dinge wurden in der klinischen Literatur zu diesem Thema oftmals beschrieben, einige wenige sind in sorgfältigen Laboratoriumsexperimenten verifiziert. Es gibt Berichte von Fällen, in denen Athleten hypnotisiert wurden, bevor sie einen wichtigen Wettkampf antraten, um ihre Leistung zu verbessern. Es gibt Laborstudien, die offensichtlich solche Vorgänge nachweisen, und seriöse Organisationen wie die National Institutes of Health, die National Science Foundation, die medizinischen Laboratorien der

Amerikanischen Luftwaffe und das Office of Education der USA: Sie alle haben Forschungen über Hypnose als medizinisches, militärisches und Erziehungsmittel unterstützt. Zieht man all das in Betracht, gerät man in Gefahr, die Bedeutung der Hypnose als eines Instruments zu Verhaltenssteuerung zu überschätzen. Zwar ist die Vielfalt dokumentierter hypnotischer Effekte bemerkenswert groß, doch sind sie ebenso bemerkenswert unzuverlässig, sobald man sie von einer Person auf die andere übertragen will. Sie können selten, vielleicht sogar nie, ohne die Absicht, Zustimmung und Mitarbeit der Versuchsperson erzielt werden, und, wenn sie überhaupt eintreten, sind sie gar nicht immer das Ergebnis der Hypnose selbst, sondern nur eine Folge der Begleitsituation. Massenhypnose ist sicherlich möglich und sogar verbreitet, wie jeder weiß, der Schaubudenhypnosen verfolgt hat. Sie kann sicherlich auch auf dem Weg von Radio oder Fernsehen erreicht werden — aber nicht jeder wird hypnotisiert werden, selbst wenn er es möchte. Nahezu niemand wird hypnotisiert, der hypnotischen Suggestionen keine Aufmerksamkeit schenkt und sich nicht bemüht, ihnen aktiv zu folgen. Und selbst in der Hypnose wird wohl niemand zum Roboter, der automatisch alle Befehle befolgt und für sein Tun nicht mehr verantwortlich ist. Hypnose hat wichtige und mächtige Wirkungen, doch sie lassen sich nicht einfach, leicht und verläßlich erreichen.

Hypnotische Gedankensteuerung

Einige geistige Funktionen lassen sich durch hypnotische Mittel mit oft nützlichen praktischen Resultaten manipulieren: Lernen, Gedächtnis und Phantasie können verändert werden. Die Hypnose hilft lernen, indem sie die Konzentration verbessert und Angst vermindert, die ein wohlbekannter Hemmschuh für Konzentration und Lernfähigkeit ist. In einigen Fällen verwendet man eine »Zeitverzerrung« genannte Technik, um geistige Leistungen zu erleichtern. Dabei stellt sich der Betroffene vor, daß er Stunden, Tage, Monate oder sogar Jahre durchlebt, während der Uhrzeiger nur um Sekunden oder Minuten vorrückt, und es gelingt ihm, Musik, fremde Sprachen oder andere Fertigkeiten offenbar besser zu beherrschen.
Hypnotisierten Menschen spielt oft ihr Gedächtnis Streiche, was man Amnesie (Gedächtnisverlust) oder Hypermnesie (gesteigerte Erinnerungskraft) nennt. Manchmal tritt nach einer hypnotischen Sit-

zung spontan Amnesie ein, doch sie wird öfter durch den Hypnotiseur selbst suggeriert. Posthypnotische Suggestionen sind ebenfalls meist von der Suggestion begleitet, zu vergessen, daß sie gegeben wurden. Die Fähigkeit, Amnesie hervorzurufen, macht es dem Hypnotiseur möglich, während der Sitzung störendes Material aufzudecken und es nachher wieder zuzudecken.

Hypermnesie scheint nicht spontan einzutreten; sie wird als Lernhilfe benützt oder um Menschen verlorene Erinnerungen wiederfinden zu helfen. Vielfach haben sich der hypnotischen Hypermnesie Anwälte oder Polizeibeamte bedient, um Zeugen von Verbrechen oder Unfällen in die Lage zu versetzen, sich an Einzelheiten zu erinnern, die sie früher nicht reproduzieren konnten. Diese Methode arbeitet dann am besten, wenn der Zeuge an einer Art von traumatischem Gedächtnisverlust leidet.

Im allgemeinen entspannt Hypnose körperlich und geistig. Dadurch werden auch seelische Abwehrmechanismen geschwächt. Diese Entspannung mag ein Grund dafür sein, daß Lernen und Gedächtnis in diesem Zustand manchmal verbessert werden, denn Angst und Spannung üben ihren gewöhnlich ablenkenden Einfluß nicht aus. Jedenfalls macht die Kombination von verminderter Abwehr und Hypermnesie manchmal die Hypnose zu einem nützlichen Werkzeug, wenn Spione und Kriegsgefangene oder Zeugen befragt werden sollen.

Halluzinationen und lebhafte Vorstellungen auszulösen, ist das Hauptziel der meisten hypnotischen Manipulationen. Viele Menschen werden zu lebhaften halluzinatorischen Erlebnissen fähig, wenn sie hypnotisiert sind. Sie können ungewöhnliche, sich widersprechende Vorstellungen aufrechterhalten und sich manchmal so in eine suggerierte Szene hineinversetzen, daß sie glauben, an dem Geschehen teilzunehmen. Diese Fähigkeit wird benützt, um die »Altersregression« herzustellen, wobei der Betroffene ein Ereignis seines früheren Lebens wiedererfährt, was oft mit einer »Wiederbelebung«, dem intensiven Erleben verdrängter Emotionen aus der Vergangenheit, verbunden ist. Auch Halluzinationen lassen sich hervorrufen, etwa indem man die Versuchsperson zu der Vorstellung anregt, sie betrachte eine Filmleinwand, auf der sich eine kritische Szene aus ihrem Leben entfalte. Sie kann dann einfach beobachten und das Gesehene beschreiben, statt Gedächtnis und Gefühle anzustrengen, um sich zurückzuversetzen. Der Hypnotiseur kann der Versuchsperson auch das Gefühl suggerieren, auf ein Signal wie Fingerschnalzen, Bis-fünf-zählen oder Bleistiftklopfen hin, kleiner und jünger zu werden, bis sie glaubt, nur zehn Jahre alt zu sein, in ihrem Elternhaus zu wohnen und dabei vielleicht Zeuge des eigenen Geburtstagsfestes ist, wie sie bettnäßt oder lüsterne Gefühle gegen die eigene Mutter hegt. Bühnenhypnotiseure bedienen sich dieser Methode, um Menschen dazu zu bringen, daß sie in aller Öffentlichkeit Rollen spielen, deren sie sich sonst schämen würden.

Hypnotische Gefühls- und Motivationssteuerung

Zu den dramatischeren Effekten der Hypnose gehören die emotionalen Veränderungen, die manchmal unter ihrem Einfluß stattfinden. Sie umfassen die ganze Spannweite von Gefühlen und ihren Ausdruck: Menschen lachen über unverständliche Witze, trauern über einen imaginären Tod, wüten gegen einen unsichtbaren Feind, fürchten sich vor einer unsichtbaren Gefahr oder werden durch einen unsichtbaren Partner sexuell erregt — alles auf Befehl. Bühnenhypnotiseure treiben ihre Opfer routinemäßig und gedankenlos durch solche Emotionen, um die Zuschauer zu unterhalten; Psychotherapeuten tun es zur Erbauung ihrer Patienten. Allerdings können Gefühlsausbrüche in Hypnose auch spontan auftreten, aber wohl seltener, als sie von Hypnotiseuren ausgelöst werden. Es gibt einige klinische Berichte über Menschen, die während einer Hypnose zu mörderischer Wut oder extremer sexueller Erregung aufgestachelt wurden, so daß sie den Hypnotiseur oder einen anderen Anwesenden tätlich angriffen. Es gibt auch eine faszinierende experimentelle Literatur über antisoziales Verhalten in Hypnose, wobei die Versuchspersonen anderen Menschen Säure ins Gesicht schütteten, lebende Giftschlangen aufhoben und andere unangenehme Dinge erledigten, um hypnotischen Anweisungen zu gehorchen. Einige brillante Studien von Martin T. Orne und seinen Kollegen, heute an der Universität von Pennsylvania, legen nahe, daß diese Art von Verhalten keine direkte Folge der Hypnose ist, sondern eher der vernünftigen, wenngleich stillschweigenden Annahme nahezu aller Versuchspersonen in psychologischen Experimenten, wonach diese Wissenschaftler, die sie zu Teilnahme auffordern, sie auch davor bewahren werden, anderen zu schaden oder selbst Schaden zu erleiden, selbst wenn ihre Anweisungen nicht dafür sprechen. Ob nun Dr. Orne recht hat oder nicht (einige erfahrene Experimentatoren widersprechen ihm), so bleibt doch die Tatsache bestehen, daß Hypnose die Art von Situation schlechthin ist, in der Menschen verrückten oder gefahrbringenden Suggestionen folgen. Vielleicht noch wichtiger als derlei kurze Dramen ist die Eigenschaft der Hypnose, über lange Zeit hin Motivationen zu steigern. Eine Anzahl von Beweisen spricht dafür, daß Hypnose auf Instruktionen eine Art Verstärkereffekt ausübt, so daß die normalen Wünsche eines Menschen, in schwierigen Situationen sein Bestes zu tun, noch weiter gesteigert werden, wenn man ihn dazu ermuntert. Am Laboratorium für Hypnoseforschung in Stanford haben Robert Slotnick, Robert Liebert und Ernest R. Hilgard herausgefunden, daß diese hypnotischen Aufforderungen noch wirksamer sind, wenn die Versuchspersonen emotional an dem Experiment beteiligt und interessiert waren, ein Resultat, das in einem späteren Experiment von Kenneth Schaeffler und mir an der Universität von Südkalifornien bestätigt wurde.

Hypnotische Leistungs- und Körpersteuerung

Versuchspersonen scheinen manchmal, vielleicht wegen der Wirkungen der Hypnose auf die Motivation, über lange Zeit hin zu dramatischen Steigerungen der Körperstärke, der Ausdauer, der Muskelkoordination und der Aufmerksamkeit fähig zu sein. Militärische Planer und Trainer von Sportlern haben sich lange Zeit vor allem deshalb für Hypnose interessiert. Zusätzlich haben sich auch Raumforscher mit Hypnose beschäftigt, da sie ein Mittel sein kann, die Widerstandskraft gegen Streß zu erhöhen und z. B. Piloten oder Astronauten zu helfen, weiterhin ihre Arbeit zu verrichten, wenn ihre Ausrüstung versagt und sie plötzlich extremen Werten von Hitze, Kälte, Schmerz oder Angst ausgesetzt sind. In einer vorläufigen Studie vor einigen Jahren an der Wright-Patterson-Basis der Luftwaffe in Ohio wurden Collegestudenten hypnotisch trainiert, extremer Hitze eine Stunde lang zu widerstehen, während sie andauernd an einer Aufmerksamkeitsaufgabe arbeiteten, indem sie einen Teil ihres Bewußtseins auf angenehmere Dinge lenkten. Typisch ist der Bericht eines Studenten, der eben die heiße Kammer verlassen hatte, in der physiologische Messungen zeigten, wie er langsam durch die Hitze von 40 Grad Celsius geröstet wurde:

Er habe über seine Erlebnisse als Rettungsschwimmer an einem Schwimmbad nachgedacht und sich die ganze Zeit kühl und angenehm gefühlt. Michael Ogle, I. P. Unikel und ich kamen in einer Abänderung dieser Studie an der Universität von Illinois zu einem ähnlichen Resultat.

Die physische Widerstandskraft gegen Streß ist letzten Endes wichtiger als ein Wohlgefühl, während man langsam zu Tode röstet oder friert. Es gibt einige Beweise dafür, daß Hypnose die Körperfunktionen ebenso verändert wie die subjektiven Gefühle. C. V. Kissen, A. T. Reifler und V. H. Thaler, die alle im Institut für biophysiologischen Streß der medizinischen Laboratorien am Wright-Patterson Luftwaffenstützpunkt arbeiten, haben unter anderem gefunden, daß Hypnose die nachteiligen Effekte kalter Temperaturen auf den Herzschlag und Kälteschauer verhindert. Ronald McDevitt und ich weiteten ihre Studien etwas aus, indem wir unsere kalifornischen Versuchspersonen in Selbsthypnose trainierten, statt sie vor ihrem Aufenthalt in der Kältebox durch andere hypnotisieren zu lassen. Wir fanden teils abweichende, aber im allgemeinen ähnliche Ergebnisse.

Viele Studien über den Einfluß der Hypnose auf physische Vorgänge wurden durchgeführt. Während diese Experimente nicht immer zufriedenstellend waren und ihre Resultate oft zweideutig sind, gibt es eindeutige Beweise dafür, daß Hypnose eine Reihe von Funktionen ändert, manche ziemlich einschneidend. Nach Gordon L. Paul, Universität von Illinois, zwang ihn ein ausgedehntes Literaturstudium über Hautblasen, die allein durch hypnotische Suggestionen produziert wurden, die Echtheit dieses Phänomens anzuerkennen, wenngleich sich viele Berichte entkräften lassen oder wertlos sind. Wir haben auch eine Reihe gut dokumentierter Berichte über hypnotische Anästhesie in Medizin, Zahnheilkunde und im Laboratorium, und es gibt mindestens einen Farbfilm über einen größeren chirurgischen Eingriff, in dem einer Frau die Schilddrüse entfernt wurde, während sie ausschließlich durch Hypnose anästhesiert war. Endlich wird Hypnose auch noch eingesetzt, und oft mit sehr gutem Erfolg, um die Symptome einiger ernsthafter Leiden zu vermindern, die von Allergien bis zur Epilepsie reichen.

Hypnose in der Psychotherapie

Hypnose ist nie das Privateigentum von Handlungstherapeuten gewesen, doch werden sie, im Gegensatz zu den Einsichttherapeuten, nicht unsicher, wenn sie zugeben sollen, daß sie sie anwenden. Orthodoxe Psychoanalytiker lehnten sie ab, seit Freud beobachtete, daß Symptome, die man auf autoritäre Weise verbietet (was er in der Hypnose verwirklicht sah), später wiederkehren oder durch andere, oft schlimmere, ersetzt werden. Obschon das vorliegende Beweismaterial diese Beobachtung nicht bestätigt, ist die Angst vor Symptomrückkehr unter einigen Einsichttherapeuten bestehen geblieben, die Hypnose immer noch in Acht und Bann tun. Wenige Psychoanalytiker jedoch, vor allem solche mit starkem Forschungsinteresse wie Margaret Brenman von der Menninger Foundation und Merton Gill in San Francisco, haben sie in beträchtlichem Ausmaß klinisch und wissenschaftlich erforscht und über ihren therapeutischen Wert geschrieben. Hypnoanalyse, wie man dieses Verfahren nennt, ist einfach Psychoanalyse, die Hypnose verwendet, um unbewußte Motive aufzudecken, Übertragungen zustandezubringen und zu lösen sowie den Assoziationsvorgang zu unterstützen.

Die psychotherapeutisch nützlichen Effekte der Hypnose sind sämtlich oben angedeutet oder beschrieben worden. Die wichtigsten sind die Schwächung seelischer Abwehrmechanismen, die Menschen Zugang zu ihren verborgenen Gedanken und Gefühlen verschafft, und die verstärkte Fähigkeit, Halluzinationen zu erleben und zu ertragen. Die erste hilft den Betreffenden, leichter als gewöhnlich frei zu assozieren, weniger gehemmt zu sprechen, Erinnerungen einfacher aufzugreifen und ihr Inneres weniger zögernd aufzuschließen. Die letzte befähigt den Therapeuten, seinen Patienten zu helfen, verborgenes Material aufzudecken, alten Ängsten und anderen Gefühlen zu begegnen, als ob es das erste Mal wäre, neue Situationen mit der Überzeugung zu proben, daß sie real sind, sich in die Rollen anderer Menschen zu versetzen oder seine eigenen Handlungen, vielleicht das erste Mal in seinem Leben, wie die eines völlig Fremden objektiv zu betrachten und all das gegen Ende der Sitzung wieder zuzudecken, wenn der Patient die Belastung, von diesen Dingen zu wissen, noch nicht ertragen kann. Mit hypnotischen Suggestionen kann der Therapeut den Patienten dazu bringen, »automatisch« zu schreiben, ohne bewußte Pläne oder Absichten.

Er kann seine Zeitwahrnehmung verändern, Myriaden von Bildern in seinem Bewußtsein aufleuchten und erlöschen lassen, Gefühle »aufrühren«, »durchspielen« und verschwinden lassen. Er kann manchmal Patienten dazu bringen, die Ursachen ihrer eigenen körperlichen Symptome auszusprechen, so daß sie die unbewußten Quellen ihrer Kopfschmerzen oder Lähmungen erläutern, als hätten sie stets gewußt, was sie eigentlich belastete, und nur keine Gelegenheit gefunden, es zu sagen. Statt Symptomen zu befehlen, zu verschwinden und auf diese Weise ihre Rückkehr zu riskieren, kann er manchmal Patienten dazu bringen, diese auf einen anderen Teil ihres Körpers zu übertragen, wo sie für die Körperfunktionen und die Forderungen der Gesellschaft weniger beschwerlich sind. Ein Hypnotherapeut, den ich kannte, überredete einen Patienten mit einer gefährlichen Blasensperre dazu, frei zu urinieren, wie es nötig war, oder ein Zucken im kleinen Finger der linken Hand zu lernen, nur um ein körperliches Symptom für sein verborgenes seelisches Leiden zu haben. In einem anderen Fall berichtete ein Psychiater, wie er ein junges schizophrenes Mädchen dazu gebracht hatte, alle geisterhaften Schatten, die sie verfolgten, zwischen den einzelnen Therapiestunden in seinem Garderobezimmer zu deponieren und folglich den restlichen Zeitraum wie jeder andere herumzugehen. Ähnliche Berichte sind Legion, und viele von ihnen nachweislich wahr. Selbst die Königliche Kommisison, die Mesmer vor zwei Jahrhunderten verurteilte, gab zu, daß seine Kuren tatsächlich Erfolg hatten, wenn sie sie auch ablehnte, da sie »nur« durch Suggestion erreicht waren.

Der gegenwärtige Entwicklungsstand hypnotischer Steuerung

Warum hypnotische Effekte eintreten, ist weniger klar als die Tatsache, daß sie es tun. Dies ist aber von entscheidender Bedeutung, wenn man Hypnose als Technik der Verhaltenssteuerung beurteilen will. In dem Ausmaß, in dem diese Effekte Nebenprodukte der Entspannung oder der Erwartungen von Versuchspersonen oder Patienten gegenüber Wissenschaftlern oder Therapeuten sind, wird die Hypnose selbst für die durchgeführte Manipulation unwichtig. Jede ebenso eindrucksvolle zwischenmenschliche Situation, jeder Hokuspokus, der die gewöhnliche Hypnose imitiert, könnte die gleichen Wirkungen erzielen. In diesem Fall müßten wir eher die

Überzeugungskraft der Hypnotiseure studieren als die Macht der Hypnose selbst. Einige Hypnotiseure sind in der Tat der Ansicht, daß hypnotische Effekte auf ihrer persönlichen Geschicklichkeit beruhen, Trancezustände einzuleiten und den Rapport mit ihren Versuchspersonen aufrechtzuerhalten. Aber auch, wenn es stimmt, daß Hypnotiseure unterschiedlich beharrlich und ihre Suggestionsfähigkeit vielleicht verschieden ist, gibt es keine brauchbaren Beweise für die Annahme, daß hypnotische Effekte sehr von dieser Fertigkeit abhingen.

Wovon diese abhängen, ist offensichtlich so subtil, kompliziert und unveränderlich, daß hypnotische Verhaltenssteuerung im allgemeinen ein durchaus unverläßliches Instrument ist, trotz ihres großen Wertes in Einzelfällen. Gerade die sorgfältigsten experimentellen Arbeiten zeigen im typischen Fall so große Abweichungen der individuellen Reaktionen auf hypnotische Einflüsse, daß genaue Pläne für eine Verhaltenssteuerung auf diesem Weg nicht entwickelt werden können, bevor man nicht noch sehr viel mehr über sie erfährt als heute bekannt ist. Zwar ist es richtig, daß man beispielsweise Lernen, Gedächtnis, Gefühle, körperliche Vorgänge und andere Dinge bei einigen Menschen durch Hypnose dramatisch manipulieren kann; aber dieselben Methoden, die auf eine Person tiefgreifende Wirkungen ausüben, beeinflussen eine andere gar nicht. Eine Versuchsperson kann sich dank der Suggestion an gar nichts erinnern, die andere erinnert sich an alles, einschließlich der Suggestion, zu vergessen, eine dritte erinnert sich an einige Dinge und an andere nicht, wenn völlige Amnesie befohlen wurde, eine vierte erinnert sich genau an das, was sie vergessen sollte und hat alles übrige vergessen. Und so geht es weiter, mit nahezu jeder Erscheinungsform dieses rätselhaften Phänomens.

Der wichtigste Faktor, von dem man heute weiß, daß er die Reaktion auf Hypnose bestimmt, ist die Empfänglichkeit der Versuchsperson. Empfänglichkeit heißt nicht Willenlosigkeit oder Tölpelhaftigkeit, sondern sie entspricht einer Fähigkeit, ungewöhnliche Anweisungen aufzunehmen, um ungewöhnliche subjektive Bewußtseinszustände zu erfahren*. Sie ist ziemlich eindeutig als eng um-

* Zyniker mögen beobachten, daß diese Definition im Kreis geht: Sie scheint zu sagen, daß die Empfänglichkeit für Hypnose die Fähigkeit ist, hypnotisiert zu werden. Sie haben damit nur allzu recht. Ausgearbeitetere Definitionen würden diese Tatsache nur deutlicher machen, was ich sehr bedauere.

rissener Persönlichkeitszug wie Intelligenz und Gestimmtheit nachgewiesen. Doch selbst Empfänglichkeit für Hypnose erlaubt keine einzige genaue Voraussage darüber, ob Hypnose anschlagen wird oder nicht. Die meisten Hypnotherapeuten sind sich etwa einig, daß der Nutzen von Hypnose in der Psychotherapie *nicht* von der Empfänglichkeit des Patienten abhängt. Was noch wichtiger ist: Es gibt einige Experimente, die zeigen, daß Hypnose oft auf jene Menschen stärker einwirkt, die an sich weniger empfänglich sind, als auf andere, die sehr ansprechbar sind. Niemand weiß eigentlich genau, was Empfänglichkeit für Hypnose ist oder was Hypnose selbst ist. Die wissenschaftliche Übereinkunft verlangt, sie einen »veränderten Bewußtseinszustand« zu nennen, aber diese Phrase ist nicht sehr aufschlußreich, was das Verständnis für sie angeht. 1967 haben Joseph Hart, Morris Leibovitz und ich einige wichtige Unterschiede zwischen den Hirnwellenmustern im Wachzustand von Frauen nachgewiesen, die extrem hypnoseempfänglich waren, gegenüber anderen, die völlig unempfänglich waren. Gary Galbraith und Leslie M. Cooper haben eine Studie angeschlossen, die klar zeigen konnte, daß Menschen um so empfänglicher für Hypnose sind, je höher das allgemeine Aktivitätsniveau ihrer Gehirnwellen ist. Das besagt, daß Hypnoseempfänglichkeit eine Funktion der Gehirnphysis, nicht der Geschicklichkeit des Hypnotiseurs oder des Charakters der hypnotischen Suggestionen ist. Jedoch ist noch nicht klar, was das für die Verhaltenssteuerung auf hypnotischem Weg bedeutet.

Was hingegen durchaus klar und für die Verhaltenssteuerung hochbedeutsam ist, ist der Umstand, daß Hypnose nachweislich (wenn auch noch etwas unkontrolliert) das Verhalten mancher Menschen in einem hohen Grad manipulierbar macht, und zwar auf dem Weg über die Vorstellungskraft. In Hypnose können sie auf Befehl so tiefgreifende Reaktionen auf halluzinatorische Suggestionen zeigen, daß man sie unter anderen Umständen für geisteskrank hält. Und trotz beträchtlicher theoretischer und experimenteller Arbeiten, die das Gegenteil beweisen sollten, zeigen die Studien von Martin T. Orne und seinen Kollegen schlüssig, daß man diese Reaktionen nicht als Auswüchse der Hypnose-Situation oder als Schauspielerei abtun kann. In jedem Fall können hypnotische Halluzinationen so wirklich sein wie die tragischen Halluzinationen der Geisteskranken, nur sind sie durch ihr vorübergehendes Auftreten gemäßigt.

Hypnose verläßt jene *semantische Kommunikation,* die das traditionelle Instrument der Informationssteuerung in der Psychotherapie darstellt. Sie schlägt ganz bewußt Gewinn aus der Bilderwelt, die Menschen auch ohne jede Aufforderung heraufbeschwören können. Für die Technik der Verhaltenssteuerung ist sie auch, trotz ihrer mangelnden Verläßlichkeit, bedeutsam, weil sie ziemlich feststehende Methoden verwendet, um Handlungen einzuleiten, zu bekräftigen oder herzustellen, die dieser Bilderwelt entsprechen. Denn was Hypnotiseure an Handlungen produzieren, beruht zum großen Teil auf rein seelischen Vorgängen, betrifft eher Veränderungen von Vorstellungen, Gedanken und Erinnerungen als *unmittelbare* Einflüsse auf muskuläre und Drüsen-Funktionen. Aus der Hypnose kann daher eine »künftige Generation« besonders der Einsichttherapie heranwachsen. Soweit sie fähig ist, Hemmungen durch Suggestion von Persönlichkeitsverlust und Amnesie abzubauen, die Menschen meist daran hindern, sich mit ihrem geheimen Ich auseinanderzusetzen, wird sie zu einer Einsichttherapie ohne Selbstbewußtsein und ohne jenen höchst hinderlichen und zivilisatorischen Ableger des Selbstbewußtseins, nämlich den Sinn für Verantwortung.
Dieser »geistige« Charakter läßt die Hypnose auch als Gegensatz zum Konditionieren erscheinen, das sich aus Rückenmarksreflexen entwickelt hat, also aus einem System, mit dessen Hilfe primitive Muskel- und Drüsentätigkeit in Phantasieverhalten umgewandelt wird. Die Hypnose wirkt zunächst durch die sprachliche Vermittlung auf die höheren Gehirnzentren; sie beginnt beim Verstand und arbeitet von »oben« nach »unten«. In diesem Sinn sind Desensibilisierung und Implosionstherapie mit der Hypnose verwandt: Sie zielen unmittelbar und vor allem verbal auf das Bewußtsein. Sie benützen die heraufbeschworenen Bilder als Katalysatoren, um die emotionalen Antworten des Patienten zu manipulieren. Sie sind aber auch Methoden des Konditionierens, die bei Tieren und Menschen ähnliche Wirkungen erreichen. Sie stellen so eine Brücke zwischen Hypnose und Konditionieren dar, die beide physiologisch gesehen enger verwandt sein können als man heute weiß.

Konditionieren und Verhaltenssteuerung

So vielen Menschen wurde die Geschichte von Pawlows sabbernden Hunden und Thorndikes wütenden Gassenkatzen erzählt, daß sie es vorziehen, von Konditionieren überhaupt nichts mehr zu hören. Konditionierungsmethoden sind jedoch für die Verhaltenssteuerung so wichtig und die Kenntnis ihrer Mechanik derart unerläßlich, daß es der Mühe wert ist, Leser mit etwas zu langweilen, was sie schon wissen. Hypothetisch sind Konditionierungsmethoden nützlich, um nahezu alles zu lernen oder zu verlernen. Gerade deshalb gehören sie zu den brauchbarsten Methoden der Verhaltenssteuerung. Sie sind die Grundlage aller Gewohnheiten, aller Fertigkeiten und nach Ansicht mancher Leute des Lernens schlechthin. Manche Gelehrte glauben, daß sie auch so schwierige und berüchtigte Dinge damit in den Griff bekommen wie psychosomatische Krankheiten, den Voodoo-Tod, Gehirnwäsche, Hypnose, ganz zu schweigen von der Psychotherapie, wo wir bereits einige Anwendungsformen (und den Jargon) der Konditionierungsprozesse kennengelernt haben. Das ganze Ausmaß, in dem Menschen durch Konditionierungstechniken manipuliert werden können, ist nicht bekannt, doch gehören sie zu den intensiv erforschten und kontroversen Gebieten in der angewandten und theoretischen Psychologie.
Konditionieren hat nur deshalb eine weniger berüchtigte Vergangenheit als die Hypnose, weil es weniger faszinierend, technischer und besser erforscht ist — nicht weil es weniger wirkungsvoll ist. Romanciers, Dramatiker und Zeitungsreporter verwandten weniger Zeit darauf, es zu verherrlichen und hatten vielleicht weniger Interesse daran, weil sie fanden, wie komplex und langweilig seine technischen Details sein können. Rechnet man alles zusammen, so haben sie dennoch keine schlechte Arbeit geleistet, was Zukunftsromane und science fiction in der letzten Generation angeht, vor allem seit dem Ende des Koreakrieges. Um diese Zeit gaben Berichte über die Behandlung amerikanischer Gefangener in China Anlaß zu Gerüchten, in denen von einer geschickten, übelwollenden Anwendung von Konditionierungsmethoden die Rede war, um Korpsgeist, die politische Ideologie Amerikas und die nationale Loyalität aus dem Bewußtsein unserer Soldaten zu tilgen. Die Tatsache, daß ein großer Teil der einschlägigen technischen Literatur in Russisch abgefaßt ist, verstärkte nur dieses Gerücht.

Es trifft gegenwärtig sicherlich nicht zu, daß sehr komplexe Verhaltensweisen durch einfaches Konditionieren gesteuert werden können. Es gibt im wesentlichen nur zwei Konditionierungstechniken, von denen keine besonders gut für Gehirnwäsche geeignet scheint oder dafür, Menschen in Roboter zu verwandeln: Die eine, die zur Steuerung willkürlichen Verhaltens dient, arbeitet auch dezidiert willkürlich, und die andere, die unwillkürliche Aktivität steuern kann, läßt sich gegenwärtig überhaupt noch nicht einsetzen, um komplexe Verhaltensweisen zu ändern. Um also etwas zu erreichen, braucht sie außerdem einen so aufwendigen Laborapparat, muß sie unter so schwierigen Bedingungen und über so lange Zeit hin durchgeführt werden, daß ein unbeteiligter Beobachter leicht zur Ansicht kommt, die Sache sei nicht der Mühe wert, vor allem, wenn man sie mit dem billigen und mühelosen Einsatz der Hypnose vergleicht. Wer so leichtfertige Schlüsse zieht, übersieht allerdings die wichtigste Bedeutung des Konditionierens: Seine Wirkung ist, auch wenn sie nur kleine Verhaltenseigenheiten erreicht, oft nicht weniger tiefgreifend als die der Hypnose und in der Regel weit verläßlicher. Sie hält gewöhnlich länger an und scheint manchmal sogar irreversibel zu sein. Konditionierungsmethoden bedienen sich präziser Operationen, ihre Schritte sind spezifischer und ihre Effekte und Bedingungen, unter denen sie verwendet werden können, exakter meßbar. Konditionieren ist, kurz gesagt, eine verläßlichere Technik als die Hypnose. Diese Technik hat einfache und sichere Wirkungen, die mit anderen Techniken der Verhaltenssteuerung verknüpft und zu komplexen, verfeinerten Verfahren erweitert und ausgearbeitet werden kann, um auch komplizierte menschliche Aktivitäten zu steuern.

Eine große Zahl wissenschaftlicher Arbeiten zeigt eindeutig, daß Konditionierungsmethoden eingesetzt werden können, um einige Typen willkürlicher und unwillkürlicher Aktivität zu steuern und das Denken, die Sprache, die Phantasie, die Gefühlswelt, Antriebe, Gewohnheiten und Fertigkeiten zu verändern. Man kann Menschen konditionieren, auf bedeutungslose Worte oder Sätze hin zu erröten oder sonstwie emotional zu reagieren, auf schlimme Beschimpfungen lächelnd zu antworten, auf Signale hin zu halluzinieren, sich warm zu fühlen, wenn man abgekühlt ist, oder sich kalt zu fühlen, wenn man erwärmt ist, auf Befehl Furcht, Abscheu, Sorge oder Erregung zu empfinden, auf Lichtblitze hin krank zu werden, Blutgefäße oder die Pupillen zu verengen oder zu erweitern, mit leerer Blase Harndrang oder mit voller Blase keinen Harndrang zu verspüren, an Gewohnheiten und Manierismen festzuhalten, die man früher nicht kannte, und sich für immer von langjährigen Verhaltensweisen zu befreien, von denen man glaubte, sie nie verlieren zu können.

Die hier erwähnten Zustände, die an die Hypnose erinnern, kann man weit zuverlässiger erreichen als die vergleichbaren hypnotischen Zustände. Und die anderen Zustände, die viel Training erfordern, sind durch Hypnose überhaupt nicht manipulierbar. In größerem Maß als die Hypnose und mit sehr viel mehr Berechtigung hat die Erforschung des Konditionierens enorme finanzielle und professionelle Unterstützung gefunden, die aus allen möglichen öffentlichen und privaten Geldquellen fließt.

Die Methoden des Konditionierens werden entweder »klassisch« oder »instrumentell« genannt. Das instrumentelle Verfahren beschrieb zuerst E. L. Thorndike 1898, das klassische Iwan Pawlow 1903. Beide Verfahren unterscheiden sich in technischer Hinsicht wesentlich. Für die Verhaltenssteuerung liegt der entscheidende Unterschied darin, daß sich klassisches Konditionieren auf innere, oft unfreiwillige Verhaltensweisen anwenden läßt, z. B. auf Gefühle, Stimmungen oder Empfindungen, die Tätigkeit der glatten Muskulatur, des Magens, der Blutgefäße und (teilweise) des Herzens. Instrumentelles Konditionieren hingegen zielt auf die systematische Steuerung willkürlichen Verhaltens ab, z. B. das Lehren sozialer oder intellektueller Fähigkeiten und die willkürlichen motorischen Aktivitäten. Beide Methoden können verwendet werden, um einige Aspekte des Denkens und der Einstellung zu beeinflussen. Sie lassen sich auch miteinander oder mit Drogen, Chirurgie, elektronischer Datenverarbeitung und -übertragung kombinieren. Diese Kombinationen machen es möglich, daß man mit Hilfe des Konditionierens nahezu jede Einstellung, von Autoritätshörigkeit bis zur Angst vor Fremden, jede Fertigkeit oder jede Gefühlsdisposition lehren kann. Was die Methoden des Konditionierens, selbst in ihrer höchstentwickelten Form, gegenwärtig erreicht haben, kommt diesen theoretischen Möglichkeiten nicht nahe, doch scheint die Chance, sie zu verwirklichen, weit günstiger zu sein als alle Einschränkungen glauben machen wollen.

Klassisches Konditionieren ist Lernen: Man lernt auf Reize zu reagieren, und zwar mit Hilfe von Signalen, die uns instand setzen, künftige Ereignisse vorauszusehen: Wir achten auf Zeichen, die sie ankündigen. Das ist ungefähr so, wie beim Blitz, der uns signalisiert, daß danach der Donner kommt. Der Unterschied zwischen dem klassischen Konditionieren und anderen Arten des Signallernens liegt jedoch darin, daß sich die Ereignisse, die vorausgesagt werden, sämtlich im Körper des Individuums abspielen, und die Zeichen, die sie ankündigen, ausnahmslos willkürlich sind. Die Signale im klassischen Konditionieren sind Teile eines Kode, sie tragen keine innere Bedeutung, sondern verkörpern immer nur, was der Erfinder des Kode wünscht und welche Regeln er für ihre Interpretation zugrunde legt. Wenn im ursprünglichen Konditionierungsexperiment Pawlows hungriger Hund nach dem Glockenton zu speicheln begann, dann hatte diese Glocke keine besondere Eigenschaft, die Fleischpulver in irgendeiner Weise besser anzeigte als ein Glockenspiel, Licht oder Trommelschlag. Es war die willkürliche Verknüpfung mit Fleisch, die der Glocke Bedeutung verlieh, so daß sie der Kode oder das Signal für Futter wurde. Derselbe Assoziationsprozeß dient dazu, Menschen willkürliche Verknüpfungen zwischen ihren eigenen Körpervorgängen und einigen sonst zufälligen äußeren Ereignissen zu lehren. Bei systematischer Anwendung können diese Prozeduren menschliche Emotionen und andere wichtige Körperfunktionen steuern.

Der einfachste Fall einer solchen Steuerung spielt sich regelmäßig im Alltagsleben ab, gewöhnlich durch einen Zufall: Ein Kind, das von einem Hund angebellt, gejagt oder gebissen wird, lernt rasch, Hunde zu fürchten, ebenso wie sich gebrannte Kinder vor Feuer scheuen. In all diesen Fällen konditioniert ein einziges, schmerzliches Erlebnis mit einem schädlichen oder schrecklichen Objekt Angstgefühle, die in Zukunft immer wieder auftreten, wenn dieses Objekt wahrgenommen wird. Nur eine einzige solche Begegnung mit einem Hund läßt ein Kind alle Hunde fürchten, selbst wenn sie weiter entfernt sind, nicht bellen und sogar, wenn sie angekettet und ungefährlich sind. Erfahrene Eltern überrascht es nicht, wenn das Kind danach auch *Bilder* von liebenswerten, bunten und freundlichen Hündchen fürchtet, obschon es wirklich einsieht, daß die Bil-

der ihm nicht wehtun können. Seine Emotionen wurden eben stark genug konditioniert, um seinen Intellekt zu überwältigen.
Es gibt keinen grundlegenden Unterschied zwischen zufällig oder absichtlich konditionierten Ängsten. Wer will, daß ein Kind sich vor dem Feuer scheut, kann das leicht erreichen, indem er seinen Finger ins Feuer hineinstecken läßt oder – weniger grausam – erschreckt, sobald es seine Aufmerksamkeit auf eine Flamme richtet. Dasselbe Prinzip läßt sich auch auf Erwachsene anwenden, wenngleich es etwas mehr Mühe kostet, sie zu ängstigen. In *1984* von George Orwell setzen die Agenten des Großen Bruders den Protagnosten des Romans dadurch in Schrecken, daß sie ihn mit einer Apparatur konfrontieren, in der ausgehungerte Ratten die Augen des Opfers fressen. Es ist gar nicht nötig, ihn tatsächlich zu verletzen; die stellvertretende Erfahrung erfüllt den gleichen Zweck.
Eine zweite Ebene emotionalen Konditionierens nennt man »semantische Generalisation«. Dabei werden konditionierte Reaktionen auf Worte übertragen, die früher nur auf Objekte oder andere Worte hin erfolgten. So kann das Kind, das konditioniert wurde, Hunde zu fürchten, auch lernen, das Wort »Hund« zu fürchten.
Die stärksten Reaktionen erzielt man, wenn man auf emotionale Reaktionen konditioniert, aber Worte können ebensogut mit anderen körperlichen Vorgängen verknüpft werden. Vor mehr als dreißig Jahren hat Gregory Razran vom Queens College in New York Menschen konditioniert, auf Worte wie »Stil« oder »Urne« hin zu speicheln, ganz wie der berühmte Hund lernte, auf den Glockenton Speichel zu produzieren. Dann brachte er sie dazu, ihre Reaktion auch auf Synonyme wie »Mode« und »Vase« zu übertragen. Eine solche generalisierte Reaktion ist gewöhnlich schwächer als die ursprünglichen. Wie einige Experimente gezeigt haben, spielt dabei der Intellekt der Versuchspersonen eine wichtige Rolle. Die Pointe liegt nichtsdestoweniger darin, daß es offensichtlich möglich ist, Worten (und wohl auch der Sprache) emotionale Begleittöne zu geben, die mit ihrer Bedeutung überhaupt nichts zu tun haben.
Seit urvordenklichen Zeiten haben Demagogen ihr intuitives Verständnis für die emotionale Macht des Wortes benützt, ohne irgend etwas von klassischem Konditionieren zu wissen, ganz zu schweigen von semantischer Generalisation. Die Liebe zu Gott, zum Vaterland, zum Stamm, zur Partei oder zu einem Prinzip, ferner Angst,

Mißtrauen und Verachtung für Fremde, Minderheiten, Mehrheiten, Rassen, Religionen, für Hündchen oder harmlose kleine Ringelnattern — sie alle sind in jeder menschlichen Gesellschaft durch klassisches Konditionieren gelehrt worden. Durch die emotionelle Färbung erhalten Worte Nebensinn. Bei ihrem Gebrauch werden Emotionen erregt. Haßprediger, Kriegshetzer, Evangelisten und Politiker benützen »der Mache nach« alle die gleiche Technik für — strukturell gesehen — den gleichen Zweck: die von ihnen gewünschte Emotion durch sonst bedeutungslose verbale Signale, über die sie verfügen, zu erregen. Pawlows Glocke gehört zu den Katalysatoren, die in Kapitel 2 beschrieben sind.

Demagogie ist nicht das einzige Mittel, Worten eine emotionale Tönung zu verleihen. Lehrer, Eltern und andere ehrenwerte Erwachsene konditionieren auf weniger deutliche Weise Gefühle von Kindern, indem sie Worte wie »Neger«, »Jude«, »Katholik«, oder »Polizist« mit Hohnlächeln, Stirnrunzeln oder anderen verächtlichen Gesten begleiten. Der Unterschied zwischen deskriptivem und herabsetzendem Sinn dieser Ausdrücke ergibt sich aus den Erfahrungen, die ein Mensch gewöhnlich mit ihnen hatte, nicht aus ihren tatsächlichen Eigenschaften. Ihren unguten Beigeschmack verdanken sie dem häßlichen Ausdruck, mit dem sie Erwachsene verwenden.

Wie alles Konditionieren ist auch das klassische Konditionieren von Worten seiner Natur nach irrational. Was wir mit »rationalem« Gebrauch der Sprache meinen, besagt, daß die echte Mitteilung durch die Bedeutung der Worte zustande kommt, durch ihren Inhalt also. Wenn die Mitteilung ein Gefühl ist und das Wort nur ein Signal dafür, dann dient das Wort dazu, Verhalten zu steuern, nicht aber Verhalten vernünftig zu begründen.

Emotionen sind nicht die einzigen inneren Vorgänge, die auf Worte oder Gedanken konditioniert und so von ihnen gesteuert werden können. Unwillkürliche Vorgänge wie die Ausdehnung und Zusammenziehung von Blutgefäßen oder die Kontraktionen des Magens lassen sich ebenfalls durch »interozeptives Konditionieren« steuern. Es handelt sich dabei um eine Methode, die schon oft gleichsam dramatisch, vor allem durch russische Psychophysiologen, dargestellt wurde. In einem Experiment hat man den Versuchspersonen gesagt, daß sich ihr Magen erwärmen würde. Obschon in Wirklichkeit nichts mit ihnen geschah, reagierten sie physisch mit einer Ausdehnung der Magenmuskulatur. Sagte man ihnen, ihr Magen würde gekühlt, reagierten sie entgegengesetzt mit Zusammenziehungen der Magenmuskeln. In anderen Experimenten wurden Menschen trainiert, physisch auf eine bestimmte Folge blauer Lichtblitze zu reagieren. Später übte man dieselbe Reaktion mit einem Muster roter Lichtsignale nur in anderer Reihenfolge ein. Dann zeigte man die Lichter beider Farben in einer Zufallsfolge; das Ergebnis war, daß die Versuchspersonen krank wurden. Manche erbrachen, andere hatten verzerrte Wahrnehmungen oder klagten über Kopfschmerzen. Experimente für andere Funktionen innerer Organe haben ähnliche Ergebnisse gebracht. Die natürlichen Verwandten solcher Laboratoriumsversuche kann man in psychosomatischen Krankheiten sehen oder in den sogar noch stärker verbreiteten Änderungen körperlicher Funktionen, die vom Durchfall bis zum Gähnen reichen und mit einer großen Vielfalt verbaler und anderer Reize verbunden sind. Vieles spricht dafür, daß solche Verfahren auf praktisch jedes Organ und jeden Ausdruck von Gefühlen und Stimmungen angewendet werden können, mit allen therapeutischen Möglichkeiten, die das mit sich bringt. Methoden des klassischen Konditionierens wurden bereits praktisch eingesetzt, so in den Techniken des Gegenkonditionierens, mit denen man Angst und unerwünschte sexuelle Impulse behandelt. Ähnliche Methoden führten bei der Behandlung von Alkoholismus zu unterschiedlichem Erfolg oder werden bereits im Versuchsstadium verwendet, um Rauchen, Rauschgiftsucht und übermäßige Eßlust zu bekämpfen. Es ist durchaus möglich, mit diesen Methoden aggressive oder sonst sozial abweichende Impulse sogar bei Menschen zu hemmen, deren Gewohnheiten sich schon ein Leben lang eingeschliffen hatten.

Neben der Manipulation von Emotionen und Körperfunktionen, ist klassisches Konditionieren mit Hypnose kombiniert worden. Man wollte damit ein dramatisches Wahrnehmungsphänomen erzeugen, das man »konditionierte Halluzination« nennt. Die von Osake Naruse von der Universität Kyoto entwickelte Methode arbeitet wie folgt: Während eine hypnotisierte Versuchsperson einen Schirm beobachtet, läßt der Experimentator eine Glocke erklingen oder einen Lichtblitz aufleuchten. Gleichzeitig projiziert er ein Bild auf den Schirm, das schwach beleuchtet ist. Er gibt der Versuchsperson ein Stück Papier, läßt sie das Bild einige Male zeichnen, suggeriert Amnesie für die ganze Szene und beendet die Hypnose. Später bittet er die wache Versuchsperson, den Schirm zu betrachten, gibt den Glockenton, projiziert nichts und bittet die Versuchsperson, zu zeichnen, was sie »sieht«. Das tut sie mit ziemlicher Sicherheit. Noch gibt es keine Möglichkeiten, dieses Phänomen praktisch anzuwenden, doch wird der mögliche Nutzen unterschiedlicher Techniken erweitert, wenn man sie kombinieren kann.

Auf den ersten Blick ist es nicht erstaunlich, daß Menschen auf Worte emotional reagieren und daß ihr Körper auf Wahrnehmungen antwortet, selbst wenn diese Wahrnehmungen den Vorgängen in der Umwelt nicht genau entsprechen. Beides ist uns aus dem Alltagsleben vertraut. Die eleganteste Demonstration klassischen Konditionierens unwillkürlicher Verhaltensweisen ist tatsächlich die Sauberkeitserziehung, die so oft und regelmäßig gelingt, daß man sich nur dann wundert, wenn das einmal nicht geschieht. Indem es die Prinzipien dieser Reaktionen abgrenzt, leitet das klassische Konditionieren zu einer Technologie über, durch die diese Reaktionen willkürlich produziert werden können, und zwar nicht als zufällige und daher rein persönliche Antworten auf wechselnde individuelle Lebensumstände, sondern als bewußte Produkte einer sozialen Maschinerie.

Die Nazis haben mit ihrem Propagandaapparat genau das getan, zwar in embryonaler Form und vor allem in ihren Jugendgruppen. Genauso die russischen Kommunisten und im Prinzip ebenso alle »wahren Gläubigen«, wie sie Eric Hoffer beschrieben hat, ganz abgesehen von den Methodisten Wesleys, den russischen und chinesischen Gehirnwäschern und den Zeloten der systematischen religiösen und politischen Bekehrung, wie sie in geschichtlichen Darstellungen von William James und George Orwell bis zu Aldous Huxley beschrieben wurden. Die Methode all dieser Bewegungen bestand zuerst einmal darin, die alten Bindungen und Wertsysteme zu zerstören, die bisher das Leben ihrer Opfer bestimmten, was auch bedeutet, ihre persönlichen Wertsysteme zu zerstören. Technisch heißt das, »alte Reflexmuster auslöschen«. Sobald das erreicht ist, kann man versuchen, neue Wertsysteme an ihre Stelle zu setzen oder sich damit zufrieden zu geben, daß die Opfer keine Widerstände mehr leisten. Die frühen Verwalter der Nazi-Konzentrationslager, wie sie Bruno Bettelheim in *The Informed Heart* schildert, und die subtileren Chinesen in ihren koreanischen Gefangenenlagern begnügten sich damit oft. Wenn man jedoch Jugend in Loyalität gegenüber dem Staat Hitlers oder Stalins üben wollte, erforderte das, wie

religiöse Bekehrung oder die Selbstbezichtigung einer Hexe, eine nachfolgende positive Indoktrination. Das ist in religiösen Bekehrungen schon millionenfach geschehen, vor allem in den dionysischen Riten primitiver Stämme und Evangelisten-Sekten. Aber es geschah auch oft genug in Situationen, wo es nicht um Glauben und Einstellungen ging, sondern um Tatsachen und Ereignisse. Keiner weiß, wie viele unschuldige, überführte Hexen oder »gesäuberte« bolschewistische Revisionisten unaussprechliche und unwahre Verbrechen bekannten, und sich dabei noch absolut unschuldig fühlten. Arthur Koestler beschreibt eine solche Persönlichkeit überzeugend in seinem Roman *Sonnenfinsternis*, und *Kampf um die Seele* des britischen Psychiaters William Sargant bietet eine detaillierte Schilderung und eine einleuchtende Erklärung solcher Phänomene mit den Begriffen der Pawlowschen Psychophysiologie, die auf klassischem Konditionieren beruht.
Die Techniken der Zerstörung persönlicher Überzeugungen, sei es in Propagandaschlachten oder um Geständnisse zu erzwingen, sind im Grunde die gleichen wie in jenem Experiment, in dem die Versuchspersonen krank wurden, denn der rasche Wechsel einzelner, bedeutungsvoller Signale macht es zunehmend unmöglich, sinnvoll zu antworten. In der Propaganda beispielsweise argumentierten die Nazis, daß die Juden Kapitalisten und Kommunisten, Demokraten und Tyrannen, Rassisten und Menschenfresser seien, alles in einem, bis die Verwirrung der Botschaften die Bedeutung all dieser Ausdrücke zerstörte, so daß nur ein emotionsbeladener Gedanke übrigblieb: Die Juden sind schlecht. Orwells Großer Bruder zerstört eine sinnvolle Sprache durch Slogans wie »Krieg ist Frieden« und »Wahrheit ist Sklaverei«. Wenn es beabsichtigt ist, tiefgreifendere Ansichten zu zerstören, um z. B. ehrliche aber falsche Geständnisse zu erhalten, wird die rasche, sinnlose Stimulation mit widersprüchlichen Reizen durch Angst und Erschöpfung ergänzt, bis das Opfer bereit ist, seinen Lebenswillen aufzugeben, und den letzten Rest an Willenskraft zu verlieren, um nur endlich dem ständigen Angstzustand zu entfliehen und ruhen oder schlafen zu können. Wenn diese Methode erfolgreich ist, ist das Individuum zu diesem Zeitpunkt höchst suggestibel. Neue Vorstellungen können ihm eingepflanzt werden.
Für dieses Stadium der »Gedankenreform«, wie sie die Chinesen nennen, müssen die Werkzeuge des klassischen Konditionierens

durch die des instrumentellen ergänzt werden, um einen feineren und systematischeren Effekt zu erzielen als es jede Methode für sich könnte. Doch arbeiten die kombinierten Methoden noch lange nicht optimal; denn die »neuen« Gedanken werden von den meisten Leuten nicht angenommen, und der Rest macht nur für begrenzte Zeit davon Gebrauch, wie Studien über amerikanische Kriegsgefangene während des Koreakrieges gezeigt haben. Doch die Methode, Widerstände zu brechen, ist immerhin so brauchbar und erfolgreich, daß sie allen Regierungen, die für ihren ersten Einsatz berüchtigt waren, offensichtlich immer noch als gemeinsames Werkzeug dient.

Die Kombination von klassischem und instrumentellem Konditionieren ist jedoch dort wirkungsvoller, wo es nicht um die Manipulation von Überzeugungen und Einstellungen geht; denn instrumentelles bereichert das klassische Konditionieren um eine Technik, mit der Gewohnheiten und Geschicklichkeiten gelehrt werden können.

Instrumentelles Lernen

Während klassisches Konditionieren das Lernen von Signalen ist, deren gegenseitiger Bezug keine innere Bedeutung hat, so handelt es sich beim instrumentellen Konditionieren um das Lernen von Verknüpfungen, wobei es von Anfang an klar ist, daß einzelne Ereignisse durch gesetzmäßige Beziehungen verbunden sind. Instrumentelles Konditionieren heißt, Verhaltensweisen zu erlernen, die einen Zweck erfüllen, ein Problem lösen, eine Frage beantworten und dem Vermeiden von Unlust oder dem Lustgewinn dienen. In der instrumentellen Lernsituation ist der Anreiz immer ein »Problem«, indem er das Individuum erregt, das dann versucht, die Spannung zu vermindern, sich entweder befriedigt, wenn der Reiz lustvoll ist oder flieht, wenn er schmerzt. Es erprobt gewöhnlich mehrere Reaktionen; die eine, die sich als besonders nützlich herausstellt, um die benötigte Erleichterung zu verschaffen oder, um den Jargon dieses Metiers zu sprechen, die im Hinblick auf die Problemlösung besonders instrumentell ist, wird zum *habit,* zur Gewohnheit. Als Thorndike Straßenkatzen aus Harlem in der Dodge Hall des Columbia Teachers College in Käfige sperrte und so die ersten Lernexperimente mit instrumentellem Konditionieren schuf, wurden die Katzen durch die ungewohnte Gefangenschaft erregt, was sie zu gewaltigen Versuchen anstachelte, aus dem Käfig zu kommen. Wenn eine Katze nun zufällig den Hebel traf, der die Käfigtür öffnete, dann lernte sie auch schrittweise, den Drücker überlegt und wirkungsvoll zu handhaben und ihr Problem auf diese Weise zu lösen. Im Sinne Thorndikes entsteht eine Gewohnheit immer dann, wenn ein Weg zur Lösung eines Problems gefunden wurde, welches das Tier zuerst in Bewegung setzte. In diesem Sinn ist instrumentelles Lernen immer Lernen von Lösungen.

In einem weiteren Sinn ist instrumentelles Konditionieren der Kern selbstgesteuerten Verhaltens, da es das Lernen einer Steuerung vieler verschiedener Reaktionen auf ein Problem einschließt, so daß schließlich die nützlichste gemeistert wird. Das größte Potential des instrumentellen Konditionierens liegt für die Verhaltenssteuerung in den verhaltensformenden oder operant-konditionierenden Techniken, die in Kapitel 3 unter den Handlungstherapien erwähnt werden. Während diese Methoden in einigen Anwendungsbereichen noch ziemlich primitiv sind, so umfassen sie doch bereits allgemein die Grundlagen wissenschaftlichen Unterrichtens und des Lernens von Fertigkeiten. Indem man ausschließlich mit Anreizen arbeitet, die gegeben werden, während das Individuum sich gemäß den Zielen des Steuernden bewegt, kann man praktisch alle Fertigkeiten der Muskeln und sämtliche seelischen Einstellungen lehren, wenn man diese Technik genügend beherrscht. B. F. Skinner glaubt in der Tat, daß ihre Anwendung im guten eine utopische Gesellschaft produktiver, intelligenter und glücklicher Menschen hervorbringen kann. Einige seiner Anhänger sind deshalb gerade dabei, eine lebendige »Walden II«-Gemeinschaft in den Vereinigten Staaten aufzubauen*. In der Praxis wird die Verhaltensformung zunehmend dazu benützt, sowohl hochkomplexe Verhaltensweisen als auch einfache Fertigkeiten für geistig retardierte Kinder oder chronisch Geisteskranke in Heilanstalten einzuüben. Die ersteren schließen die Entwicklung von Lehrmaschinen ein, die auf den Prinzipien des operanten Konditionierens beruhen. Die letzteren werden durch eine Reihe von Methoden durchgeführt, zu denen zum Beispiel die Manipulation mit Ersatzgeld (sog. »chips«) zählt.

* Die Walden Two Society, Box 8971, Washington, D. C. 20003, veröffentlicht Informationen über die Gemeinschaften, die sich heute nach den Plänen von Skinners utopischem Roman entwickelten. (Unter dem Titel »Futurum II« ist Skinners Roman 1970 in deutscher Übersetzung erschienen. A. d.Ü.)

Eine solche Ersatzgeld-Wirtschaft stellt ein Steuerungssystem dar, in dem eine ganze Krankenhausstation wie ein Geschäftsbetrieb geführt wird und die Patienten Spielmünzen als Geld verwenden. Wenn die Patienten aufgenommen werden, können sie einige Münzen gratis erhalten. Von jetzt an müssen sie diese aber als Bezahlung für Hausarbeit oder als Lohn für erwünschtes Verhalten verdienen. Diese Regelung wird zu einem Mittel der Verhaltenssteuerung, weil Menschen dazu neigen, Handlungen, die Belohnungen eintragen, zu wiederholen, unabhängig davon, wie primitiv sie sind. Noch wichtiger ist es, daß der Wert des Ersatzgeldes sich dadurch erhöht, daß man damit sowohl notwendige Dinge als auch Luxusgegenstände bezahlt. Auf einer Station, auf der mit Ersatzgeld gehandelt wird, müssen die Patienten dafür zahlen, daß sie essen, zu Bett gehen, sich duschen, die Toilette benutzen und so weiter, oder sie erhalten, je nach Ziel der Behandlung, »Münzen« als Belohnung. Übung in solchen einfachen sozialen Gewohnheiten kann psychotischen oder zurückgebliebenen Menschen unschätzbare Geschicklichkeiten für das Leben außerhalb der Anstalt lehren.

Die hauptsächlichen Anwendungsschwierigkeiten der operanten Technik liegen darin, daß der Verhaltenstechniker oder -therapeut die Umwelt seines Klienten unbedingt kontrollieren muß, schließlich muß er das Individuum so belohnen, wie er es für nötig hält. Außerdem braucht er geeignete Belohnungen, wenn er steuern will. Hochentwickelte elektronische Ausrüstungen helfen ihm zunehmend, vollständige Steuerung zu gewinnen. Detaillierte Information kann elektronisch aufgezeichnet, in Computer eingespeist und von ihnen in vorprogrammierte Systeme eingesetzt werden, wobei der Computer auch sofort angezeigte Belohnungen verteilt.

Es ist keineswegs nötig, phantastische Apparaturen oder elektronische Techniken einzusetzen, um Methoden der Verhaltensformung effektiv einzusetzen. Sie sind seit urvordenklichen Zeiten für jeden Unterricht, in dem man Geschicklichkeiten lernt, von entscheidender Bedeutung, und sie sind von keinem Maschinenpark abhängig. Die in Kapitel 3 erwähnten Behandlungsverfahren arbeiten im allgemeinen ohne alle maschinellen Hilfsmittel. Mit die wirksamsten Anwendungen derzeitiger Verhaltensformung findet man in den Gruppentherapie-Kursen Willard Mainords von der Louisville-Universität und George Fairweathers von der Veteran's Administration in Paolo Alto. Diese Gruppen sorgen für eine tiefgreifende

Kontrolle der Umwelt, indem sie eigentlich nur Regeln aufstellen, an die sich die Patienten weitgehend halten, ohne daß Fernsehkameras, Computerschaltbretter oder auch nur die Verteilung von Kandiszucker nötig sind. Die Kontrolle der Umwelt und nicht irgendeine Apparatur bewirkt die Verhaltensformung.
Der Wert einer Umweltkontrolle hängt andrerseits von dem Ausmaß ab, in dem Belohnungen gegeben werden können. David Premack von der kalifornischen Universität in Santa Barbara hat gezeigt, daß eine unwahrscheinlich große Zahl von Ereignissen als Belohnung dienen kann. Er steuert deshalb durch eine ebenso große Zahl einzelner Aktivitäten. Er hat Kinder behandelt, die problematische Esser waren, indem er zuerst beobachtete, daß sie es liebten, Dinge zu manipulieren, und ihnen dann sagte, sie dürften das erst nach dem Essen. Umgekehrt verfuhr er mit Kindern, die zwar gerne aßen, aber ihr Spielzeug links liegen ließen. Die Methode unterscheidet sich im Prinzip nicht von der, die unserer Großmutter zusagen würde, nur wird sie weit systematischer angewendet.

Informationsrückkoppelung

Kombiniert man klassische und instrumentelle Lehrmethoden, so vergrößert und verfeinert sich die menschliche Lernfähigkeit drastisch, vor allem wenn man Kenntnis über das eigene Verhalten erlangt. Eine russische Experimentatorin, M. I. Lisina, hat beispielsweise herausgefunden, daß sich Blutgefäße erst dann mit elektrischen Schlägen erweitern oder zusammenziehen ließen, wenn ihre Versuchspersonen die Aufzeichnung ihrer eigenen Gefäßreaktionen beobachten durften. Wenn sie wußten, was die Versuchsleiterin wollte, ließen sie sich sehr schnell konditionieren. Ein anderes russisches Experiment von E. S. Ayrapetyants über Blasenkontrolle ist sogar noch interessanter. Er füllte die Blasen seiner Versuchspersonen mit Flüssigkeit und zeichnete die Blasenausdehnung und andere mit dem Harndrang verbundene Funktionen auf. Dann zeigte er seinen Versuchspersonen, was die Instrumente signalisierten. Als einige dieser Anzeigen einmal gefälscht wurden und zum Beispiel geringe Dehnung anzeigten, während sie tatsächlich beträchtlich war, berichteten die Versuchspersonen, sie würden keinen Harndrang verspüren, und auch ihre übrigen physischen Reaktionen entsprachen dieser Aussage. Läßt man Blutgefäße und Reaktionen des

Magens, die ebenfalls konditioniert werden können, beiseite, so hat Joe Kamiya von der Medizinischen Fakultät der Universität von Kalifornien in San Francisco vor Jahren bewiesen, daß man Menschen lehren kann, einige ihrer eigenen Hirnwellenmuster zu steuern, wenn sie ein Rückkopplungssummen hören, sobald das erwünschte Muster erreicht ist. Manchmal lernen sie auch, ihren subjektiven Bewußtseinszustand mit dem Summen zu verknüpfen: Indem sie diesen Bewußtseinszustand herstellen, können sie auch das entsprechende Gehirnwellenmuster reproduzieren, ob nun der Summer eingeschaltet ist oder nicht.
Es ist bemerkenswert, daß alle hier erwähnten Phänomene körperliche Vorgänge betreffen, die wir gewöhnlich für unwillkürlich halten. In dem Maße, in dem jemand die unwillkürlichen Vorgänge in einer Versuchsperson manipulieren oder ihre Manipulation lehren kann, vermag er sie auch zu steuern. Je präziser diese Manipulationsfähigkeit ist, desto mehr entspricht sie bereits einer Steuerungstechnik. Der philosophische Wert dieser Experimente für die Bedeutung des Willens ist ebenso wichtig wie ihr praktischer Wert im Rahmen einer Steuerungstechnik. Offensichtlich werden einige Körperfunktionen mit der Zunahme der Informationsrückkopplung willkürlich, die der Betreffende von jeder Körperreaktion noch vor seiner nächsten Reaktion erhält. Es scheint, als ob sich willkürliche Steuerung und Wissen auf ein und dasselbe Moment zurückführen ließen.

Die »Hardware« der Informationssteuerung

Mit Konditionierungsmethoden kann man im Prinzip auch ohne maschinelle Hilfsmittel arbeiten, doch erweitert deren Einsatz ihre praktischen Möglichkeiten beträchtlich. Klassisches Konditionieren hat stets auf eine Menge von Laborapparaten zurückgegriffen, vor allem um physische Effekte zu messen. Experten für operantes Konditionieren haben seit langem relativ einfache Maschinen verwendet, z. B. Automaten und Kaugummiverteiler, die Belohnungen auswarfen, sowie eine Reihe geschickt ausgedachter und komplexer Schaltungen, Relais und automatischer Zeitgeber, die sie nach exakten Plänen programmierten und einsetzten, ohne daß eine menschliche Hand nötig gewesen wäre.

Eine Menge weiterer Anstöße der Konditionierungstechnik wird aus anderen Gebieten kommen, vor allem von der Elektronik. Fernsehen, Computer und telemetrische Geräte haben dazu bereits wichtige erste Beiträge geleistet.

Im Patton State Hospital, Kalifornien, verfügt die Station, auf der mit Spielmünzen gearbeitet wird, über einundzwanzig Fernsehkameras, die mit einem Computer-Schaltbrett verbunden sind und von einer Schwester in einem eigenen Raum überwacht werden. Sie zeichnet ihre Fernsehbeobachtungen elektronisch auf, indem sie verschiedene Knöpfe auf dem Schaltbrett drückt. Die Beobachtungen werden an einen zentralen Computer weitergegeben, der die Spielmünzen für jeden beliebigen Akt, den die Schwester belohnen will, verteilt, sie sofort durch einen Wandschlitz ausgibt und eine Stimme einschaltet, die dem Patienten Glück wünscht.

Computer erlauben auch, daß man Methoden der Verhaltensformung für die Programmierung sehr komplizierter Lehrmethoden einsetzt. In der Rainier-Schule im Staat Washington, wo geistig zurückgebliebene Kinder unterrichtet werden, gehen etwa zwei Lehrer im Schulzimmer umher und bedienen eine Art Schreibmaschine, die aufzeichnet, was die einzelnen Kinder an ihren Tischen tun, und es an einen Computer übermittelt. Dieser nimmt die Information sofort auf, vergleicht sie mit dem vorangehenden Verhalten des Kindes und meldet sekundenschnell zurück, was verstärkt werden soll. Diese Apparatur befähigt die Lehrer, viele Aktivitäten einer Anzahl von Kindern gleichzeitig im Auge zu behalten. Da die meisten wichtigen Lebensprozesse, vor allem die zwischenmenschlichen, oft sehr kompliziert sind, muß die Steuerung genügend Spielraum für diese Komplexität lassen, um einen erfolgreichen Unterricht zu ermöglichen. Natürlich gibt es keinen erkennbaren Grund für die Annahme, diese Methode würde es nicht erlauben, auch den Schulunterricht normaler Kinder zu individualisieren.

Es ist auch möglich, die Fernsehbeobachtung durch Telemetrie zu ersetzen und in den Übungsprogrammen neben Belohnungen auch Strafen zu verwenden. Telemetrische Ausrüstung erlaubt es, daß physiologische Meßwerte durch Radiosignale übertragen werden. Computer können die Information aufnehmen und auf sie reagieren, wie sie auf Knopfdruck reagieren würden. Änderungen im Blutdruck und in der Herzschlagfrequenz, die aus einer emotionalen Erregung herrühren, können einem Computer auf elektrischem Weg signalisieren, daß er einen Apparat in Gang setzt, der belohnt, bestraft oder sonstwie auf den inneren Zustand des Betroffenen reagiert. Mit diesen Geräten ist es möglich, in der Alltagssituation selbst zu konditionieren, ohne jemanden an Drähte zu hängen, ihn festzubinden oder auf andere Weise einzuschränken. Die Steuerung durch direkte Gehirnreizung arbeitet mit ähnlichen Vorrichtungen, aber die automatische Telemetrie operiert auf einem anderen physiologischen Niveau und ohne in den Organismus einzugreifen. Ihre Effekte sind auch weniger präzis und verläßlich. Wenn sich elektronische Kommunikations- und Programmiersysteme weiterentwikkeln, wird sich auf diesem Weg auch das Konditionieren zunehmend verfeinern.

Die dritte Generation: Elektronische Informationssteuerung

Viele andere sich rasch entfaltende elektronische Technologien tragen ebenfalls zur Informationssteuerung bei. Wenigstens zwei wichtige Gruppen müssen hier erwähnt werden. Es handelt sich um die Steuerung durch informierende Kommunikation und die Steuerung durch Beschaffung von Information. Die erste wird durch Computer-Therapie repräsentiert, die zweite durch diagnostische Apparate, Datenbanken und Minispione.
Der Gedanke, einen Computer als Psychotherapeuten einzusetzen, entspringt der praktischen Lage, nämlich dem entsetzlichen Mangel an Psychotherapeuten, vor allem dort, wo sie besonders gebraucht würden: in Nervenkrankenhäusern und Gefängnissen. Computerpsychotherapie gründet sich darauf, daß es theoretisch nur eine begrenzte Zahl verbaler Antworten auf einen verbalen Reiz gibt und eine noch kleinere Zahl von Antworten, die als therapeutisch gelten können. Wenn es für eine Maschine möglich wäre, anstelle des Therapeuten zu handeln, indem sie diese Antworten gäbe, könnte man eine erhebliche Menge menschlicher Arbeitskraft einsparen und den therapeutischen Nutzen enorm steigern. In welchem Ausmaß auch immer therapeutische Effekte eine Funktion der Gedanken (das heißt auch der Sprache) des Therapeuten sind, allemal könnte ein Computer programmiert werden, um sie nicht weniger gut zu erledigen, als es ein menschliches Wesen tut.

Der logische Sprung vom mechanischen Sprechen mancher Gelehrter zum versuchsweisen Bau therapeutischer Maschinen, ist nicht allzu groß. Das Neuartige und Wichtige am Computereinsatz ist aber ihr möglicher Nutzen für die Einsichttherapie. Experimente in dieser Richtung werden zur Zeit in einigen Universitäten durchgeführt, sowohl in Computerzentren wie in Beratungsstellen. Computer wurden programmiert, die gleichen Entscheidungen wie Schulpsychologen zu treffen, das Verhalten von Psychiatern in Interview-Situationen nachzuahmen und in einem Fall tatsächlich einige vierzig Kinder einer neunten Klasse zu »beraten« (was mit rund 75 Prozent der Anweisungen ihrer menschlichen Berater übereinstimmte). Kenneth Colby, ein Psychoanalytiker am Computerzentrum der Stanford-Universität, hat einige Jahre an der Entwicklung eines »therapeutischen Dialogs von Mensch und Computer« gearbeitet, wobei er frühere Versuche von Joseph Weizenbaum am Massachusetts Institute of Technology aufgriff. Gegenwärtig ist seiner Arbeit alles andere als ein völliger Erfolg beschieden. Er berichtet beispielsweise, daß die Menschen, die (per Fernschreiber) mit ihm »gesprochen« haben, durch den Computer frustriert wurden, obwohl er sie persönlich ansprach, um eine Beziehung zu erleichtern. Sie halten die Maschine für stupide, teilweise deshalb, weil sie keine therapeutischen Deutungen geben, sondern nur Fragen stellen und einfache Feststellungen treffen kann. Früher oder später wird es aber doch vielleicht einmal der Fall sein, daß Patienten mit einem »klugen«, »fürsorglichen« Computer warmwerden.

Computertherapie befindet sich noch im Keimzustand, doch ist es sicher nur eine Frage der Zeit, bis Computer mit sehr ausgearbeiteter Sprachfähigkeit begabt werden können. Zu diesem Zeitpunkt werden viele Leute zwanghaft — und voreilig — in den schon klassischen Horror vor der Technik verfallen, wobei sie argumentieren, es sei unmoralisch, eine Maschine menschliche Arbeit verrichten zu lassen, vor allem in diesem Bereich, wo mit der Arbeit eine intime zwischenmenschliche Begegnung verbunden ist. Angesichts der Aufgaben, für die der therapeutische Computer ursprünglich entwickelt wurde, ist diese Kritik jedoch unberechtigt. Man wählt ja zwischen einem »künstlichen« und gar keinem Therapeuten, nicht zwischen zwei verschiedenen Arten von Therapeuten. Wenn sich andererseits die Computertherapie in den hinteren Stationen der Heilanstalten als nützlich erweist, wo sie sehr gerechtfertigt und dringend nötig ist, wird es nur eine Frage der Zeit sein, daß sie auch auf neue Situationen angewendet wird. Diesen Weg nimmt der technische Fortschritt stets, denn »Erfindung ist die Mutter des Bedürfnisses«, wie Muller sagt. Und wenn das geschieht und funktionsfähige therapeutische Automaten verfügbar *sind,* dann werden sich die entstehenden Probleme nicht nur auf die technisch bedingte Arbeitslosigkeit menschlicher Psychotherapeuten beziehen, sondern auch auf die Funktion und den Wert zwischenmenschlicher Beziehung für die Durchführung einer Einsichttherapie schlechthin. Die Antwort auf diese Situation ist heute kontrovers, aber das Problem ist bereits deutlich geworden.

Die elektronischen Diagnose-Maschinen sind weiter fortgeschritten als die für Therapie, teilweise, weil die ihnen gesetzten Aufgaben weit einfacher sind. Sie scheinen auch der Öffentlichkeit weniger bedrohlich, weil wir uns rasch an die automatisierten Diagnosehilfen in der Medizin gewöhnen. Doch auch so sind sich die meisten Menschen nicht bewußt, daß es heute bereits Maschinen gibt, die viele jener Tests durchführen, für deren persönliche Anwendung noch heute klinische Psychologen ausgebildet werden. Ein Beispiel ist TAPAC (Totally Automated Psychological Assessment Console, Vollautomatisierte psychologische Testanlage), die Allan Edwards in seinen Laboratorien am Wadsworth Veterans Hospital in Los Angeles erfunden hat und die in allen Bundeskrankenhäusern angewendet wird. Noch wichtiger ist aber die Tatsache: Sogar die Wissenschaftler, die sie bedienen, merken gewöhnlicht nicht, daß die Maschinen, die sie entwickeln und verfeinern, um mehr über menschliches Verhalten zu erfahren, in dem Moment zur Steuerung verwendet werden können, in dem jemand daran denkt. Der polygraphische Apparat, mit dem der experimentelle Psychophysiologe Hautwiderstand, Herzschläge und Temperatur mißt, ist der gleiche Lügendetektor, den der Polizeibeamte zur Befragung Verdächtiger einsetzt. Trotz der Trivialität des Sprichworts »Wissen ist Macht« denkt man gewöhnlich solange nicht an die Möglichkeiten der Verhaltenssteuerung — die einfach daraus resultieren, daß einem Informationen über einen Menschen zugänglich werden —, bis diese Informationen auf dramatische und erschreckende Weise gewonnen werden. Gerade dies hat jetzt moderne Elektronik zustande gebracht.

Der anhaltende Fortschritt in der Entwicklung elektronischer Spionage- und Abhörgeräte, die selbst bei Nacht außer Hörweite und auf weite Entfernung noch etwas wahrnehmen, hat in den letzten Jahren die Frage des Rechts auf eine Intimsphäre mehr und mehr ins Licht öffentlicher Aufmerksamkeit gerückt. Es kann nur noch aktueller werden, denn Minispione werden immer billiger und effektiver. Wenn man persönliche Informationen über jemanden bekommen kann, so werden die Möglichkeiten zu seiner Steuerung enorm erweitert. Das trifft besonders zu, wenn die Information heimlich oder gegen seinen Willen gewonnen wird. Das kann aber auch der Fall sein, wenn die Information offen und mit seinem Einverständnis gesucht wird, ja manchmal sogar, wenn sie ganz unpersönlich ist oder gar nicht wirklich gesammelt wurde.

Die Beziehung zwischen Wissen und Macht war ein wichtiges, ungelöstes theologisches Problem, schon lange bevor der Oberste Gerichtshof der Vereinigten Staaten sich für Beweismaterial interessierte, das durch das Anzapfen von Leitungen gewonnen worden war, oder der amerikanische Kongreß seine Aufmerksamkeit den bedenklichen Möglichkeiten einer nationalen »Datenbank« widmete. Für Kleriker war damit die Beziehung zwischen göttlicher Allwissenheit und menschlicher Freiheit angesprochen: Konnte Gott im voraus wissen, wie alles ausgehen würde, ohne es dann genauso geschehen zu lassen?

Als praktisches Problem tauchte diese Frage nicht erst auf, seit man Telefone anzapft oder seit es Privatdetektive gibt, und in jedem Fall ist es nicht mehr lediglich eine Frage des Rechts auf eine Intimsphäre. Es geht um das Recht auf Anonymität. In einer Hinsicht steht dieses Problem, mehr als jedes andere, im Zentrum der Beziehung zwischen dem einzelnen und der technischen Zivilisation. Es beginnt bereits damit, daß Geburt, Heirat, Tod und Staatsbürgerschaft öffentlich registriert werden. Alles was folgt, ist nur noch eine Ausweitung. Die meisten Menschen haben nichts gegen solche öffentlichen Aufzeichnungen einzuwenden, und tatsächlich wären die meisten Formen der Sozialhilfe durch die Regierungen ohne sie unmöglich. Selbst so sind die öffentlichen Aufzeichnungen eine unmittelbare Quelle der Steuerung. Wenn der Staat nur von dir weiß, daß du geboren bist und ein bestimmtes Geschlecht hast, kann er dich einziehen, besteuern oder in die Schule schicken. Wenn er dein Gesicht kennt, zum Beispiel das Photo des Führerscheins, des Personalausweises oder auch nur das jährliche Klassenphoto, kann er dich suchen lassen, ganz zu schweigen von den feineren Kennzeichen der Fingerabdrücke oder der Unterschrift. Und wenn deine Adresse an einem Dutzend Stellen durch ein Dutzend Computer registriert ist, wie es im Zeitalter der Schnellrechner und weit verbreiteter Kredite der Fall ist, dann kann er dich per Eilboten finden. In dem Massaker der Juden in Europa, das die Nazis anrichteten, ging es den unglücklichen holländischen Juden weit schlechter als den französischen, obwohl die Bevölkerung sich mehr bemühte, sie zu verstecken und zu retten. Die Holländer führten ausgezeichnete standesamtliche Register, welche die Nazis vereinnahmten, während gallische Unfähigkeit zu genauen Aufzeichnungen vielen das Leben rettete, indem sie den Betroffenen die Chance verschaffte, nicht als Jude identifiziert zu werden oder sich zu verstecken, ehe man sie deportierte.

So viel ist über die Nachteile sozialer Anonymität, vor allem in den modernen Riesenstädten geschrieben worden, daß wir nur zu leicht die Zwänge vergessen, die uns persönliche Bekanntheit auferlegt. Dorfkulturen leiden nicht so sehr unter Gesetzlosigkeit, sondern eher unter dem Druck, die Dorfnormen zu erfüllen. Wenn jedermann weiß, wer man ist und was man tut, kann man nicht weit von den allgemeinen Erwartungen abweichen, ohne seinen Ruf aufs Spiel zu setzen oder Schlimmeres zu riskieren. Die meisten Provinzler schrecken vor solchen Gefahren zurück und sind deshalb dazu verdammt, gute Bekannte zu sein.

Die Angst bloßgestellt zu werden, läßt elektronische Minispione zu mächtigen Mitteln negativer Steuerung werden, selbst wenn durch sie gar keine Information gesammelt wird. Um das Opfer zu zwingen, jeden Anschein einer Abweichung zu vermeiden, genügt sein Wissen, ja sein Verdacht, daß er durch Minispione überwacht und sein Telephon abgehört wird. Das wachsame Auge von Orwells großem Bruder kann heute nahezu überall plaziert werden, um mehr Informationen und sehr viel wirksamer zu erhalten, als es sich Orwell jemals träumen ließ.

Die Tatache, daß sie vorwiegend als negative Verhaltenssteuerung arbeiten, trägt wesentlich zu den Widerständen gegen eine Steuerung durch Minispione bei. Ihre steuernden Eigenschaften resultieren eher aus der menschlichen Angst, kompromittierende Informationen preiszugeben, als aus irgendeinem positiven Gehalt, den sie mit sich brächten. Mit anderen Worten: Die Macht der Minispione

liegt, sobald ihre Gegenwart vermutet wird, nur in ihrem rohen Zwangspotential. Keine elektronische Verfeinerung wird an dieser Tatsache etwas ändern, so daß letzten Endes die Menschen durchaus fähig sind, dieser Kontrolle zu widerstehen, sobald sie einen entsprechenden Verdacht geschöpft haben, ohne daß sie mehr Übung oder mehr Mittel brauchen als sie schon immer hatten, um sich gegen solche Verletzungen ihres Privatlebens zu wehren. Das macht elektronische Minispione nicht weniger bedenklich, sondern nur weniger wirksam. Ihre grundsätzlich durchschaubaren Absichten machen sie in Wirklichkeit weniger heimtückisch als sie erscheinen.
Minispione sind hier ausführlicher betrachtet worden als Datenbanken, weil sie für individuellen Gebrauch, also mehr für ausgewählte Mitglieder der Gesellschaft als für Massen geplant sind. Es wäre ein schwerer Fehler, die Macht von Datenbanken in diesem Zusammenhang zu unterschätzen. Jeder, dem in einem Kaufhaus der Kredit verweigert wurde, weil ein Computer den verjährten Zank mit einem Schneider am anderen Ende des Kontinents gespeichert hat oder die Kreditbank einen Kommafehler machte, kann den Effekt von Datenbanken auf das Alltagsleben bezeugen. Sie sind ganz einfach elektronische Ausweitungen standesamtlicher Register, mit den gleichen positiven und negativen Aspekten, sie arbeiten jedoch mit weit größerer Geschwindigkeit.

Ein Überblick über die Informationssteuerung

Die Informationssteuerung ist mehr und mehr verfeinert worden, seit zunehmend wirkungsvollere Mittel entwickelt wurden, um innere Verhaltensabläufe wie Sprache, Denken, Imagination und Gefühl zu beeinflussen. Die wichtigsten Mittel individueller Steuerung durch Informationen bleiben wie eh und je verbal. Prototyp einer Technik verbaler Steuerung ist die Psychotherapie, vielleicht sogar die Verkaufskunst. Einsichttherapie verläßt sich dabei stärker auf verbale Kommunikation zwischen dem Steuernden und seinem Objekt (Therapeut und Patient) als die Handlungstherapie. Die letztere benützt die spezielle Kommunikation und den Einfluß, der durch Hypnose und Konditionieren ermöglicht wird, um die Phantasie und die Gefühle einer Person einzusetzen. Das Ziel ist, neue Verhaltensweisen zu lehren und alte zu eliminieren.

Sowohl beim klassischen Konditionieren wie auch bei der Hypnose wird dadurch gesteuert, daß man einen bestimmten Bewußtseinszustand in den Griff bekommt und von ihm aus manipuliert. Die Wirksamkeit hypnotischer Manipulation ist jedoch durch schlecht bestimmbare Faktoren, wie die subjektive Empfänglichkeit und das technische Können des Hypnotiseurs, begrenzt, ferner durch den Umstand, daß die Dauer dieser Effekte schwer voraussagbar ist. Die Wirkungen des Konditionierens sind zwar sehr verschiedenartig, aber ebenfalls für viele wichtige Zwecke zu begrenzt oder zu kurzlebig. Die nächste Generation einer Steuerungstechnik, die diesen Methoden verpflichtet ist, das heißt der nächste Fortschritt in der Steuerung innerer Vorgänge, ist die unmittelbare Einwirkung elektrischer oder chemischer Reizung auf *die* Gehirnzentren, die spezifisches Verhalten steuern.

Die operante Technik verzichtet im Gegensatz zum klassischen Konditionieren auf direkte physikalische Eingriffe in körperliche Vorgänge. Sie hat unmittelbar nichts mit Körper oder Seele zu tun; es hängt von den inneren Antrieben des einzelnen ab, ihn in die erwünschte Richtung zu dirigieren, so daß die Manipulation der Umgebung sein Verhalten wie geplant lenken kann. Operante Methoden gelangen zu eleganten Lehrmaschinen und elegant kontrollierten Umwelten, nicht zu Radioimpulsen und Gehirnchirurgie. Sie sind eine vergleichsweise wenig zwangausübende Steuerungsmethode, obschon sie gerade durch ihren Bezug auf die bewußte Suche des einzelnen nach positiven Verstärkern verführerisch sein können. Sie arbeiten außerdem recht langsam, können aber, wenn sie überhaupt wirksam werden, zu den wichtigsten Arten der Informationssteuerung zählen. Wie eine Diät ohne Pillen, schlagen sie entweder gut an oder gar nicht.

Alle Methoden der Informationssteuerungen setzen zunehmend Kommunikationsapparate ein, doch ergänzen hier Entwicklungen eher vorhandene Methoden, als daß sie selbst neue, unabhängige Steuerungstechniken verkörpern. Am weitesten fortgeschritten sind Computertherapie, Datenbänke und elektronische Minispione. Für Leute, die die eine Technik vor allem als Arsenal von Apparaturen auffassen, stellen sie die beste Art der Informationssteuerung dar. Sie beinhalten aber keine neuen Prinzipien der Informationssteuerung, und die Probleme, die aus ihrer Verbreitung entstehen, sind für die moderne Gesellschaft nicht neu. In der Evolution der Steuerungstechnik, die hier um ihrer selbst willen und als Vorläufer der Zwangssteuerung betrachtet werden soll, liegt eine bezeichnende Ironie: Einsichttherapie preist Selbsterkenntnis und verabscheut Manipulation. Doch gerade ihr Nachdruck auf Motivationen und auf die höheren Gehirnvorgänge als Wege, diese Motivationen zu entdecken, bahnt die Steuerungsmethoden an, die am meisten geeignet scheinen, das Selbstbewußtsein zu zerstören: Chirurgie, Radio, Chemie, die unmittelbar auf das Gehirn einwirken und Motive in den Griff bekommen. Denn das Gehirn ist immer die eigentliche Wurzel der Motive, auch wenn man manchmal einen langen Umweg durch ein verwickeltes Netz von Nerven und Drüsen, von Gedanken und Gefühlen zurücklegen muß, um zu ihm vorzustoßen. Und die Handlungstherapie, die so apodiktisch dem inneren Ich abschwört, stellt in ihrer wirkungsvollsten, nämlich der operanten Technik, den Grundsatz auf, Seele und Geist vollkommen unbehelligt zu lassen, damit sie sich soweit verwirklichen können, wie es ihr Wesen nur erlaubt, während alle Umweltreize verändert werden müssen. Trotz vieler Unterschiede ist den Techniken der Informationssteuerung doch gemeinsam, daß sie den Betroffenen nicht zum Gehorsam zwingen, sondern daß ihm ein bestimmter Spielraum für seine Wahl bleibt. Wenn der Steuernde ein bestimmtes der ihm zur Verfügung stehenden Mittel auswählt, so zeigt das jeweils, welches Risiko er einzugehen bereit ist oder ob er Fehlschläge einkalkuliert. Je kleiner das Risiko ist, das er auf sich nehmen will, desto mehr werden seine Techniken durch Zwang bestimmt sein, desto weniger wird er sich auf die unverfälschte, vernünftige Vermittlung von Information verlassen, um seine Ziele zu erreichen.

Selbst dann gibt es eine klare Grenze, an der der zwingende Charakter jeder Informationsmethode aufhört. Um Verhaltensweisen zu ändern, greift sie absichtlich nicht in die physische Struktur des Körpers ein. Messer, Pillen und Injektionen können ihren Effekten nicht zugrunde liegen, wenn sie sie auch manchmal unterstützen mögen. Einsatz solcher Instrumente verkörpert eine andere Dimension der Steuerung. Bei der Informationssteuerung werden die Mittel der Reizübertragung auf die eine oder andere Weise variiert, um den Organismus wirksamer zu stimulieren. Bei der Zwangssteuerung hingegen manipuliert man die physische Struktur des Organismus, so daß er gegenüber den stimulierenden Botschaften empfänglicher wird.

Den meisten Menschen erscheint eine solche Strukturveränderung erschreckender als die Manipulation von Informationen, da sie dauerhafter und zerstörerischer verändert, was wir oft vage für unser Wesen halten. Gleichgültig, wie eindringlich Zeichen und Töne in unser Bewußtsein eindringen und es verändern, wie vollständig unsere Privatsphäre ausgelöscht wird, wir neigen noch dazu, uns irgendwie als unverletzlich anzusehen. Denn Information kann erlaubt oder verboten, angenommen oder beiseite geschoben werden, ganz wie wir wünschen, und wir bleiben immer wir selbst.
Wir denken, daß unsere Sinne uns dienen und nicht wir ihnen, daß unsere Körper für unseren Willen sorgen und ihn beherbergen, und daß unsere Glieder und die Körperteile, die wir für Diener unseres Willens und unserer Gedanken halten, unsere letzten Verbündeten sein werden, wenn uns alle übrigen verlassen. Aufgrund dieser Auffassung liegt der letzte Verrat am Ich nicht in dem Sieg über Gliedmaßen oder andere Körperteile, deren Verlust der Schmerz signalisiert und unser inneres Ich betrauert.
Das innere Ich, glauben wir, bleibt intakt. Der Verrat liegt eher in der schrittweisen und kaum merklichen Umpolung der Willensmaschinerie selbst, die willkürlich – aber nach dem Willen eines anderen – Feindschaft in Friedfertigkeit, Widerstand in Gefügigkeit verwandelt und alle unsere Gefühle pervertieren kann. Das ist dann echter Zwang, auf den sich die Verhaltenstechnologie in nächster Zeit ausdehnen wird. Wir werden ihn als nächstes betrachten, um seine Versprechungen und seine Bedrohung zu erkennen.

5

Zwangssteuerung: Drohung, Drogen, Chirurgie

Bedenkt man, seit wie langer Zeit Menschen zur gegenseitigen Steuerung Gewalt anwenden, so ist es bemerkenswert, daß sie so wenige Techniken dafür fanden. Durch die ganze Geschichte hindurch ist Zwang vor allem durch Strafe ausgeübt worden, die hauptsächlich mit Schmerz und Angst vor ihren Folgen operiert. Die Technologie des Zwangs bestand in nichts anderem als in einem Katalog der vielen Möglichkeiten, mit denen Schmerz zugefügt und die Angst vor Schmerz erregt werden kann. Gesetze und Ethik der Zwangssteuerung beschränken sich auf Erörterungen über den Wert der Strafe und ihre Anwendungstaktik. Bis zum heutigen Tag werden unsere Ansichten über die Maschinerie und Moral der Gewalt so sehr von ihrer Verbindung mit den Instrumenten und rationalen Begründungen der Strafe bestimmt, daß es vielen von uns schwer fällt, an eine Steuerung zu denken, die zwar auf gewaltsamem Weg, aber mit sehr viel feineren Begriffen arbeitet. Es empfiehlt sich jedoch, darüber nachzudenken, da die Methoden der Zwangssteuerung, die heute entstehen und morgen schon die herrschenden Mittel individuell ausgeübten Zwangs in zivilisierten Staaten sein können, ein konventionelles Verstehen des Zwangs überholt erscheinen lassen. In der Zwangstechnologie der Zukunft werden zivilisierte Staaten immer weniger Strafe und Schmerz anwenden. Die neue Technik wird deren Wirkungslosigkeit und Brutalität bloßstellen, und ihre neuen Ansätze werden sich den Mitleids- und den praktischen Motiven der Menschen angleichen, bis traditionelle Gewalt von allen als töricht und unnötig angesehen wird. Diese Entwicklung soll dieses Kapitel vor allem diskutieren.

Die Naturgeschichte der Strafe

Es gibt zwei grundlegende Wege, jemand zu bestrafen: Durch Frustration, wobei er beraubt, und durch Schmerz, wobei er verletzt wird. Die vielfältige Anwendung beider Methoden summiert sich zu einer ausgefeilten eigenständigen Technologie, die in geschichtlicher Zeit einen großen Teil des Verwaltungsapparats der meisten Gesellschaften beanspruchte. Dennoch ist Bestrafung ihrem Wesen nach eine primitive und wenig wirksame Methode der Verhaltenssteuerung, hauptsächlich weil man jemanden erst dann bestrafen kann, wenn er bereits etwas verbrochen hat. Im Idealfall sollte Steuerung gerade das verhindern. So kann eine Frustrationsstrafe wie Gefängnis oder Zwangsarbeit kaum mehr zur Steuerung eines Menschen beitragen, als eine Wiederholung von neuen Missetaten verhindern — und nicht einmal das ist sicher. Schmerz kann man verwenden, um Informationen oder Schuldbekenntnisse zu erpressen, aber er ist kaum zu etwas anderem zu gebrauchen.

Beide Arten von Strafe — Frustration und Schmerz — können jedoch benützt werden, Menschen zu erschrecken, die nichts Übles getan haben. Und gerade diese indirekte Steuerung durch *Furcht* vor Strafe, nämlich beraubt oder verletzt zu werden, war *die* klassische Zwangsmethode.

Furcht stellt ein weit wirksameres Steuerungsmittel als Strafe dar, denn es gibt gegenüber dem Schmerz weit weniger offensichtliche, praktische oder moralische Einwände, Furcht schier unbegrenzt einzusetzen. Furcht ist flexibler und scheint weniger gefährlich; es gibt weit mehr Möglichkeiten, einen Menschen zu erschrecken als ihm weh zu tun; es besteht weniger Gefahr, Sympathien für das Opfer von Furcht als für das von Schmerz zu erwecken; und Furcht kann weit länger anhalten als Schmerz. Allerdings hängt die Macht der Furcht letzten Endes von der Erfahrung und Sensibilität der Menschen für Schmerz ab, und die Biologie des Schmerzes ist so eigentümlich, voller offenkundiger Widersprüche und so wenig bekannt, daß Steuerung durch Schmerz nicht verläßlich ist.

Die Fähigkeit, Schmerz zuzufügen, ist nicht allein Sache des Strafenden; es ist möglich, der Schmerzempfindung ebensogut zu widerstehen wie sie zu verbergen, Foltern zu ertragen und Kerkerhaft zu überleben, Erleichterung in Bewußtlosigkeit zu finden oder schließlich zu sterben, ohne den Folterknechten zu gehorchen. Selbst wenn ein bestimmtes Individuum nicht fähig sein mag, der brutalen Gewalt des Schmerzes Widerstand zu leisten, so gilt doch für die Theorie wie für die menschliche Erfahrung, daß manche Menschen allen Graden physischer Marter widerstehen können. Etwas Entscheidungsfreiheit bleibt auch dem Opfer der Folter.

Furcht erzeugt keineswegs soviel Widerstand wie Schmerz, da sie vor dem Schmerz eintritt. Sie wird durch Drohungen erregt, die ja ausschließlich auf die Phantasie wirken, so daß das Ziel des inneren Widerstands sehr viel mehr variiert, weniger greifbar und schlechter kontrollierbar ist als der Schmerz. Die Vielzahl furchterregender Möglichkeiten umfaßt nicht nur die Drohung mit jeder Art physischer Folter, sondern auch bedrückende seelische Qualen wie Gram und Scham, mit ihren zahllosen Abwandlungen von Sorge, sozialer Verachtung, Erniedrigung und Einsamkeit. Furcht beeinträchtigt Zukunftserwartungen, und Menschen beurteilen ihre Aussichten im Guten wie im Bösen zugleich unbestimmter und intensiver, als sie sich an die Vergangenheit erinnern. Quälende Unsicherheit ist es, die uns angesichts von Drohungen hilflos macht.

Bei seelischer Bedrohung wird die Qual des Opfers dadurch vermehrt, daß es hier keine Aussicht hat, durch Tod oder Ohnmacht zu entrinnen. Ein Teil des Schreckens für die Eltern eines entführten Kindes liegt z. B. darin, daß sie seinen Mord überleben werden und sich ihre gegenwärtige Qual endlos wiederholt. Das Opfer einer Erpressung wird nicht nur dadurch gemartert, daß es bloßgestellt wird, sondern auch durch die Furcht, daß die zu erwartende öffentliche Erniedrigung überhaupt nicht mehr aufhört. Seelische Bedrohung ist besonders zerstörerisch, weil sie anhält und endlosen Schmerz verspricht.

Die Macht physischer Bedrohungen stammt wahrscheinlich aus dem Gefühl, sie hielten lange an oder seien irreversibel. Die meisten Menschen haben körperlichen Schmerz nur als einen rasch vorübergehenden Zustand kennengelernt und können sich kaum vorstellen, wie der Schmerz ist, der über längere Zeit andauert. Höchstwahrscheinlich wird die Furcht vor körperlichem Schmerz gerade dann besonders gesteigert, wenn sie das menschliche Bewußtsein in Todesangst versetzt, die hauptsächlich deshalb erschreckend scheint, weil der Tod für dauernd und endgültig gehalten wird, nicht weil er physisch schmerzlich ist.

Die Betrachtung des Todes erschreckt viele Leute, weil er ihr Ich oder Selbst zu zerstören droht, das heißt, ihre Existenz ein für allemal und nicht nur zeitweise wie der Schlaf beendet. Ähnlich fürchten wir eine Drohung um so eher, je mehr sie geeignet ist, unser Ich für immer zu verändern. Aus diesem Grund ist es weit unangenehmer, an unerwünschte Veränderungen unseres Körpers zu denken, als an andere, viel schmerzlichere Dinge. Es heißt etwa, daß Kriminelle, die eines Sexualdelikts überführt wurden, unbedingt lange Gefängnisstrafen der Sterilisation vorziehen, wenn man ihnen die Wahl läßt, obwohl die Sterilisation schmerzlos ist und das Sexualverhalten nicht beeinflußt. Und es ist auch gut bekannt, daß viele Männer, die keine Kinder mehr wollen, eine freiwillige Sterilisation ablehnen und sich lieber weit weniger bequemen Methoden der Kontrazeption unterziehen als die endgültige Methode zu wählen, die der Arzt in der Hand hat. Gerade dieser endgültige Charakter der Sterilisation macht sie für solche Männer unannehmbar, ebenso wie viele Frauen deprimiert sind, daß die Menopause ihre Fähigkeit, Mutter zu werden, beendet, auch wenn sie gar keine Kinder wünschen. Den meisten erscheint das ihnen bekannte Ich besonders konstant, und es wird von ihnen besonders gehätschelt, trotz aller seiner Fehler, und es ist tief in die vertraute Umwelt unseres eigenen Körpers eingebettet. Was auch immer dazu beiträgt, die Struktur unseres Körpers zu verändern, vor allem was ihre vertrauten und wichtigen Aspekte angeht, bedroht auch unser Ich. Wie einerseits die drohende strukturelle Veränderung des Körpers in Schrecken versetzt, so scheint andererseits manchen Menschen das Versprechen ersehnter körperlicher Veränderungen übermäßig verheißungsvoll. Wenn sich solche Menschen einer kosmetischen Operation unterziehen, sind sie nachher oft bitter enttäuscht, daß die verbesserte Form ihrer Nase oder das verhinderte Absacken ihrer Wangen weder ihre Fähigkeit verbessert hat, mit ihren Problemen fertig zu werden, noch ihre Beziehung zu anderen Menschen änderte. Ein derart großer Teil ihrer Selbstwahrnehmung wird durch ihr Körperbild bestimmt, daß sie der Idee zum Opfer fallen, Schönheitschirurgie des einen würde auch den anderen Teil heilen.

Die soziale Hochschätzung von Schmerz und Drohung als geeignete Zwangsmittel hat stets viel von ihrer ethischen Begründung aus dem verbreiteten, möglicherweise universalen Glauben an die Wirksamkeit von Schmerzen als Erziehungs- und Heilmittel gewonnen, die den gleichen Effekt wie Strafen haben. Religiöse, Erziehungs- und medizinische Institutionen haben diese Überzeugung sowohl in primitiven wie in hochzivilisierten Gesellschaften übernommen, wobei sich nur ihre Begründungen dafür unterscheiden, Schmerz zu verursachen. Jeder scheint eine Rechtfertigung zu brauchen, daß er andere verletzt. Sie macht sein Tun irgendwie unpersönlich und lustlos, da er ja höheren Dingen dient — Gott, der Gesellschaft, ja dem Opfer selbst. Primitivere Normen befürworten Schmerz als geeignete Strafe für Sünden, wodurch strafende soziale Steuerungen und manchmal ein peinlich genauer Gott gerechtfertigt werden, der eine ausgeglichene und gesetzestreue Welt in Gang hält, in der Widersetzlichkeit Leiden erfordert.

Der höher entwickelte Lehrcharakter des Schmerzes tritt in dem Argument auf, daß Steuerungen durch Strafe Werkzeuge der Übung und Neugestaltung sind, da das Lernen von Vermeidungsverhalten aus schmerzlichen Erfahrungen entsteht. (Der Stanford-Binet-Intelligenztest enthält eine Frage, die lautet: »›Du wirst gehängt werden‹, sagte der Richter zum Gefangenen, ›und laß es dir eine Lehre sein.‹« Fünfundsiebzig Prozent der amerikanischen Kinder im Alter von zehn Jahren sind fähig, richtig zu erklären, was an dieser Aussage falsch ist.) Was noch mehr bedeutet: Die Fähigkeit, Schmerzen zu widerstehen, hat lange als Maß der Selbstkontrolle, Männlichkeit oder des persönlichen Wertes gegolten. Menschen haben lange Zeit Lektionen im Ertragen von Schmerzen erhalten. Die Techniken gleichen sich auf der ganzen Welt, von den Nagelbrettern der Fakire Indiens, den Verstümmlungshütten Afrikas und der Pazifischen Inseln bis zu den einsamen Orten, wo die amerikanischen Prärieindianer ihre Körper durch Hunger und Obdachlosigkeit folterten.

Von der strafenden zur Lehrbedeutung des Schmerzes ist es nur ein kleiner logischer Schritt. Beide Perspektiven werden durch den Glauben aufrechterhalten, daß Schmerz eine auslöschende Funktion hat — Qual und Leid reinigen das Individuum von Sünde und versetzen es wieder in den Stand der Unschuld. Die zugrunde liegende Ansicht war, daß es zunächst unschuldig war, daß es seine Erlebnisse oder Taten befleckten, und daß zugefügter Schmerz Schuld büßt, seinen verwundeten Charakter sterilisiert, es desinfiziert und sein moralisches Rückgrat stärkt. Diese »Waschmitteltheorie« des Schmerzes ist in der westlichen Gesellschaft, wenn nicht sogar überall, noch recht populär. Sie liefert praktisch bis heute die Rechtfertigung für einen guten Teil der medizinischen und psychiatrischen Behandlung und ist immer noch so weit verbreitet, daß man mit ihr strafende Methoden im Umgang mit Kriminellen und sozialen Abweichlern begründet, trotz deren nachweislicher Wirkungslosigkeit.

Der Glaube, daß Schmerz den Menschen reinigt, ist wahrscheinlich so alt wie die rituellen Opfer, die von der Idee ausgehen, daß man eine Gottheit versöhnen kann, wenn man sich selbst eines wertvollen Gegenstandes beraubt, wie eines Teils der Ernte, der Jagdbeute oder des Viehbestandes. Dieser Glaube ist im Grunde bis in unsere Zeit gleich geblieben, nur das Ziel der Versöhnung hat sich geändert: Wir sagen, daß Verbrecher, die ihre Gefängnisstrafe hinter sich brachten, »der Gesellschaft ihre Schuld zurückerstatten« und deshalb berechtigt sind, ihr Leben wieder ohne den Rest einer Schuld aufzunehmen. Diese Ansicht rechtfertigt unsere primitiven Vergeltungswünsche auf der einen und unser Selbstverständnis als Menschen auf der anderen Seite, das Strafe nur zuläßt, um Irrende zur Gesellschaft zurückzuführen. Derselbe Glaube wird von den meisten von uns auf das dauernde Leiden anderer Menschen angewendet, vor allem wenn diese Leiden für uns selbst beschwerlich sind, wie im Fall der Neger, oder Eifersucht erregen, wie im Fall der Juden. Wie Hiobs Freunde sympathisieren wir einerseits mit diesen Leidenden und fragen uns andererseits insgeheim, welcher verborgenen Gerechtigkeit ihr tragisches Geschick dient.

Der Glaube an erlösende Strafen entsprach vor allem der Ansicht Platons, daß Körper (soma) und Selbst oder Seele (psyche) zwei unterschiedliche Wesenheiten darstellten, die nur solange verbunden seien, bis der Tod des Leibes der unsterblichen Seele den Weg zum Gericht freimache. Diese dualistische Doktrin, die zum Teil durch das hellenistische Judentum und von den Christen ganz übernommen wurde, ist besonders klar und endgültig von Descartes formuliert worden. Die katholische Theologie machte sie zur Lehrmeinung. Als wissenschaftliche Theorie rechtfertigte der Dualismus Beichtstrafen für die Rehabilitation von Verbrechern und für die Behandlung von Kranken. Statt den leidenden Körper unauslöslich mit der Sünde zu verknüpfen, wurde er einfach als verächtliches Gefäß der Seele betrachtet, daß mißhandelt werden konnte, ohne der Seele zu schaden, daß man geißeln durfte, um die Seele zu reinigen, wie Fieber den Körper von Krankheiten reinigt.

Die Strafe in der Geschichte der Medizin

Im Lauf der Geschichte haben sich die verschiedensten Arten machtgieriger Menschen für Schmerz und Strafe interessiert, doch die moderne Zwangssteuerung stammt nicht aus der Politik und dem Krieg, sondern aus der Medizin. Unter allen menschlichen Bemühungen, in denen ein Mensch den anderen oft gewaltsam manipuliert, hat nur die Medizin stets als ehrenwert gegolten. Nur sie ist offiziell, ja sogar von der Gesellschaft zu wissenschaftlichen Erkenntnissen ermuntert worden, um sie gezielt zur Änderung menschlicher Wesen einzusetzen. Tatsächlich ist es gleichgültig, ob medizinische Methoden Strafen sind, da die Medizin doch nur helfen will. Es zählt auch nicht, ob ihre Werkzeuge gefährlich sind; der Arzt muß imstande sein, sie richtig einzusetzen. So ist Doping illegal, aber Rezepte dafür sind es nicht; Messerstechereien sind verboten, Chirurgie nicht. Die Motive der Ärzte gelten als über jeden Verdacht erhaben, da ihre Manipulationen so eindeutig darauf abzielen, menschliche Leben zu retten. Von allen Manipulatoren werden Ärzte am seltensten übler Absichten verdächtigt.

So ist die Kirchenbuße mit allgemeinem Wohlwollen von der Medizin zu »reinigenden« Behandlungen wie Aderlässen und zu erstaunlichen Brutalitäten gegenüber Geisteskranken säkularisiert worden. In der allgemeinen Medizin schienen die entsprechenden Theorien genügend durch die Erfahrung bestätigt (einige Menschen wurden tatsächlich nach Aderlässen oder Brechmitteln gesund), und sie blieben bis in das vergangene Jahrhundert in Kraft. In der Psychiatrie, wo sie offenkundig immer versagt haben, wurden sie in die wissenschaftlichen Lehren der organischen Psychiatrie umgewandelt, die ein rundes Jahrhundert nach ihrer Etablierung im Jahr 1845 immer noch katastrophale Resultate erbrachte.

Ärzte mußten an keinen Leib-Seele-Dualismus glauben, um eine purgative Medizin zu praktizieren, und Psychiater dachten wahrscheinlich nie daran, daß sie ihre Patienten allein dadurch heilen würden, daß sie sie verletzten. Der Glaube an die kartesianische Lehre, wenn nicht an die kirchlichen Dogmata, erhielt auf der anderen Seite die Tendenz aufrecht, Schmerz wie andere seelische Vorgänge als eine beschwerliche, aber unbedeutende Angelegenheit aufzufassen, mit der die Ärzte eben fertig werden mußten. Das hat sich bis heute noch nicht völlig geändert.

Jedenfalls hat sich die moderne Medizin einschließlich der Psychiatrie in einem sozialen Rahmen entwickelt, in dem es immer eher die Regel als die Ausnahme war, Schmerzen zuzufügen. Körperliche Strafen waren kaum aus den britischen und amerikanischen Marinereglements verschwunden, als chemische Anästhetika in die Chirurgie eingeführt wurden; die Sklaverei in den Vereinigten Staaten und in Rußland hatte man noch nicht abgeschafft, als die ersten Lehrbücher der Psychiatrie bereits geschrieben und Freud schon geboren war. Man sah es als selbstverständlich an, daß Eltern, Sklavenhalter oder Tierbesitzer Kinder verstümmeln und Tiere töten konnten, wenn sie sie »unterrichteten«. Einige der zivilisierten Mitglieder zivilisierter Gesellschaften hielten immer noch schmerzliche und erniedrigende Strafen für Bestandteile einer gerechten Sozialordnung und eines vernünftigen Erziehungssystems, obschon sie Daumenschrauben, Pranger und Folterkammern bereits vor Generationen abgeschafft und durch Gesetz verboten hatten. Selbst heute haben siebenunddreißig Bundesstaaten der USA Gesetze, die für einige Verbrechen die Todesstrafe vorsehen*, und alle fünfzig Staaten schreiben für andere Verbrechen immer noch *lebenslängliche* Zuchthausstrafen vor.

In der Praxis sind die medizinischen Berufe niemals an der Spitze eines moralischen Fortschritts des Sozialsystems gestanden, zu dem sie gehörten, und die Psychiatrie hinkte oft hinter der übrigen Medizin her, was Experimente mit neuen Gedanken und Möglichkeiten in den Grundlagenwissenschaften der Heilkunst anging. Die aufgeklärte Ansicht der Moderne, die körperliche Strafen und physi-

* Die Todesstrafe verschwindet graduell aus den USA. 1968 ist, zum ersten Mal in der Geschichte der Nation, niemand hingerichtet worden. Ramsay Clark, damals Generalstaatsanwalt, empfahl 1968, die Todesstrafe generell abzuschaffen.

schen Schmerz als Instrumente des Heilens wie der sozialen Steuerung ablehnt, ist kein Nebenprodukt von veränderten Auffassungen in der medizinischen Lehre, sondern eher von Veränderungen in der medizinischen Technologie, vor allem in der Chemie, die es unnötig machte, weiterhin schmerzvolle Behandlungsweisen in der Chirurgie zu rechtfertigen. Die Einführung der chemischen Anästhesie im Jahr 1846, eine der größten Errungenschaften der klinischen Medizin in diesem Jahrhundert, markiert zugleich den Beginn einer Zwangssteuerung des Verhaltens mit Hilfe von Drogen (deren Tragweite erst seit 1952 in vollem Umfang erkannt wurde, als die modernen Tranquilizer in das Licht der Öffentlichkeit traten). In den folgenden hundert Jahren mußte sich die Psychiatrie in einem schmerzlichen Mauserungsprozeß als medizinisches Spezialfach etablieren; sie erlitt eine Reihe innerer Rückschläge und ging aus ihnen endlich als führendes medizinisches Sonderfach einer Technologie der Zwangssteuerung hervor. Die unbeholfenen Anfänge dieser Technologie ließen sich bereits in den hochgradig strafenden physischen Schocktherapien und medikamentösen Behandlungsverfahren erkennen, welche die ersten hundert Jahre psychiatrischer Therapie beherrschten. Keine von ihnen arbeitete wirklich gut, aber einige leisteten genug, um heute noch gebraucht und in ihrem Wert heiß debattiert zu werden.

Die Behandlung von Anfällen: Die erste Generation von Zwangssteuerungen

Der Alltagssprache als »Schock«-Behandlung bekannt, werden Therapien bei Anfällen vorwiegend bei Patienten benützt, deren Leiden für einen Krankenhausaufenthalt ernst genug sind, obwohl Elektroschockkuren (Elektrokonvulsive Therapie, EKT), die verbreitetste Behandlung von Anfällen, gelegentlich auch ambulant durchgeführt werden. Chemische Auslöser von Schocks wurden sogar noch früher zur Behandlung von Geisteskrankheiten eingesetzt, vielleicht schon im 18. Jahrhundert. Den ersten modernen Versuch einer systematischen Behandlung mit diesem Verfahren beschrieb von Meduna 1935. Er löste Krämpfe durch intramuskuläre Injektionen von Kampferöl und später von Metrazol, einem künstlichen Kampferpräparat, aus. Metrazolinjektionen waren denen von

Kampfer überlegen, aber für viele Patienten entsetzlich, da sie Gefühle von Todesangst und plötzlicher Vernichtung in der Zeit zwischen der Injektion und den Krämpfen hervorriefen. Manchmal erfolgte nach der Injektion überhaupt kein Krampf, und der Patient empfand einige Stunden Angst, Unruhe, Übelkeit und allgemeines Unbehagen.

Insulinkomatherapie war eine weitere populäre chemische Schockbehandlung. Vor 1933 verwendete man Insulin in kleinen Dosen gegen verschiedene Symptome, bemühte sich aber peinlichst, Komata zu vermeiden, bis Manfred Sakel beobachtete, daß einige Schizophrene deutliche Besserungen zeigten, wenn sie zufällig in ein Insulinkoma gerieten, was ihn dazu führte, es systematisch einzusetzen. Die Behandlung wurde rasch sehr populär und wurde auf dem Internationalen Psychiatrie-Kongreß von 1950 als die bestmögliche Therapie einer frischen Schizophrenie empfohlen. Man behandelte mit ihr auch andere Geisteskrankheiten wie die Involutionsdepression, doch nützt sie bei Schizophrenie am meisten.

Der Einsatz von Elektrizität in der Medizin hat eine recht lange Geschichte und reicht fast bis zu ihrer Entdeckung zurück. Seither hat man sie zur Behandlung fast aller Krankheiten herangezogen, und meistens mit geringem Erfolg. 1938 beobachtete man, daß das Gehirngewebe von Hunden durch elektrisch ausgelöste Krämpfe nicht geschädigt wurde; als dieselbe Entdeckung an Menschen kurze Zeit später mit der Beobachtung gelang, daß manche dadurch von Beschwerden befreit wurden, war die Elektroschock-Therapie fertig.

Gegenwärtig verläuft sie so, daß ein kleiner elektrischer Stromstoß durch den vorderen Teil des Kopfes geschickt wird. Der Patient wird sofort bewußtlos, verfällt in Krampf und erleidet in sehr seltenen Fällen Muskelrisse oder Knochenbrüche. Im besten Fall ist diese Behandlung immer noch unangenehm, ja schrecklich, weil die Kranken trotz der scheinbaren Schmerzlosigkeit nachher mit einem zeitweisen Gedächtnisverlust und quälenden Gefühlen der Disorientierung in Zeit und Raum erwachen. Im schlechtesten Fall kann sie gefährliche Nebeneffekte auf die Muskulatur, Knochen oder Gehirngewebe haben.

Bis 1950 gehörte die EKT zu den verbreitetsten Behandlungen für Schizophrenie, aber es ist heute klar, daß sie den meisten Schizophrenen nicht helfen kann. Sie wirkt manchmal gegen Depressionen, vor

allem gegen schwere oder agitierte Formen, aber selbst wenn die EKT Gutes leistet, weiß man nicht, warum sie das tut.
Seit der Entwicklung wirksamer Medikamente in den fünfziger Jahren haben sie alle chemischen und elektrischen Schockmethoden weitgehend ersetzt. Die meisten Studien haben geringe Unterschiede in der Wirksamkeit einer Insulinkoma- und einer Tranquilizer-Therapie festgestellt, doch sind Tranquilizer billiger und leichter anzuwenden als Insulin, das ständige Beobachtung des Patienten über einen Monat und länger erfordert. Sie haben allerdings Insulin nicht ganz ersetzen können. Es findet immer noch in einigen Fällen Anwendung, wenn sich Tranquilizer als wirkungslos erweisen.
Wie Insulin, scheint auch die Elektrokonvulsions-Therapie zu traumatisierend, wenn man sie mit Antidepressiva vergleicht. Ihre Wirkung auf das Gedächtnis ist zu einschneidend, und die Anwendungsprobleme sind zu ernst. Antidepressiva waren aber nicht so erfolgreich, wie man ursprünglich erwartete, und die Ärzte kehrten rasch zur EKT zurück, um Depressionen zu behandeln. Die Untersuchungen darüber, welches Mittel gegen schwere Depressionen besser ist, sind noch widersprüchlich.
Auf lange Sicht lassen natürlich Veränderungen sozialer Normen qualvolle Behandlungsmethoden grausam erscheinen, während die Beschränkung der wirtschaftlichen Mittel in der öffentlichen Gesundheitspflege aufwendige Behandlungsmethoden verschwenderisch erscheinen läßt. Angesichts dieser Tatsachen würde es keinen Unterschied machen, wenn die Methoden zur Behandlung von Anfällen ebenso gut wären wie die Pillen und Rezepte, die sie ersetzt haben; die ersteren würden aber niemals so geschätzt. Es war deshalb unausweichlich, daß sie rasch von den Tranquilizern, welche psychische Zustände glätten, und den Thymoleptika, die sie heben, zurückgedrängt wurden. Beide begründen eine Generation von Zwangssteuerung durch Medikamente.

Psychopharmaka: Die zweite Generation von Zwangssteuerungen

Da die Gesellschaft immer weiter davon abkommt, Schmerz und Drohungen als Mittel der Manipulation anzuerkennen, während es gleichzeitig eine neuentwickelte Technologie leichter macht, wirkungsvoll und schmerzlos zu steuern, wird die Manipulation physiologischer Vorgänge, die dem gesteuerten Verhalten zugrunde liegen, immer mehr zur Basis individueller Steuerung werden. Die Heilkunst wird die praktischen Wege aufzeigen, solche Manipulationen durchzuführen. Die wichtigsten Methoden dazu dürften Medikamente und Gehirnchirurgie sein. Medikamente sind bei weitem das einfachere und flexiblere Mittel.

Der Beginn der Verwendung steuernder Drogen kann wahrscheinlich auf das Jahr 1950 datiert werden, als Tranquilizer auf breiter Basis in der Psychiatrie benützt wurden, obgleich eine ganze Reihe beruhigender, anregender und betäubender Drogen schon viel längere Zeit existiert. Alle diese Drogen sind natürlich Mittel zur Verhaltenssteuerung. Der Siegeszug der Tranquilizer hat zwei wichtige Tore in die Zukunft aufgestoßen. Durch das eine wird eine Menge verhaltenssteuernder Medikamente immer mehr Popularität gewinnen und rasch neue Märkte erschließen, durch das andere wird der Einsatz verhaltenssteuernder Drogen den Psychiatern aus der Hand genommen und augenblicklich der gesamten Ärzteschaft zurückgegeben.

Chlorpromazin, die erste moderne Beruhigungsdroge, kam 1952 auf den amerikanischen Markt und führte schlagartig zu einer Veränderung der Psychiatrie. Ihre Konsequenzen sind noch gar nicht voll realisiert, nicht einmal in der Psychiatrie, ganz zu schweigen von anderen Bereichen des modernen Lebens, aber selbst die unmittelbaren Auswirkungen waren einschneidend genug. Nicht zuletzt hat der Gebrauch solcher Medikamente dazu geführt, daß man auf nahezu alle Arten physischer Zwangsmittel in der Psychiatrie verzichten konnte, daß man von der psychiatrischen Chirurgie, die bleibende Schäden zurückließ, und ebenso von den Schockbehandlungen abkam, welche die Patienten in Schrecken setzten. Im Gegensatz zu anderen Medikamenten, die der Psychiatrie schon lange als therapeutische Hilfsmittel dienten, nahmen sich alsbald alle Ärzte der Tranquilizer an. 1960 wurde geschätzt, daß Tranquilizer zu der dritthäufigsten Arzneimittelklasse gehörten, die praktische Ärzte verschrieben. Sie erschienen auf mehr als zehn Prozent aller Rezepte, also mehr als 65 Millionen im Jahr. 1965 wurden jährlich schon 167 Millionen Rezepte für stimmungsverändernde Mittel ausgestellt, und für 1968 schätzte man, daß in diesen zwölf Monaten mindestens einer von vier Amerikanern solche Medikamente eingenommen hatte, wobei Tranquilizer und Sedativa weit häufiger als Stimulantien angewendet werden.

Heute sind Medikamente sicherlich die am meisten verbreitete Behandlungsform für alle seelischen Schwierigkeiten, und sie verbreiten sich immer weiter, während die pharmazeutische Industrie intensiv forscht, um mehr und mehr davon zu entwickeln, aber auch intensiv wirbt, um immer mehr an den Mann zu bringen. Diese Medikamente haben den Umgang mit Geistesgestörten revolutioniert, vor allem in Hospitälern, und das, obwohl sie innerhalb und außerhalb der Krankenhäuser in der Regel keinerlei Heilung bringen. Und verschiedene Drogen, die auf Stimmung, Wahrnehmung und Aktivität ganz unterschiedlich wirken, werden heute jenseits der Einflußbereiche von Psychiatrie, Medizin, ja jenseits bürgerlicher Eigentumsbegriffe und der Gesetze eingenommen.

Es gibt eine Reihe von Klassen von heute verwendeten stimmungssteuernden Mitteln. Unter den sogenannten psychiatrischen Medikamenten, sind die wichtigsten die Ataraktika oder starke Tranquilizer, von denen Chlorpromazin der bekannteste ist, »kleinere« oder »schwache« Tranquilizer, die am besten durch Meprobamat (Handelsnamen: Miltaun, Cyrpon, Equanil) vertreten sind; Antidepressiva, die Euphorie hervorbringen; und Sedativa, wie Phenobarbital, die seit dem Ersten Weltkrieg benützt wurden. Geht man davon aus, wie stimmungsverändernde Mittel auf das Verhalten wirken, kann man sie in »Tranquilizer«, »Energizer« und »Halluzinogene« einteilen. Alle beeinflussen das Zentralnervensystem, und ihr Allgemeineffekt entspricht genau ihren Namen: Tranquilizer beruhigen, Energizer erregen und Halluzinogene verändern die Wahrnehmung. Das meiste Wissen über diese Drogen verdanken wir der Medizin, vor allem der Psychiatrie (einschließlich LSD). Energizer und Tranquilizer sind offenbar für Menschen wertvoll, die einmal an Lethargie, zum anderen an übermäßiger Erregung leiden. Sie helfen dabei, Gefühle der Depression zu erleichtern, oft auch solche der Angst. Mit Ausnahme der altvertrauten Sedativa, wie der Barbiturate, neigen sie dazu, die Stimmung spezifischer und in einer günstigeren Weise zu verändern, als das vorher bekannte Mittel taten, ohne in der Regel andere Aspekte des Bewußtseins, wie die Intelligenz, zu beeinträchtigen. Und sie leisten das alles ohne Dauerfolgen — das heißt, sie ändern keine wichtige Struktur des Körpers, obschon sie Verhalten wirksam katalysieren.

Die meisten Psychopharmaka-Rezepte lauten auf die schwächeren Tranquilizer, für deren Effektivität es aber keinen echten Beweis gibt. Angst reduzieren sie weniger als Barbiturate (sind aber auch ungefährlicher), und die meisten überprüften Studien legen nahe, daß Meprobamat, der hauptsächlich verschriebene schwächere Tranquilizer, nicht wirksamer ist als ein einfaches Placebo. Darüber hinaus paßt man sich in relativ kurzer Zeit an Meprobamat an, wodurch auch sein geringer Nutzen verkleinert wird. Der verbreitete Konsum der schwachen Tranquilizier muß deshalb ernstlich abgelehnt werden, vor allem wenn sie außerhalb einer Klinik an Menschen gegeben werden, für die sie nutzlos sind, die aber auch finanziell durch ihre überhöhten Kosten (die Gewinnspanne amerikanischer Medikamente ist so hoch, daß sich der Kongreß bereits mit den Pharmafirmen beschäftigt hat) und psychisch durch ein törichtes Vertrauen in sie geschädigt werden, wonach sie leisten können, was sie nicht können, nämlich menschliche Probleme lösen.

Es gibt eine Reihe von Beweisen dafür, daß starke Tranquilizer nützlicher sind, aber sie sind noch nicht eindeutig. Seit sie weithin verwendet werden, haben sich die Entlassungsziffern psychiatrischer Krankenhäuser erhöht, und die Zahl der Patienten innerhalb der Anstalten nahm trotz steigender Aufnahme ab. Im Krankenhaus selbst sind die Patienten umgänglicher, zeigen weniger bizarre Symptomatik und sind für das Personal leichter zu behandeln als früher. Andere Neuerungen in den psychiatrischen Krankenhäusern, wie vermehrtes Personal und neue psychotherapeutische Techniken, können für einige dieser Daten mitverantwortlich gemacht werden, aber es scheint klar, daß mindestens die schizophrenen Patienten durch die Psychopharmaka, vor allem durch Chlorpromazin, von vielen Symptomen befreit wurden. Manches scheint auch dafür zu sprechen, daß Tranquilizer die Rückfallgefahr mindern und es einem Patienten erlauben, länger außerhalb des Krankenhauses zu leben als er es sonst könnte.

Die Revolution in der Krankenhauspflege, die den starken Tranquilizern zu danken ist, scheint weniger ein Produkt ihrer heilenden Wirkung auf die Patienten als ihrer vermenschlichenden Wirkung auf das Personal zu sein. Obschon es der Patient ist, der das Medikament einnimmt, erlauben dessen glättende Effekte dem Personal, mit dem Patienten entspannter und mehr auf der gleichen Ebene zu verkehren, weniger restriktive Bewachungsmethoden zu verwenden, toleranter und menschlicher in der Verwaltung der Patienten zu sein. Innerhalb wie auch außerhalb der Kliniken kann der ausgleichende Effekt der Medikamente darüber hinaus die Patienten für eine psychologische Behandlung empfänglicher machen. Trotz ihres begrenzten Wertes als direkte Therapeutika haben die Medikamente also der klinisch psychiatrischen Behandlung große Dienste erwiesen.

Die Prototype seelischer »Energizer«, die man »Aktivatoren«, »Stimulantien« oder »Antidepressiva« nennt, sind Koffein und Nikotin, die in jeder Drogerie, in jedem Automaten (in Form von Zigaretten) zu haben sind. Wirksamere energiespendende Drogen, die zunehmend gebraucht werden, sind jedoch Mitglieder der Amphetamin-Familie. Sie werden allerdings öfter als Hilfsmittel zu einer Abmagerungsdiät denn als Psychopharmaka verkauft. Das bekannteste und schwächste Mitglied dieser Familie ist heute Dexedrin. Als Abmagerungspille kann man es in einer Vielzahl von Kapseln, Tabletten und Dragees erstehen, die jeweils verschiedene Größe, Farbe und Form haben. Gelegentlich kombiniert man es mit anderen Mitteln, wie Phenobarbital oder Kalk. Seine wichtigsten subjektiven Effekte sind ein Rückgang der Eßlust, bessere Laune, Gefühle der Wachheit, Euphorie und gesteigertes Selbstvertrauen bei manchen Menschen, Reizbarkeit, Nervosität und Ruhelosigkeit bei anderen. In großen Dosen über längere Zeit hin genommen, mag es auch halluzinogene Effekte erregen. Im Gegensatz zur Wirkung echter Halluzinogene beruhen diese aber wahrscheinlich darauf, daß das Medikament wachhält und daß jeder, der lange genug wach bleibt, unausweichlich an Wahrnehmungsveränderungen zu leiden beginnt. Ein stärkerer Verwandter von Dexedrin ist Benzedrin, das in kleineren Dosen ähnliche Wirkungen hat und in Verdacht stand, auch Herzattacken auszulösen. Die stärkste Droge dieser Art, Methedrin (im Alltag »Speed«) genannt, übersteigert diese Wirkungen ins Maßlose und kann ebensogut halluzinogene »Highs« (Hochgefühle) hervorrufen. Einst von den Hippies in

Haight-Asbury/San Francisco hochgeschätzt, ist es so gefährlich, daß bald Handzettel verteilt wurden, die einfach sagten, »Speed tötet«.

Die Gefahren der meisten Energizer werden ebenso wie ihr Nutzen leicht überschätzt. In kleinen Dosen über kurze Zeit gegeben, haben sie sich als nützlich erwiesen, um Depression und Angst zu erleichtern, ganz zu schweigen von Müdigkeit. Man gewöhnt sich recht schnell an sie, aber sie haben in der Regel als Appetithemmer positive Kurzzeiteffekte, und während sie die Intelligenz oder auch nur die Fähigkeit, in Tests gut abzuschneiden, nicht verbessern, wie einige naive Konsumenten und auch Forscher vermuteten, können sie den Wachheitsgrad in einigen Situationen brauchbar steigern.

Über Tranquilizer wie auch über Energizer weiß man weit weniger, als man angesichts der Sorglosigkeit, mit der sie einige Ärzte verschreiben, denken möchte, oder auch angesichts der hohen Preise, die ihre Verbraucher für sie zahlen. In einigen Fällen haben sie überhaupt keine nachweisbare Wirkung, in anderen sind die Effekte den erwarteten genau entgegengesetzt. Ein hyperaktives Kind beispielsweise, das durch Tranquilizer oder Sedativa überhaupt nicht steuerbar ist, kann durch Benzedrin beruhigt werden. Der Grund für dieses Phänomen ist nicht bekannt, und die Auswahl von Psychopharmaka für bestimmte Zustände erfolgt oft rein empirisch.

Die Forschung über Psychopharmaka ist auch oft von schlechter Qualität. Pharmahersteller sind nicht immer bereit, Studien zu unterstützen, deren Resultat sie nicht kontrollieren können, und die von ihnen nicht unterstützte Forschung ist oft ebensowenig in der Lage, endgültige Angaben über den Wert eines verabreichten Medikaments zu machen.

Der bereits große Konsum solcher Mittel nimmt weiter zu, und das aus mindestens drei Gründen: Ärzte glauben, daß sie nützlich sind und besitzen weder die Möglichkeiten noch die Fähigkeiten, das kritisch nachzuprüfen; pharmazeutische Firmen verdienen eine Menge Geld damit, so daß sie ihren Konsum über die Grenzen von Vorsicht und Vernunft hinaus empfehlen und keinen ausreichenden Wirksamkeitsnachweis liefern; endlich, und das ist am wichtigsten, verlangt die Öffentlichkeit diese Pillen. Die Leute sind sich heute ihrer Ängste und Spannungen mehr bewußt als je zuvor, aber gegenüber früher durchaus nicht stärker motiviert, ihr Leben kritisch zu überprüfen oder es radikal zu ändern. Pillen bieten einen

einfachen Ausweg; Ärzte und Patienten lassen sich leicht verführen, sie glauben, die Mittel zeitigten gute Resultate, ohne sich zu fragen, ob nicht eine andere Form der Behandlung oder überhaupt keine Behandlung denselben Dienst geleistet hätte.
Die Neuartigkeit der Psychopharmaka selbst kann in die Irre führen. Für viele Menschen, welche an irgendeinem der vielen persönlichen Konflikte, an Ängsten und Kopfschmerzen leiden, sind Medikamente überhaupt nicht von spezifischem Wert. Aspirin kann ihnen so gut helfen wie ein aufwendiger Tranquilizer. Der Einsatz von Psychopharmaka unter ärztlicher Überwachung schadet gewöhnlich nicht, nützt aber oft auch nichts. Er kann allenfalls einige beschwerliche Symptome für kürzere Zeit vermindern, ohne jedoch den zugrunde liegenden Konflikt zu beeinflussen.
Halluzinogene oder psychedelische Drogen sind heute die umstrittensten Stimmungsveränderer, da ihre chemischen Eigenschaften und Verhaltenseffekte von Befürwortern und Gegnern gleichermaßen hoffnungslos vernebelt werden. Wie bei Energizern und Tranquilizern weiß man über sie weniger, als man aufgrund der öffentlichen Unruhe annehmen möchte. Außerdem wird man auch nicht viel mehr herausfinden können, denn sie sind gegenwärtig illegal. Ihre Beschaffung ist selbst für einen Wissenschaftler, der die nötige Forschung mit ihnen durchführen will, schwierig.
Natürliche Halluzinogene wie Marihuana, Haschisch und Peyote sind seit prähistorischer Zeit bekannt und bis in die Gegenwart in den religiösen Riten vieler Völker verwendet worden. Künstliche Halluzinogene wie Lysergsäure-Diäthylamid (LSD-25) und THC (Tetrahydrocannabinol, der Wirkstoff von Marihuana und Haschisch) wurden erst seit den fünfziger Jahren zunehmend bekannt. Alle dies Drogen sind nahezu überall illegal, da sie angeblich ihren Benützern schaden. Ob sie jedoch wirklich typische schädliche Effekte haben, ist nicht bekannt. Im Gegensatz zu Kokain oder den Opiaten ist keine von ihnen suchterzeugend, im Gegensatz zu Alkohol oder den Barbituraten unterdrückt keine von ihnen eindeutig Gehirnfunktionen. Das heißt noch nicht, daß sie unschädlich sind, sondern nur, daß man wenig über sie weiß. Was halluzinogene Drogen mit Sedativa und Narkotika teilen, aber in weit größerer Stärke aufweisen, ist ihre Fähigkeit, den subjektiven Bewußtseinszustand auf eine Weise zu verändern, die — obschon schwer zu beschreiben — oft als lustvoll und einer Wiederholung wert empfunden

wird. Konsumenten der Halluzinogene nennen sie manchmal »bewußtseinserweiternde« Drogen, aber sowohl diese angebliche Erweiterung wie auch ihr vorgeblicher Nutzen sind recht vage. Kritiker behaupten, daß diese Drogen kurzdauernde Psychosen bewirken, illusionäre oder halluzinatorische Rückzüge aus der Realität, die zu dauernden Schäden führen, wenn man nichts gegen sie unternimmt. Ihre Methode, etwas dagegen zu unternehmen, besteht aber darin, die Droge zu verbieten, obschon die gelegentlich sehr ernsthaften Verhaltensstörungen, die verläßlich mit der Droge in Verbindung gebracht wurden, nur bei sonst instabilen, leicht störbaren Persönlichkeiten aufgetreten sein mögen. Doch genau weiß das niemand.

Tatsache ist, daß einige Millionen Menschen, vor allem jüngere Erwachsene, jedes Jahr in Amerika halluzinogene Drogen nehmen; daß die meisten von ihnen dramatische, aber kurzdauernde Veränderungen ihrer Wahrnehmung, oft bizarrer Art, erleben; daß einige wenige ernstliche Störungen erleiden, die direkt oder indirekt vom Drogenkonsum herrühren mögen; und daß öffentliche Hysterie, die oft durch psychiatrische Berufe und durch die Polizei geschürt wird, nichts dazu beiträgt, ihren unerwünschten Gebrauch einzuschränken oder herauszufinden, ob sie in irgendeinem Anwendungsbereich brauchbar sind. Ehe sie allgemein bekannt und verdammt wurden, sprach manches dafür, daß diese Halluzinogene für psychiatrische Behandlungen nützlich werden könnten, eindeutige Beweise fand man aber bisher nicht.

Wenn man nur von ihren Wirkungen ausgeht, darf man in der »zweiten Generation« psychiatrischer Therapieverfahren, die durch stimmungsverändernde Drogen repräsentiert ist, keine besonders wirkungsvolle oder gar schädliche Art der Verhaltenssteuerung sehen. Auf der einen Seite erzielen viele Psychopharmaka kaum mehr Wirkung als Aspirin, und die hochwirksamen von ihnen scheinen lediglich zu höchst allgemeinen Manipulationen fähig. Wirksame Energizer und Tranquilizer lassen sich ziemlich genau mit Slangausdrücken wie »Aufputscher« und »Abspanner« beschreiben, weil sie wirklich nur die Richtung der Stimmung beeinflussen, nicht aber die Gedanken und Handlungen, die sie begleiten. Ein »Aufputscher« kann Aggression ebenso fördern wie Lust, Kichern oder tränenreichen Weltschmerz, und es gibt keine Möglichkeit, die tatsächliche Wirkung allein aufgrund der Droge vorauszusagen.

Selbst die psychedelischen Drogen erlauben kaum spezifischere Beschreibungen, als die, daß sie die Wahrnehmung zu einer Art Traumzustand verändern. Auch die Inhalte dieses Traums lassen sich nicht vorwegnehmen, und »Ach«, »weit draußen« oder »außer Sicht« gehören zum Verläßlichsten, was man von einigen Konsumenten erfährt. Jedenfalls sind es eher die Möglichkeiten als die gegenwärtigen Leistungen der Psychopharmaka, die ihre Bedeutung als Mittel der zukünftigen Verhaltenssteuerung unterstreichen.
Sozial gesehen liegt der wichtigste Beitrag der modernen medikamentösen Therapie zur Steuerungstechnik darin, daß sie die Grundlage für einen verbreiterten Konsum neuer Medikamente durch die nahezu unmittelbare Annahme der Psychopharmaka gelegt hat. Tranquilizer waren schon kurze Zeit, nachdem sie bekannt wurden, populär, und noch bevor man ihre Möglichkeiten für die Einzeltherapie und die Nervenheilanstalten voll erkannte. Das war nicht nur eine Folge des geschickten Verkaufs der Pharmafirmen oder ärztlicher Naivität. Es läßt sich auch nicht allein damit erklären, daß die neuen Psychopharmaka billig und wirksam waren. Viele der alten waren das auch gewesen.
Die neuen Psychopharmaka hatten den Vorteil, daß man sie oral nehmen konnte, im allgemeinen als Pillen. Das machte ihre Handhabung leichter und außerdem weniger angsteinflößend als frühere Mittel. Um einen Elektroschock zu geben, braucht man mehrere Leute, und das Erlebnis kann sehr unangenehm sein. Hochwirksame Drogen wie Insulin müssen injiziert werden. Auch wenn sie kein Gefühl der Disorientierung auslösen, ist ihre Anwendung schmerzhaft und liegt nicht in der Hand des Patienten selbst. Pillen sind weniger schrecklich und schmerzlich als Schocks und Spritzen. Sie scheinen den Körper nicht zu verletzen, und nichts läßt sich leichter anwenden. Viele haben Schwierigkeiten, ihre eigenen Venen zu finden, aber jedermann weiß, wo sein Mund ist und kann eine Pille schlucken. Der Patient sieht dem, was mit ihm geschieht, sehr viel gefaßter entgegen, als wenn jemand Nadeln in oder Elektroden an seinen Körper steckt. Endlich verbinden die meisten Menschen Pillen mit angenehmen Einfällen, wohl ein Nachklang an die Mythen der Kindheit, daß gut für uns ist, was wir essen. Diese »Hühnersuppentheorie« der Beliebtheit oraler Medizin legt nahe, daß der zunehmende Gebrauch von Medikamenten teilweise eine

natürliche Ausdehnung einer Gesundheitsmarotte in der Hand respektabler Leute ist, ein Kind jener heroischen Legende von der Nahrung, die in der Seele des Unschuldigen langes Leben, gute Gesundheit, Schönheit, vielleicht sogar Weisheit und Glück mit sich bringt — das alles, wenn man nur die richtigen Dinge ißt. Und diese Behauptung hat gerade soviel Wahrheitsgehalt, und es gibt gerade soviel Forschung über die Nahrungsfaktoren bei der Herzkrankheit bis zur Akne, ferner soviel Reklame über Chlorophyll, Cholesterin, Hormone und glatte Haut, reiches, glänzendes Haar, strahlende und starke Zähne, schlanke Hüften und wohlgereinigte Gedärme, um einen optimistischen Eifer für jedes neu verfügbare, oral einzuverleibende Versprechen individuellen Wohlbefindens zu schaffen. Dieselben Puder und Tränklein dürften in Frankreich nicht so gut und rasch wirken, wo sie häufig als Suppositorien angewandt werden.

Rasche Popularität garantiert nicht immer einen ausdauernden Erfolg. Doch die Tatsache, daß Psychopharmaka heute besser denn je verkauft werden, zeigt deutlich, daß sie die Ärzte mehr denn je schätzen. Die Ursache ist eher auf technischer als soziologischer Ebene zu suchen. Der Übergang der bisherigen Methode, Anfälle zu behandeln, zur Pille, nahm die wichtigsten Instrumente der Psychiatrie aus der Hand der Spezialisten für Geisteskrankheiten und gab sie den praktischen Ärzten, von denen nur wenige gewagt hätten, Insulin oder Elektroschocks ohne besondere Ausbildung anzuwenden, die aber in der Regel hocherfreut annehmen, daß sie so gut wie jeder andere fähig sind, eine Pille zu verschreiben, um ein Symptom auszuschalten. Da ein großer Anteil aller Krankheiten durch psychische Schwierigkeiten mitbedingt ist, scheint der Druck auf den Arzt, solche Mittel anzuwenden, sehr groß. Andererseits macht es die mangelnde Spezifität ihrer Wirkung leicht, eines der vielen verfügbaren Mittel zu verschreiben, ohne viel mehr zu wissen als das, was die bunten Broschüren und die freigebig verteilten Muster des Pharma-Vertreters anpreisen.

Wenn die Ärzte sie mehr benützen, erwartet auch das Publikum, diese Medikamente mehr und mehr zu bekommen. Das Verlangen angesehener Leute nach Halluzinogenen hat sogar die Normen der Drogenverteilung verändert: Bis dahin war zuerst die Psychiatrie, dann die Allgemeinpraxis zuständig. Jetzt verlieren auch die Ärzte die Kontrolle über psychoaktive Stoffe. Die Kontrolle entgleitet sogar den Gesetzen. Dazu kommt noch, was letzten Endes der wichtigste Grund dafür ist, daß verhaltenssteuernde Medikamente in Zukunft wohl noch mehr akzeptiert und verbraucht werden, als ihre frühe Popularität vermuten ließ: Ihre Vermehrung, die durch eine wachsende technische Fähigkeit, sie synthetisch herzustellen, gesteigert wird, verspricht nämlich eine zunehmende Spezifität ihrer Wirkungen.

Die Suche nach spezifischen Drogen

Jeder ehrgeizige Pharmazeut möchte »Spezifika« herstellen, nämlich Drogen, um René Dubos von der Rockefeller-Universität zu zitieren, »die nahezu ausschließlich auf ein Organ oder eine Aktivität wirken, die dem Organismus oder der angezielten Funktion eigentümlich sind«. Spezifika, mit anderen Worten, sind Medikamente, die nur eine einzige Aufgabe erfüllen. Ihre Effekte sind genau bekannt, und in engen Grenzen überprüft. Die letzten Errungenschaften in der Technik der Pharmaproduktion sind synthetische Spezifika, die im Labor gefunden und nicht aus natürlichen Rohstoffen hergestellt sind. Ihre Herstellung gewährt eine weitgehende Kontrolle der Stoffwechselvorgänge, sobald diese einmal gänzlich verstanden und die entsprechenden technischen Möglichkeiten ausgereift sind. Beide Probleme werden immer besser bewältigt, wie die wachsende Vermehrung von Arzneimitteln und biologischen Zeitschriften zeigt.

Die Suche nach Spezifität war laut Dubos zur Entdeckung neuer Medikamente wichtiger als jeder andere Faktor. Das Ziel, geplant Medikamente zu synthetisieren, ist zuerst von Paul Ehrlich formuliert worden, der einen großen Teil seines Lebens der Suche nach einer »Zauberkugel« widmete, welche Syphilis heilen sollte.

Ein Medikament muß nicht synthetisch sein, um spezifisch zu wirken. Penicillin, das ziemlich spezifisch ist, ist ein Naturprodukt. Der verbreitete Einsatz eines Medikaments hängt jedoch wahrscheinlich davon ab, ob jemand fähig ist, es in großen Mengen und mit vertretbaren Kosten herzustellen. Rauwolfia, ein natürlicher Tranquilizer, war in Indien über 2000 Jahre lang als »Wahnsinnsdroge« sehr bekannt, aber es wurde nur wenig gebraucht, bis ein indischer Psychiater 1953 darüber berichtete, ein Jahr nachdem Chlorpromazin auf den Markt gekommen war. Marihuana, Peyote und einige weitere psychedelische Drogen waren jahrelang wohlbekannt und billig zu haben, ehe sie viel benützt wurden. Doch es war die zufällige Entdeckung von LSD-25, eines sehr billigen Synthetikums, welche die noch wachsende Welle des Konsums halluzinogener Drogen unter Amerikanern der Mittelklasse in Gang setzte, die inzwischen LSD fallen ließ, weil man auf seine möglichen Gefahren aufmerksam wurde.

Gegenwärtig überschreitet die Geschicklichkeit, Medikamente zu synthetisieren, bei weitem die Fähigkeit, ihre Wirkung zu spezifizieren. »Mächtige Stoffwechselhemmer sind synthetisiert worden«, bemerkt Dubos, »doch es fehlt ihnen im allgemeinen an Spezifität.« Der unaufhörliche Ausstoß neuer Psychopharmaka spiegelt diese Tatsache wider. Pharmahersteller schaffen neue Energizer und Tranquilizer mit einer solchen Geschwindigkeit, daß es gleicher Anstrengungen bedarf, neue Namen (und Anzeigen) für sie zu erfinden wie neue Stoffe herzustellen. Auch ihre Effekte sind ungefähr die gleichen wie die schon bekannter Mittel. Entdeckungen in Biochemie, Molekularbiologie und anderen Wissenschaften erweitern jedoch ständig den Gesichtskreis chemischer Synthesen und das Wissen darum, welche Medikamente welche Effekte auf welche Organe haben. Die Erfindung neuer Medikamente, die ein Kind der theoretischen wie der angewandten Zweige biologischer Forschung ist, wird auch die Entdeckung neuer Möglichkeiten der Verhaltenssteuerung vorantreiben. Und völlige Spezifität ist für eine tiefgreifende Steuerung durch Medikamente gar nicht nötig; Verhalten, das nicht durch die selektive Wirkung eines einzigen Mittels gesteuert werden kann, mag auf eine Kombination verschiedener Medikamente aus diesem Drogenarsenal ansprechen. Aggression kann beispielsweise einer Steuerung durch Drogen unterworfen werden, selbst wenn keine einzelne Droge gut genug wirkt. Es gibt eine Reihe verschiedener Hormonstoffe, die heute erforscht werden und einiges für eine Verminderung aggressiver und feindseliger Impulse versprechen. Das gleiche leisten manche Antikonvulsiva (Mittel gegen Krämpfe, A. d. Ü.) und einige andere Medikamente, die auch vielfältige und unspezifische Wirkungen haben. Ein Mittel, dessen erste Aufgabe es ist, Hyperaktivität zu vermindern, kann bei einem Menschen auch ein wirksamer Aggressionshemmer sein, während bei einem anderen ein Medikament, das primär Angst vermindert, dieselbe Funktion erfüllt. Eine Zusammenstellung sol-

cher Mittel kann auch ein Instrumentarium zur Kontrolle von Aggressionen schaffen, selbst wenn eine einzelne Pille, die bei jedermann Aggressionen und nur diese verhindert, nicht entwickelt werden kann. Denn die Lehre von der Aggression schließt zu viele unterschiedliche Verhaltensweisen ein, die durch zu viele verschiedene Arten von Reizen und ein zu komplexes Zusammenspiel von Gehirnteilen gesteuert werden, um sich durch eine einzige Pille manipulieren zu lassen.
Je einfacher, spezifischer und zugänglicher die Physiologie und Anatomie ist, die einer bestimmten Klasse von Verhaltensweisen zugrunde liegt, und je enger und konkreter faßbar die Reizsituationen sind, die sie erregen sowie die Möglichkeiten, in denen sie sich ausdrücken, desto wahrscheinlicher ist auch, daß spezifische Mittel zu ihrer Steuerung hergestellt werden können. Das heißt beispielsweise, daß eine spezifische Droge eher entwickelt werden kann, um das Gedächtnis zu verbessern, als um Aggression zu unterdrücken. Auf diesem Gebiet ist man schon sehr weit vorangekommen.

Chemische Gedächtnishilfen

Lange Zeit hat die physische Grundlage des Gedächtnisses allen Entdeckungsversuchen gespottet. Aber heute gibt es eine Reihe ziemlich intensiver Forschungen, die nachweisen wollen, ob das Gedächtnis von chemischen Veränderungen im Gehirn, die sich chemisch reproduzieren lassen, abhängt. James McConnell, ein Psychologe an der Universität von Michigan, hat wiederholt gezeigt, daß Organismen, die in der Stammesgeschichte so tief stehen wie Plattwürmer, einfacher Lernvorgänge fähig sind. »Kannibalenversuche«, in denen geschulte Plattwürmer unwissenden Artgenossen zum Fraß gegeben wurden, scheinen chemische Übertragung von Lernfähigkeit zu demonstrieren, obschon einige Versuche, solche Studien zu wiederholen, gescheitert sind. Jahrelang brachte McConnells Forschungsgruppe in Michigan *The Worm Runner's Digest* heraus, ein vergnügliches technisches Journal, in dem sie ihre Arbeit auf diesem Gebiet festhielten. Auch an höheren Organismen untersuchte man die chemische Gedächtnisübertragung. Allan Jacobson und seine Kollegen an der Universität von Kalifornien in Los Angeles haben das Gedächtnis von Ratten und Hamstern mit Hilfe eines Breis von Hirnextrakt verbessert, der von anderen Ratten und Hamstern stammte, die vorher einige simple Reaktionsweisen durch konventionelles Training erlernt hatten. George Ungar von der medizinischen Fakultät der Baylor-Universität scheint Ängste von Ratten auf ähnliche Weise übertragen zu haben. In der wissenschaftlichen Welt ist man sich über diese Resultate noch sehr uneinig, da es vielen anderen Forschern nicht gelingt, sie zu reproduzieren. Aber auch dann ist die chemische Basis des Gedächtnisses noch unbestritten, zumal David Krech und seine Kollegen an der Universität von Kalifornien deutliche Veränderungen in der Gehirnanatomie von Ratten gezeigt haben, die in einer »bereicherten Umgebung« lebten. Die Forschung über eine Reihe von Stoffen, die das Gedächtnis fördern oder hemmen, dauert ebenfalls an.

Die am meisten verbreitete Annahme in dieser Richtung lautet, daß Gedächtnis physisch durch die RNS (Ribobukleinsäure) des Gehirns verkörpert wird, eine der Nukleinsäuren, die auch die Übertragung der genetischen Information steuern. So ist experimentell versucht worden, die Gedächtnisleistung durch RNS-Gaben zu verbessern, und mindestens ein handelsübliches Produkt mit dem Namen Cylert ist als mögliche »Gedächtnispille« empfohlen worden, wobei man sich auf seine anregende Wirkung stützte. Die Resultate beim Menschen sind verschieden. Solche doppeldeutigen Ergebnisse sind in der wachsenden Forschung über Gedächtnisdrogen fast schon an der Tagesordnung. James McGaugh von der Universität von Kalifornien in Irvine hat gezeigt, daß einige Gedächtnisdrogen nur bei den dümmsten Tieren wirken, nicht bei klügeren. Selbst ein so begrenztes Ergebnis könnte freilich sehr wertvoll sein, wenn es sich auf den Menschen übertragen ließe.

Gegenwärtig gibt es jedenfalls noch keine echte Gedächtnispille, und niemand sollte den Atem anhalten, weil er sie in naher Zukunft erwartet, wenngleich Krech glaubt, man werde sie in wenigen Jahren haben. Manche heute verfügbare Mittel können gelegentlich als Gedächtnishilfe dienen, doch nur auf indirektem Weg, wie es auch die Hypnose tut. Für manchen kann es ein Tranquilizer leichter machen, sich zu konzentrieren, und sich so an das zu erinnern, was er gelesen hat, weil er die ablenkenden ängstigenden Effekte vermindert. Ein Energizer mag ähnliche Dienste tun, indem er eine Person so weit anregt, daß sie aufmerksam wird. Die angeblichen Gedächtnispillen der sechziger Jahre sind jedoch nicht besser als die Knoblauchpillen, die unsere Großmutter nahm, um klüger zu werden, oder die Glutaminsäurepillen, die man für denselben Zweck in den vierziger Jahren verwandte (dieselben Ingredienzen sind im amerikanischen Handel als Würze erhältlich), sie werden aber nicht einmal Fleisch würzen oder zarter machen. Doch der Grundstein für die Suche nach einer Gedächtnispille ist gelegt, und mit dem wachsenden Wissen über Chemie und Physiologie des Gedächtnisses wachsen auch die Aussichten, daß eine solche Erfindung verwirklicht wird.

Die Grenzen chemischer Steuerung

Bei komplizierten Verhaltensweisen wie Aggression kann sich herausstellen, daß sie ohne chemische Hilfsmittel steuerbar sind, und einfachere Leistungen wie das Gedächtnis können vielleicht schon bald durch neu erfundene Spezifika gesteuert werden. Doch die Möglichkeit ‚mit Drogen Zwang auszuüben, wird immer sehr beschränkt bleiben. Es gibt einige Dinge, zu denen selbst die stärksten Mittel keinen Menschen zwingen können, aber auch solche, wie das Beispiel der Placeboeffekte zeigt, bei denen schon die schwächste Droge die beabsichtigten Wirkungen erzielt.
Geringe Vertrautheit mit Medikamenten, unheilverkündende Publikationen und eine heimliche Erinnerung an die seligen Tage, in denen wir alle an Magie glaubten, lassen viele Menschen glauben, daß Drogen uns zwingen könnten, alles Erdenkliche zu tun, während sie tatsächlich nur sehr periphere Effekte oder nicht einmal diese haben. Der verbreitete Glaube an Wahrheitsdrogen und die angeblichen Wirkungen solcher Medikamente bei Verhören sind ein typisches Beispiel dafür.
Während des Zweiten Weltkrieges wurde Natriumpentothal, ein Narkotikum, wegen seiner einschläfernden Effekte viel verwendet, die es gehemmten Menschen erleichterten, zu sprechen, verdrängte Erinnerungen wiederzufinden und mitzuteilen. Dieser Erfolg führte manche dazu, es für ein Wahrheitsserum zu halten, eine Ansicht, die sich positiv oder negativ in Theaterstücken wie *Heim der Tapferen* (Home of the Brave) oder Romanen wie *Der mandschurische Kandidat* (The Manchurian Candidate) niederschlug. Tatsächlich kann Pentothal einen Menschen nicht leichter als ein steifer Whisky zum Geständnis bringen. Sein Nutzen liegt in seiner Fähigkeit, Menschen zu entspannen, so daß sie sich an Dinge erinnern können, die die

Angst sonst verdrängt. — Und nicht einmal hier wirkt es zuverlässig. Dasselbe gilt für alle anderen Wahrheitsseren. Louis A. Gottschalk berichtete in seiner Eigenschaft als Berater des Büros für sozialwissenschaftliche Forschungen der Luftwaffe der Vereinigten Staaten über dieses Thema (in seinem Buch »Der Gebrauch von Medikamenten in der Befragungs-Situation«). Er schloß: »Medikamente können als positive Katalysatoren einer produktiven Befragung wirken ... doch garantiert ihr Einsatz durch den Leiter des Verhörs keine gültigen Ergebnisse ... Selbst unter besonders günstigen Umständen kann die erhaltene Information durch Phantasie, Entstellung und Lüge verfälscht sein ...« Nach allem, was wir wissen, dürfte es auch theoretisch unmöglich sein, jemals eine Droge zu entwickeln, die jeden zwingt, die Wahrheit zu sagen, nicht weil es keine wirklich effektiven Drogen gäbe, sondern — im physiologischen Sinn — keine Wahrheit. Wahrheit ist, was ein Mensch wahrnimmt, und es ist für eine Person wahrscheinlich unmöglich, nur ein Ding zu einer Zeit wahrzunehmen, wie die Antwort auf eine Frage ohne die Frage selbst oder ein sorgsam gehegtes Geheimnis ohne das sorgsam gehegte Wissen um seine Verborgenheit. Das heißt nicht, daß man einem Menschen kein Geheimnis entlocken kann oder daß Drogen nichts dazu beizutragen vermögen, indem man die Empfindlichkeit gegenüber heimtückischen Fragen lähmt. Es heißt jedoch, daß Gedanken nicht handgreiflich im Gehirn sitzen, mindestens nicht in einer Form, in der man sie durch ein geistiges Brechmittel lockern könnte, um sie dann vollkommen und unbeschädigt aus dem Mund zu werfen. Solange die Wirkung einer Droge die Vorstellungszentren des Gehirns passieren muß, damit es zu einer Äußerung kommt, wird die genaue Form der Äußerung ungewiß sein. Selbst mit stark erregenden Mitteln wie Epinephrin (Adrenalin) läßt sich nicht bestimmen, welches Verhalten nun genau aus dem Erregungszustand des autonomen Nervensystems folgt oder welche Gefühle in das Bewußtsein treten, wenn die Droge eingenommen wurde. Stanley Schachter von der Columbia Universität und Jerome E. Singer von der Universität des Staates New York in Stony Brook haben reiches Beweismaterial gesammelt, wonach dieses Mittel nur den Körper erregt, während die Gedanken, die diese Erregung begleiten, dafür verantwortlich sind, ob der Betroffene Ärger, Angst oder überwältigende Zärtlichkeit empfindet. Die Droge hat danach keinen Einfluß auf den Inhalt der Gedanken.

Selbst wenn ein geschickter Manipulator die Situation so gestalten könnte, daß das Individuum zuerst durch die Droge emotional erregt wird, dann Vorstellungen erhält, die seine Erregung in Zorn verwandeln, daß sich ferner dieser Zorn gegen einen anderen richtet, während das Motiv, die Gelegenheit und die Instrumente vorhanden sind, ihn zu töten, selbst dann kann man nicht sicher voraussagen, was nun eintreten wird. Der Akt der Aggression ist nicht mit dem Impuls des Angreifens identisch; er hängt von der oft komplexen Vorgeschichte aggressiver Akte des Individuums und ihrer Wechselwirkung mit dem Ineinander von Motiv und Gelegenheit ab. Es gibt z. B. kein »Nimm-diese-Flinte-und-erschieße-Joe-Zentrum« im menschlichen Nervensystem, obschon es Aggressionszentren im Gehirn gibt. Pillen, die bestimmte Verhaltensweisen hemmen, wie etwa Aggression, indem sie entsprechende Gehirnzentren lähmen, haben bessere Aussichten als Pillen, die bestimmte Verhaltensweisen auslösen sollen, weil es oft viele Möglichkeiten gibt, etwas zu tun, aber nur eine, es zu lassen.

Körpersteuerung ist ein Verstandesspiel

Letzten Endes stößt ein großer Teil der Zwangssteuerung, die Drogen über das Verhalten ausüben können, auf die gleichen Grenzen wie der Schmerz, der ja auch ein Steuerungsmittel darstellt: Beide müssen durch das Zentralnervensystem, einschließlich des Gehirns, verarbeitet werden, und ihre Effekte können abgelenkt oder ausgeschaltet werden, je nachdem, was in der Hirnrinde vorgeht, dem stammesgeschichtlich am meisten entwickelten Teil des Gehirns, der entscheidende, spezifisch menschliche Funktionen wie die Sprache steuert.

Evolutionär gesehen ist Schmerz wahrscheinlich eine Fortentwicklung der Reizbarkeit von Geweben, was selbst sehr einfache Tiere dazu veranlaßt, sich von schädlichen Reizen ihrer Umgebung fortzubewegen. Sir Charles Sherrington bezeichnete das als das sinnliche Hilfsmittel eines imperativen Schutzreflexes. Beim Menschen ist diese biologische Einrichtung zu einer solchen Feinheit entwickelt, daß heute niemand mit Sicherheit die Anatomie und Physiologie des Schmerzes beschreiben kann. Was man über die Natur des Schmerzes weiß, besagt lediglich, daß es sich um nichts weniger als eine einfache, primitive körperliche Reaktion handelt, sondern um ein sehr komplexes Verhaltensmuster, das durch das Zentralnervensystem interpretiert, verändert und manchmal auch ausgelöscht wird, so daß die Folgen eines Schmerzreizes alles andere als eindeutig sind. Viele Schmerzerlebnisse treten beispielsweise auf, wenn die Leitungen zerschnitten sind; andere hingegen werden nicht erlebt, wenn die Schmerznerven-Rezeptoren intensiv gereizt wurden. Amputierte berichten oft über quälende Schmerzen in Gliedern, die sie gar nicht mehr haben. Man setzt manchmal die Neurochirurgie ein, um diese sogenannten Phantomschmerzen zu bekämpfen, doch nützt sie oft nichts. Ein ebenso rätselhaftes Phänomen ist der übertragene Schmerz, bei dem Schäden an einem inneren Organ, etwa der Niere, als Schmerzen an der Oberfläche des Körpers empfunden werden, wie etwa am Rücken, und durch einen leichten Schlag auf die normale Haut ausgelöst werden können. Andrerseits werden Soldaten auf dem Schlachtfeld oft verwundet, ohne überhaupt Schmerz zu empfinden, oder doch nur so wenig, daß sie ärztliche Hilfe ablehnen. In einigen Experimenten hat Pawlow schließlich Hunden beigebracht, elektrische Schläge, Schnitte und Verbrennungen als Signale für Nahrung zu deuten. Zuletzt hörten sie auf, irgendwelche Schmerzzeichen als Reaktion auf diese Signale zu äußern.

Wie Ronald Melzack, von der McGill-Universität, und Patrick Wall am Massachusetts Institute of Technology zusammenfassen, ist Schmerz eine extrem komplizierte Interaktion zwischen »Reizmustern, den Zellen unterschiedlicher Rückenmarkssysteme und zerebralen Aktivitäten«, so daß »die für Aufmerksamkeit, Gefühl und Gedächtnis verantwortlichen Aktivitäten des Zentralnervensystems fähig sind, den Zustrom an Reizen zu steuern ... und psychische Faktoren die Reaktion auf und die Wahrnehmung von Schmerzen verändern können ... Die bewußte Wahrnehmung dieser Ereignisse ändert sich in Qualität und Intensität während der gesamten Aktivität. Dieser ganze komplexe Ablauf verbirgt sich hinter den einfachen Worten ›Schmerzreaktion‹ und ›Schmerzempfindung‹ ... Nahezu das gesamte Gehirn ist das ›Schmerzzentrum‹ und ist in die Schmerzwahrnehmung verwickelt.« Der komplexe Charakter des Schmerzes macht seine Wahrnehmung mindestens teilweise möglich und damit einer Steuerung des Stirnhirns, wo die kritisch-rationalen Fähigkeiten des Menschen sitzen, zugänglich. Andererseits macht gerade das den Schmerz zu einem unzuverlässigen Steuerungsmittel.

Palceboeffekte, die in Kapitel 2 kurz diskutiert wurden, zeigen deutlich, daß der Einfluß des Zentralnervensystems auf die Art, wie der Körper auf Medikamente reagiert, ebenso dramatisch und mysteriös ist, wie die Art und Weise, in der er Schmerzen steuert. Daß es solche Phänomene gibt, steht außer Zweifel, aber diese Tatsache wird nicht einmal immer innerhalb der Medizin berücksichtigt. In einem Artikel über »Quantitative Wirkungen von Medikamenten auf die Psyche«, bemerkt der namhafte Anästhesist Henry Beecher, »... erst nachdem ich auf diesem Gebiet einige Jahre gearbeitet hatte, fiel mir auf, daß wir gewöhnlich mit Placebos einen hohen Grad von Wirksamkeit in der Behandlung postoperativer Wundschmerzen und auch anderer Zustände erzielen«.

Nach dieser Entdeckung begann er nach analogen Beobachtungen zu suchen und fand viele ähnliche Berichte, in denen sich Placebos als wirksame Analgetika bei 21 bis 41 Prozent postoperativer Wundschmerzen, Krebsschmerzen, Anginaschmerzen und Husten erwiesen. Was noch wichtiger ist: Er beobachtete auch, daß »die Wirksamkeit eines Placebo weit größer ist, wenn die Belastung schwer ist ... Die durchschnittliche Effektivität von Placebos bei krankhaften Schmerzen liegt bei 35 Prozent, während sie bei experimentell ausgelösten Schmerzen nur 3,2 Prozent beträgt. Mit anderen Worten, das Placebo ist bei krankheitsbedingten Schmerzen zehnmal wirksamer als bei experimentell ausgelösten Schmerzen.«

Dieser Unterschied im Behandlungserfolg bei Schmerzen, die in Laborsituationen oder im Leben selbst auftraten, bezieht sich nicht nur auf Placebos. Die wirksamsten Schmerzmittel, wie Morphium, zeitigen die gleichen unterschiedlichen Effekte. Morphium kann experimentell ausgelöste Schmerzen beheben oder auch nicht, während es auf krankhafte Schmerzen immer einen bestimmten Effekt haben wird. Beecher unterstreicht die Grenzen, welche das Zentralnervensystems den Wirkungen von Medikamenten setzen kann, wenn er von »einem neuen Prinzip medikamentöser Wirkung« spricht: »Manche Mittel wirken nur, wenn sie von einem entsprechenden seelischen Zustand begleitet werden.«

Placebowirkungen sind keine »physischen« Phänomene in dem Sinn, daß sie unkörperlich, immateriell oder geistig sind; es handelt sich um physische Vorgänge im Körper, die in Verbindung mit Medikamenten entstehen, die meist keine solchen Effekte haben. Gerade die statistisch nachgewiesene Wirkungslosigkeit eines Medikaments bringt einen ja erst auf den Gedanken, es als Placebo zu benützen, ebenso wie die statistisch nachgewiesene Wirksamkeit von Morphium die Ärzte veranlaßte, es als Schmerztöter anzusehen. Das ungewisse Ergebnis besteht in der Reaktion des Körpers, nicht in der chemischen Eigenart des Mittels. Placebos zeigen, daß diese Reaktion oft unabhängig von der medikamentösen Steuerung erfolgt. Ein Placeboeffekt ist mit anderen Worten eine ungewöhnliche chemische Reaktion des Körpers auf spezielle Befehle des Zentralnervensystems. Wie diese Reaktion abläuft, ist unbekannt, doch der Anstoß zu einer Reihe von Reaktionen entspringt eindeutig den hochentwickelten Teilen der Hirnrinde, die das kognitive Bewußtsein — z. B. das Sprachverstehen — repräsentiert. Es ist irreführend, wenn man sagt, daß Placeboeffekte die Macht der Suggestion zeigen. Wenn überhaupt, dann beweisen sie die Macht des Glaubens. Die Feststellung allein, daß ein Medikament wirkt, ist ohne Wirkung, ehe sie nicht mit einer Pille verknüpft wird, deren Anblick sie überzeugend macht. Diese entstehende Überzeugung schafft den Placeboeffekt, nicht die Suggestion. Wenn die gleiche Überzeugung ohne ein Medikament eingeflößt würde, etwa indem man den Patienten erzählt, sie hätten im Schlaf ein Mittel erhalten, das alsbald wirken würde, oder wie es von Wunderdoktoren und Hypnotikern schon unzählige Male praktiziert wurde, dann träte vielleicht das gleiche Ergebnis ein. Jedenfalls bewirkt einfache und farblose Suggestion keine Placeboeffekte; das Frontalhirn zeichnet für diese Effekte verantwortlich. Es ist auch beteiligt, wenn man der Folter widersteht oder erreichen will, was viele Menschen für unerreichbar halten, um dabei den Rest des Organismus schier unerträglichen Strapazen auszusetzen. So betrachtet, scheint es gar nicht erstaunlich, daß es auch eine gewisse Steuerung der medikamentösen Wirkungen gibt.

Dieser Einfluß der Großhirnrinde auf Drüsen- und Nervenzellen, das heißt auf die Chemie des Körpers, der sich so deutlich an den Unterschieden von Schmerzempfindung und der Placebowirkung zeigt, beweist auch, daß man Informations- und Zwangsmittel zur Verhaltenssteuerung letzten Endes nicht trennen kann. Wirksame Steuerung eines Menschen hängt nicht von den Mitteln der Beeinflussung ab (darin liegt der Hauptunterschied zwischen Information und Zwang), sondern von der Fähigkeit, den Sinn des Individuums für seine eigene Integrität zu bewahren, während es tut, was der Steuernde möchte, so daß ein Teil seines Selbst sich nicht gegen den Zwang eines anderen zur Wehr setzt. Trotz ihrer großen Wirkungen und noch unüberschaubaren Möglichkeiten können Drogen bestimmte Teile des Gehirns, die diesen Zwang steuern, nicht absolut kontrollieren. Eine solche absolute Kontrolle erfordert, daß man das Gehirn in seinem gesamten Aufbau besser in Griff bekommt, als es Pillen oder Injektionen ermöglichen. Das ist heute durch eine Kombination von Chirurgie und Elektronik möglich geworden, die eine Kontrolle über das Steuerungssystem Gehirn verspricht.

Gehirn-Implantation: Die dritte Generation von Zwangssteuerungen

Alle die uralten Träume, die Menschen zu beherrschen, alle Geschichten von lebenden Leichnamen, Golems und Frankensteins kreisten um eine magische Formel, einen Zauberspruch oder ein Ritual, die den Schlüssel zur Macht verleihen sollten. Doch niemand konnte sicher sein, von den alten Griechen bis herab zu Mrs. Shelley, diesen Schlüssel durch Spekulation oder Vivisektion zu finden. Einen Weg dazu gibt es sicherlich: Er führt über das menschliche Gehirn, von dem man nun schon lange weiß, daß es die wichtigste Steuerungsinstanz für nahezu jeden bewegten Teil unseres Körpers ist, vom Atemholen bis zum Liebesakt, für jene Teile, die phantasieren, rechnen, denken und wissen. Das ganze komplizierte Orchester, die Kakophonie oder Harmonie des Körpers, alle seine Obertöne, die wir da Seele nennen, werden durch das Gehirn aufgezeichnet, weitergeleitet und ausgesendet. Wegen seiner überwältigenden Aufgaben für so viele Bereiche des Lebens und Wohlbefindens haben es die glücklichen Zufälle der Evolution hinter einer Schutzwand von Knochen eingeschlossen, um es vor Schaden und zufällig auch vor seiner Erforschung zu bewahren. Selbst als es der Chirurgie gelungen war, die Schädeldecke zu durchdringen, wuchs unser Wissen über das lebende Gehirn nur langsam und mühsam. Seine Gewebe und Funktionen trugen keine Etiketten, und seine weichen, glitschigen und gelatinösen Tiefen setzten leichten Entdeckungen eine schwer überwindliche Schranke. Das hat sich langsam geändert; das Wissen über das Gehirn hat seit dem neunzehnten Jahrhundert bis zum heutigen Tag ständig zugenommen. Heute gibt es eine ganze

Technologie, die dazu dient, den spezifischen Steuerungsmechanismus des Gehirns selbst zu durchdringen und zu kontrollieren. Man nennt sie manchmal »Gehirnimplantation«, was bedeutet, daß elektrische oder chemische Stimulatoren in wichtige Gehirnteile gepflanzt werden. Sie kommt auch unter der Bezeichnung ESB (Electrical Stimulation of the Brain – elektrische Gehirnreizung) vor, wobei man sich auf das bezieht, was in den meisten Fällen mit dem Gehirn geschieht, wenn das Instrumentarium einmal an Ort und Stelle ist. Diese Methoden wurden experimentell auf zahllose Varianten tierischen Verhaltens angewendet und werden klinisch bei einer wachsenden Zahl von Menschen mit verschiedenen Leiden für die verschiedensten diagnostischen und therapeutischen Zwecke eingesetzt. Sie arbeiten verläßlich und werden laufend verbessert, und zwar mit zunehmender Geschwindigkeit. Die Grenzen zukünftiger Möglichkeiten sind noch nicht in Sicht. Doch scheint auch das, was heute schon möglich ist, mehr als ausreichend, um uns alle in Aufregung zu versetzen und einigen von uns an den Nerv zu gehen.

Die Zahl der Aktivitäten, die mit spezifischen Stellen und Vorgängen im Gehirn verknüpft und durch deren Stimulation erregt, vermehrt, gehemmt oder unterdrückt werden kann, ist schlichtweg schwindelerregend. Menschen und Tiere können sich danach mit Gefühlen begegnen, die von nackter Angst bis zu liebevoller Zuneigung oder sexuellen Wünschen reichen. Gefügigkeit, ängstlicher Rückzug und panische Flucht können mit Wut und derart wilder Angriffslust abwechseln, daß sich die Opfer dieser Manipulation, durch unersättliche Wut angestachelt, selbst vernichten, die den Gegner, den sie angreifen, ohne auf die Gefahren und die Situation zu achten. Essen, trinken, schlafen, die Entleerung des Darms, die Bewegung der Glieder oder Sinnesorgane kann durch den elektrischen Einfluß von Puppenspielern graziös oder unbeholfen komisch erscheinen. Ihre unsichtbaren Fäden werden über Kilometer hinweg durch Radiosignale gezogen. Ihre Marionetten aus Fleisch und Blut nehmen sich dabei wie »elektrisches Spielzeug« aus, so wenig scheinen sie zur Selbststeuerung fähig. Erinnerung kann man mit einer Deutlichkeit erregen, die sie im gewöhnlichen Leben fast nie aufweist; die Sprache kann von ausgehaltenen Tönen zu raschem Geschwätz beschleunigt werden; Lachen und Weinen, Ärger und Freundlichkeit, Müdigkeit und Neugier – das alles und noch mehr läßt sich erregen, vermindern, auswechseln und manipulieren, wenn man das Gehirn stimuliert. Die Fortschritte in der Isolierung unterschiedlicher Gehirnpartien, in der Kartographie des Gehirns, in neurochirurgischen Techniken und Instrumenten, in der Elektronik (vor allem in der Verkleinerung der nötigen Apparate) lassen alle diese Dinge schon heute Wirklichkeit sein. Verbesserungen auf allen diesen Gebieten können unsere Fähigkeit, Verhalten durch Eingriffe in das Gehirn zu steuern, nur vermehren.

Klinische Versuche, Nervenkrankheiten durch Gehirnchirurgie zu beeinflussen, sind nicht neu. Aber der sogenannten »Psychochirurgie« geht es immer mehr um die Zerstörung von Hirngewebe durch Läsionen und Ablationen als um die Manipulation durch Implantationen. Das bekannteste Verfahren war die »präfrontale Lobotomie«, bei der die Stirnhirnlappen des Patienten teilweise vom Thalamus getrennt werden, einem Teil des Mittelhirns, der mit Gefühlserlebnissen zu tun hat. Sie wurde seit den späten dreißiger Jahren bis zur Erfindung der Tranquilizer im Jahr 1952 ziemlich viel angewendet. Gewöhnlich war dabei beabsichtigt, einen unkontrollierbaren Patienten zu beruhigen, was ihn manchmal im Krankenhaus umgänglicher machte, doch gelegentlich wurde ein ruhiger Patient gerade dadurch erregt. Lobotomien zeitigten auch noch andere Nebeneffekte, die von geringfügigen Verhaltensänderungen wie dem Verlust intellektueller Fähigkeiten, vor allem der Fähigkeit voraussehender Planung, bis zu dramatischen Verhaltensänderungen wie dem Tod führten, der bei ein bis vier Prozent dieser Eingriffe eintrat. Veränderungen der präfrontalen Lobotomie sind seither periodisch eingeführt und befürwortet worden, doch sind die Psychiater heute im allgemeinen der Ansicht, daß ihre Risiken den erwarteten Nutzen bei weitem übertreffen, vor allem weil die meisten Schäden, welche diese Art von Chirurgie anrichtet, irreparabel sind.

Neben diesen praktischen Unvollkommenheiten ist die herkömmliche Psychochirurgie auch wissenschaftlich wenig nützlich, da die recht groben Eingriffe im Gehirnzentrum auch einige der Vorfelder dieses Zentrums beeinträchtigen können. Auf diese Weise werden mehr Funktionen zerstört, als beabsichtigt war. Experimentelle Schlüsse aus Studien über chirurgisch verletzte Gehirne sind deshalb oft irreführend. »Es ist, als ob man jemand das Bein abschneidet und daraus den Schluß zieht, man hätte jetzt einen Hinkreflex enthemmt« (J. A. Deutsch von der Universität von Kalifornien in San Diego). Natürliche Ablationen können allerdings die Existenz spezifischer Steuerungszentren im Gehirn ziemlich deutlich zeigen, etwa durch die dramatischen Verhaltensänderungen, die oft traumatischen Kopfverletzungen, Krankheiten wie Meningitis und chronische Hirnleiden wie der Epilepsie folgen, die eine Behinderung der Gehirnfunktion zurücklassen. Das meiste Wissen über die menschlichen Reaktionen auf Gehirnstimulation sind in der Tat ein Nebenprodukt persönlicher Unglücksfälle, die einen neurochirurgischen Eingriff nötig machten, um einen Gehirnschaden zu beheben oder sein Fortschreiten zu verhindern.

Das meiste, was wir über zerebrale Steuerungsmechanismen wissen, stammt aus experimentellen Quellen, und von diesen wieder vor allem aus Tierversuchen. Forschung mit Elektro-Stimulation, aus der sich die Implantation entwickelte, wurde 1898 von J. R. Ewald, einem Physiologieprofessor in Straßburg, eröffnet. Er entwickelte eine Methode, einen elektrischen Stromkreis an das Gehirn eines Hundes anzuschließen und die Drähte mit einer Batterie zu verbinden, die er bei sich trug. Dreißig Jahre später benützte W. R. Hess, der später für seine Arbeit einen Nobelpreis erhielt, eine verwandte Methode, um die Gehirne von Katzen zu reizen. Er entdeckte, daß sie auf den elektrischen Stromstoß antworteten, als ob sie gerade durch drohende Hunde angegriffen würden: Ihr Pelz sträubte sich, ihre Ohren legten sich an den Kopf, ihre Augen wurden weiter, sie fauchten und teilten Hiebe aus. Da kein sichtbarer Hund vorhanden war, der auf diese Weise bedroht werden konnte, wurde diese Reaktion *Schein*wut benannt und vergleichbare Reaktionen auf elektrische Reize *Schein*hunger und so fort, womit man andeutete, daß dem beobachteten Verhalten kein sichtbares Motiv zugrunde lag. Aber das Verhalten selbst, das in solchen Situationen ausgedrückt wurde, war kaum Schein, es war ganz wirklich, und ebenso die Motive, die hinter ihm standen. Denn Wut, Hunger und all die anderen tierischen Leidenschaften trugen sich nicht in äußeren Objekten oder gar im Magen, in Drüsen oder Geschlechtszellen zu, sondern letzten Endes im Gehirn, in dem sie erlebt und von dem sie ausgedrückt werden. Der Schlüssel zur Steuerung der Gehirnzentren, der Motive und ihres Ausdrucks ist auch der Schlüssel zur absoluten Steuerung des Verhaltens.

Methoden der Gehirn-Implantationen sind dieser Schlüssel. Sie ermöglichen es, die Struktur eines Gehirnzentrums zu erhalten, während der Experimentator seine Funktion aus- und einschalten kann. Das meiste vom Gehirn gesteuerte Verhalten resultiert aus der Aktivität elektrischer Impulse, die entweder unmittelbaren Einfluß auf die Gehirnzellen nehmen oder chemische Reaktionen stimulieren, die auf sie wirken, oder beides tun. Die Entwicklung moderner Werkzeuge zur Beeinflussung elektrischer Aktivität, mußte auf die Lösung einiger wichtiger technischer Probleme warten. Man brauchte Materialien, die praktisch unbegrenzt in das Gehirngewebe eingebettet werden konnten, ohne es zu schädigen oder Infektionen auszulösen oder zu rosten; mikroskopisch genaue Methoden der Elektrodeneinführung waren nötig; außerdem bedurfte es elektronischer Geräte, um elektrische Impulse nach exakten Regeln zu empfangen und zu übertragen. Endlich mußte man über einen technischen Apparat verfügen, der experimentelle oder klinische Versuche ermöglichte, indem er Tiere und Menschen frei herumgehen ließ, ohne sie an Drähte zu fesseln und an umfangreiche Registratoren anzuschließen. Auch waren geeignete Mittel zu langen, objektiven und detaillierten Verhaltensbeobachtungen notwendig, um überhaupt einmal festzustellen, welche Effekte die stimulierenden Apparate hatten.

Interesse, Neugier, Bedürfnisse und Wünsche, also der übliche Komplex von Motiven, die sich mit der Bereitwilligkeit eines offenen Marktes verbinden, bessere Mausefallen und ähnliche Dinge zu bauen, wurden in den frühen fünfziger Jahren zusammengefaßt, um einen Großteil dieser Probleme zu lösen. Fortschritte der Kunststoffindustrie lieferten die nötigen Materialien. Die Bedürfnisse der Kommunikations- und Raumfahrttechnik für präzise und winzige Werkzeuge und elektronische Apparate ermöglichten es, geeignete Sender und Empfänger zu bauen, Telemetrie und Zeitraffer-Aufnahmen, sie zu benützen.

Einige der ausgefeiltesten Techniken der Chirurgie und Implantation, die diesen Fortschritten folgten, verkörpert die Arbeit von José Delgado, medizinische Fakultät der Yale-Universität, Abteilung für Psychiatrie und Physiologie, einem der führenden Forscher und dem wohl fruchtbarsten Deuter seiner Arbeit in der ganzen Welt. Seine Methode schädigt das Gehirngewebe kaum, sie erlaubt den Versuchspersonen, sich frei zu bewegen, wenn sie den Eingriff hinter sich haben, während der Reizapparat arbeitet, und ihn fast ein Leben lang bequem zu tragen, ohne funktionelle Einbußen und oft nicht einmal mit ernstlichen ästhetischen (einige weibliche Patienten, bemerkt er, »haben die Anpassungsfähigkeit ihres weiblichen Geistes an alle Situationen bewiesen, indem sie hübsche Hüte machten, die ihren elektrischen Kopfputz verbargen«). Während die Versuchsperson oder der Patient narkotisiert ist, führt der Chirurg feine Stahl- oder Platinelektroden in vorher ausgewählte Gehirngebiete ein, wobei er spezielle Karten benützt, um sie zu lokalisieren, und Mikromanipulatoren verwendet, um sie einzusetzen. Die Drähte selbst sind mit einer biologisch rekationslosen Schutzhülle wie Nylon oder Teflon umgeben und so fein, daß zwei Dutzend oder mehrere einzelne Elektrodenspitzen zu verschiedenen Kontaktpunkten im Gehirn geführt werden können, wobei sie von einer einzigen äußeren Basis ausgehen, die sie mit Strom versorgt. Da Gehirngewebe unempfindlich ist, schmerzen die Elektroden nicht; Menschen und Tiere können sie ohne Unbehagen über Jahre hin tragen. Ein Tier tat das mehr als vier Jahre lang.

Es gibt verschiedene Arten drahtloser Steuerungsgeräte. Die Reizgeneratoren sind extrem kleine Instrumente, um durch drahtlose Radiosteuerung Strom auf das Gehirn zu übertragen. Man kann sie auf den Rücken von Affen binden oder an die Gürtel von Menschen hängen. Wenn sie durch Radiosignale aktiviert werden, können sie auf eine kleine tragbare Batterie wirken. Eine andere Art, programmierter Stimulator genannt, ist unabhängig; er gibt seine Impulse nach einem vorher festgelegten Schema ab. Da hier die Radiosteuerung aus der Entfernung überflüssig ist, wird die Beweglichkeit des Betroffenen überhaupt nicht mehr begrenzt, was das Gerät für therapeutische Zwecke nützlich macht. Eine dritte Art solcher Radioausrüstung liefert längerdauernde Reizung von geringer Intensität. Man hat sie verwendet, um den hinteren Hypothalamus wochenlang anzuregen; der Hypothalamus ist ein Teil des Stammhirns, der eine Anzahl autonomer, sexueller und unwillkürlicher Funktionen steuert. Wenn man ihn an den Nerv anschließt, der den Sinus carotis hemmt (Karotissinus, Ausgangsstelle von Nerven an der Kopfschlagader, die Blutdruck und Herztätigkeit beeinflussen, A. d. Ü.), dann senkt der kontinuierliche Stimulator Bluthochdruck bei Hunden und Menschen. Vielleicht lassen sich in Zukunft noch wichtigere Anwendungsbereiche als die direkte elektrische Reizung erschließen, wenn man Medikamente in das Gehirn durch drahtlose Impulse verabreicht. Delgado und seine Mitarbeiter haben ein Instrument entwickelt, das man Radioinjektor nennt. Es wird in das Gehirn eingepflanzt und gibt auf Radiokommandos Chemikalien direkt ins Gehirngewebe ab. Wenn ein Strom durch eine Kammer dieser Mikropumpe fließt, dann wird ihr flüssiger Inhalt, eine flüchtige Substanz mit dem Namen Hydrazin, in ein Gas verwandelt, das sich ausdehnt und die Flüssigkeit aus einer benachbarten Kammer mit konstanter Geschwindigkeit, die durch die Einstellung des Radioempfängers verändert werden kann, in das Gehirn drückt. Chemikalien haben als Mittel der Gehirnreizung gegenüber der Elektrizität potentielle Vorzüge, da sie flexibler und variabel sind. Ihre Dosis kann man genau steuern, und es gibt eine Menge verschiedener Chemikalien, die injiziert werden können. Stromstöße können sich voneinander durch Dauer und Stärke unterscheiden.

Gegenwärtig jedoch ist die elektrische Stimulation noch unübertroffen und wird ständig verbessert. Ihre Apparaturen werden von Jahr zu Jahr kleiner und widerstandsfähiger. Im Herbst 1966 benützte das Laboratorium von Delgado einen Standard-Empfänger (der Reize empfängt und auf das Gehirn überträgt), der etwas kleiner war als eine Zigarettenpackung. Es arbeitete an der Entwicklung von Geräten in der Größe einer Briefmarke und der Dicke eines Fingernagels, während man bereits noch kleinere plante, einschließlich eines kaum pfenniggroßen Geräts. Delgado deutete damals an, daß es in wenigen Jahren möglich sein könnte, einen kleinen Computer in das Gehirn einzusetzen, und daß solche Geräte schließlich benutzt werden könnten, um die Intelligenz elektronisch zu steigern.

Forschungen an Tieren

Tiere stehen eher als Menschen für Experimente zur Verfügung, und deshalb sind die meisten Implantationsstudien mit ihnen durchgeführt worden. Eine erstaunliche Weite und Tiefe tierischer Aktivitäten kann durch die Reizung des einen oder anderen Gehirnteiles ausgelöst werden. Einfache Bewegungen, ob sie nun willkürlich sind oder nicht, lassen sich in jedem Glied oder Muskelteil auslösen. Aber Einstellungen, Emotionen und Antriebe können ebensogut gesteuert werden. Aggression und Flucht, Hunger, Durst, Sexualität und Lust können so verläßlich und variationenreich erregt und gehemmt werden, daß das Leben der Versuchstiere selbst durch den Wink des Experimentators, der die Stimulation steuert, beendet werden kann. Solche Tiere können gezwungen werden, sich zu Tode zu essen; hungrige oder durstige Tiere verweigern das Futter, gutmütige verausgaben sich in wütenden Klauenhieben gegen nicht vorhandene Feinde, sexuell erregte Tiere kopulieren bis zur Erschöpfung, zufriedene lernen rasch, Elektrizität in ein »Lustzentrum« ihres eigenen Gehirns zu leiten und darüber alles andere zu vergessen, bis man sie gewaltsam hindert, unaufhörlich so weiterzumachen. Die ursprünglichen Experimente von Hess über die Wut sind unzählige Male mit den verschiedensten Tierarten wiederholt worden, mit Hunden, Katzen, Ratten, Stieren usw.

Was genau mit welchem Körperteil eines bestimmten Tieres in der jeweiligen Reizsituation geschieht, ist kein einfacher Vorgang, er ist weder deutlich noch offenkundig. Darin liegt ein wichtiger Grund, warum Tierforschungen in der Regel Experimenten mit menschlichen Wesen vorausgehen müssen. Sehr kurze Stimulation in einigen Gehirngebieten kann beispielsweise lang anhaltende Effekte haben, das zeigt sich in Studien mit Katzen, die nach fünf Sekunden Stimulation im Mandelkern drei Tage lang nichts mehr fraßen, oder bei sonst gefräßigen Affen, die jeden Appetit auf Bananen verloren, als man den Kopf des Nucleus caudatus (»geschwänzter Kern«, ein Bereich im Hirnstamm. A. d. Ü.) elektrisch erregte. Andere Gehirngebiete, wie der motorische Kortex (die Gehirnrinde, welche die Körperbewegungen steuert, A. d. Ü.), ermüden rasch und können einige Minuten brauchen, um sich von wenigen Sekunden Stimulation zu erholen. Wieder andere, wie der Hypothalamus, lassen sich dauernd mit Folgen, die über Wochen hin anhalten, erregen.

In Abhängigkeit von dem Ort des gereizten Gehirnteils und der Art des Reizes selbst kann die Wirkung auf das Verhalten des Tieres erregend oder hemmend sein. Stimuliert man beispielsweise den Nucleus dorsalis des Thalamus, dann nimmt die Häufigkeit der Paarung bei Affen stark zu. Doch indem er den vorderen Teil des Thalamus mit dem Signal eines batteriebetriebenen Transistorgerätes in seiner Hand reizte, brachte Delgado einen Kampfstier mitten im Angriff zum Stehen.

Im allgemeinen produziert die Reizung eines bestimmten Gebietes bei einer Tierart ähnliche Folgen wie die gleiche Reizung bei einer anderen Spezies. Je größer das Tier, um so leichter ist es, spezifische Orte in seinem Gehirn zu finden — und je größer das Tier, um so größer ist mehr oder weniger auch seine Intelligenz. Wenn Größe und Lokalisation die einzigen bedenkenswerten Punkte wären, dann könnte man einen Menschen leichter steuern als eine Maus. Sie sind es natürlich nicht, da mit unserer Größe auch eine weit höhere Komplexizität der Funktionen einhergeht, von denen einige durch solche Reize überhaupt nicht steuerbar sind.

Aggression und Sozialverhalten. Verhaltensweisen, welche die Interaktion vieler Gehirnzentren voraussetzen, nicht nur die eines einzelnen, können dennoch durch Implantation gesteuert werden. Zu ihnen gehört die Aggression. Sie kann durch Aktivität des Hypothalamus, der Mandelkerne, des Thalamus, der Schläfenlappen oder noch anderer Gehirngebiete erregt werden. Je nachdem, wo und wie sie produziert wird, kann sie sich darüber hinaus als explosive Wut, als stumme Feindschaft, oder in zorniger Erregung, oder gewalttätigem Angriff äußern. Nach Kenneth E. Moyer von der Carnegie-Mellon-Universität in Pittsburgh gibt es mindestens sieben, möglicherweise acht unterschiedliche Aggressionsarten, von denen wohl jede von unterschiedlichen Interaktionen zwischen einem Gehirnzentrum und Außenreizen bedingt wird.

Es ist nicht nur möglich, Aggressionen auszulösen, sondern sie auch in verfeinerter Form zu erhalten, sie nicht nur aus- und einzuschalten, sondern auch willkürlich höher oder niedriger einzustellen, indem man die Intensität der Reizung auf ein Niveau vermindert, das keine offene Wut auslöst. Eine gewöhnlich liebevolle und verträgliche Katze beispielsweise, die mit fünf anderen Katzen zusammenlebte, wurde mürrisch und jähzornig, wenn man den Mandelkern zwei Stunden lang per Radio mit niedriger Intensität reizte. Sie zog sich in eine Käfigecke zurück, saß bewegungslos, stieß kaum hörbares Fauchen aus und begann zu spucken, fauchen und zu drohen, wenn sich irgendeine andere Katze näherte oder der Versuchsleiter sie zu streicheln suchte. Sobald die Reizung aufhörte, wurde sie wieder so zutraulich wie früher.

Drahtlose Steuerung ermöglicht es, die Wirkung von ESB auf soziales Verhalten zu erforschen. Ohne sie würden sich die Tiere gegenseitig auf die Drähte treten, die Empfänger kurzschließen und sich gelegentlich wohl auch verletzen. Da wir letzten Endes mehr an menschlichem als am Verhalten niedrigerer Arten interessiert sind, und von allen menschlichen Verhaltensweisen die sozialen am wichtigsten sind, ist es auch wichtig zu erfahren, welche von ihnen durch physische Vorgänge beeinflußt oder durch Gehirnphysiologie unmittelbar gesteuert werden.

Eines der wichtigsten Unternehmen Delgados betraf die Langzeitbeobachtung einer ganzen Kolonie von Rhesusaffen. Diese im Vergleich zum Durchschnitt der Affen recht intelligente Art führt daneben noch ein kompliziertes Sozialleben, das dem Bild, das Hollywood gern vom Leben der Höhlenmenschen entwirft, sehr ähnelt. Im typischen Fall erscheint ein Affe als »Boß«. Er nimmt große und weite Lebensräume in Besitz, nimmt sich an Futter und Frauen, was ihm gefällt, und tyrannisiert zur Erholung seine Untergebenen. Doch gibt es in einer Affengesellschaft nur wenig Rangkämpfe, da ihre Mitglieder gewöhnlich ihren Platz kennen. Gehirnreizung ändert das rasch.

Reizt man per Radio das Gehirn des Bosses an einer bestimmten Stelle, dann wird seine tyrannische Pose gehemmt, so daß die anderen Affen gleichgültig werden und ihn ignorieren. An einer anderen Stelle steigert die Reizung seinen natürlichen Despotismus; er erschreckt die Untergebenen mehr denn je. Um die Dinge noch mehr zu verwirren, kann man den Radiosender, der den Boß steuert, in den Käfig selbst verlegen. Nach wenigen Tagen lernt auch das Opfer, das unter der Wut des Häuptlings am meisten zu leiden hat, den Hebel zu drücken, der ihn milde stimmt.

Bryan Robinson vom Yerkes-Primaten-Laboratorium hat einen noch faszinierenderen, ja sogar romantischen Befund mitgeteilt. In einer Gruppe von drei Affen mit zwei dominanten Mitgliedern – einem Männchen und einem Weibchen – machte er das untergeordnete Männchen durch elektrische Reize aggressiv. Das Weibchen hörte bald auf, ihn anzugreifen, wandte ihm schrittweise immer mehr Zuneigung zu und griff schließlich sogar ihren früheren Freund an. Wer sich an den 97 Pfund schweren Schwächling Charles Atlas erinnert, hätte leicht voraussagen können, daß sie es tun würde.

Gehirnstimulation hat sich auch als erfolgreich erwiesen, die Beziehung zwischen einer Rhesusmutter und ihrem Baby zu stören, das sie gewöhnlich fast dauernd umsorgte. Wenn man ihr Mittelhirn elektrisch reizte, begann sie das Baby völlig zu ignorieren. Nur zehn

Sekunden Stimulation schufen zehn Minuten mütterlicher Gleichgültigkeit, trotz der kläglichen Anstrengungen des Babys, sich ihr zu nähern. Sobald sie wieder begann, für es zu sorgen, konnte eine neue Reizung ihre Aufmerksamkeit wieder ablenken.

Im allgemeinen wirkt ESB auf soziale Verhaltensweisen komplizierter und weniger durchschaubar als auf einfachere Aktivitäten. Wenn ein Affentyrann aggressiv erregt wird, dann schlägt er nicht blindlings um sich, sondern richtet seinen Angriff öfter auf ein Männchen, das er nie mochte, während er eine Attacke auf seine Favoritin vermeidet. In solchen komplexen Situationen scheint elektrische Stimulation ähnlich zu arbeiten wie Medikamente: Sie steigert die Neigung zu einer bestimmten Verhaltensweise, doch befiehlt sie nicht, wer das Opfer, das Ziel oder der Nutznießer dieser Tat sein wird.

Gehirnimplantate beim Menschen

Die meisten Experimente mit Einpflanzungen sind bei Tieren vorgenommen worden. Trotz ähnlicher Resultate von Art zu Art bleibt ihre Bedeutung für menschliche Wesen unbestimmt. Sie leichthin abzulehnen, ist ein modischer Trick von Leuten mit philosophischen oder religiösen Engagements, die für den Menschen eine Sonderstellung unter allen lebenden Organismen beanspruchen oder Sonderinteressen verfolgen.

Immerhin gibt es bei Argumenten, die auf Analogieschlüssen beruhen, keine Sicherheit und deshalb auch keinen Weg, um die Bedeutung von ESB für menschliches Verhalten festzustellen, ohne menschliche Gehirne elektrisch zu reizen und zu verfolgen, was dann geschieht. Das ist schon vielfach geschehen, vor allem in klinischen Fällen, wo elektrische Gehirnreizung in Verbindung mit Chirurgie benötigt wurde, wobei die Elektroden oft monatelang implantiert blieben. Implantierte Steuerungen sind bei Menschen, experimentell oder klinisch, schon eingesetzt worden, um mit Erfolg Sprachmuster zu ändern, epileptische Anfälle zu erleichtern, therapieresistente Schmerzen zu erkennen und zu behandeln, unwillkürliche Bewegungen zu steuern, feindselige, aggressive Impulse ebenso zu induzieren und zu blockieren wie eine Auswahl von Gedanken, Halluzinationen, Gelächter, Erinnerungen, sexuelle Erlebnisse und lustvolle Stimmungsveränderungen, nicht anders als physische

Funktionen wie Herzschlagfrequenz, Urinieren, Muskelkontraktionen, Gehör und Blutdruck.
Während ärztlicher Eingriffe war es chirurgischen Pionieren, wie Wilder Penfield von der McGill-Universität und Robert Heath von der Tulane-Universität, möglich, den Operationstisch zu einem Labor für Studien über den Effekt der Gehirnreizung auf das menschliche Verhalten zu machen. Da der Mensch für neurochirurgische Experimente nur in begrenzter Zahl zur Verfügung steht, beschränken sich manche Vergleiche zwischen uns und niedrigeren Tierarten auf Studien, in denen nur eine einzige Versuchsperson repräsentiert ist. M. P. Bishop, S. T. Elder und Robert Heath haben beispielsweise versucht, an einem menschlichen Wesen das »Lustzentrum« zu entdecken, das James Olds und P. Milner zehn Jahre früher an der Universität von Michigan bei Ratten entdeckt hatten, ein Befund, der an vielen anderen Tieren von anderen Universitäten bestätigt wurde. Doch da sie nur eine einzige Person für ihre Studie zur Verfügung hatten, waren sie zur Annahme gezwungen, daß ihre Resultate nur begrenzt gültig seien. Ähnlich liegt ein anderer Fall, in dem J. M. Fuster bei Rhesusaffen nachgewiesen hatte, daß Stimulation des aktivierenden Systems der Rechteckformation im Stammhirn die Gesichtswahrnehmung von Rhesusaffen verbesserte, während Gary Galbraith, Universität von Südkalifornien, und Robert Heath unfähig waren, diese Befunde an dem einzigen menschlichen Wesen zu wiederholen, das für Vergleichszwecke zur Verfügung stand.
Wichtiger als Vergleiche mit anderen Tieren ist jedoch, daß Reizungsversuche mit Menschen Änderungen in Gefühlen und Gedanken, in Empfindungen und Wahrnehmungen, in Sprachmustern und motorischen Funktionen bewirkt haben. In einigen Fällen sprachen die Patienten mit einem Psychotherapeuten, der die Interviews auf Tonband aufzeichnete, während verschiedene Hirnregionen gereizt wurden. Es gab bemerkenswerte Resultate. Ein langsam sprechender Patient steigerte seine Sprechgeschwindigkeit von durchschnittlich 8,5 auf 44 Worte pro Minute, was für ihn einem Sprechen im Schnellgang gleichkam. Der Anteil an freundlichen Gefühlen in seinen Aussagen steigerte sich sogar um den Faktor neun. In anderen Fällen ist Denken durch ESB blockiert worden, so daß in Zeit und Raum orientierte Menschen, die den Anweisungen des Arztes gut folgen konnten, auf Fragen nicht antworteten und kein einziges

Wort herausbrachten. »Ich konnte meine Gedanken nicht ordnen«, erklärte einer. »Mein Kopf war, als hätte ich eine Menge Bier getrunken.« Und ein anderer sagte: »Ich weiß nicht warum, aber ich konnte nicht sprechen.«

Halluzinationen. Die Wirkungen der Gehirnreizung auf Empfindung und Gedächtnis sind oft so ausgeprägt, daß sich die Beschreibungen der Patienten über ihre elektrisch induzierten Erlebnisse wie Halluzinationen anhören. Optische und Gehörshalluzinationen lassen sich durch Reizung der Schläfenlappen auslösen. Die Stimulation, schreibt Lamar Roberts, medizinisches College der Universität von Florida, »kann vergangene Erlebnisse zurückrufen, als ob ein Tonbandgerät oder ein Streifen Tonfilm im Gehirn in Bewegung gesetzt worden wäre«. Vergangene Erlebnisse werden in lebhaften Einzelheiten erinnert, und die Betroffenen sind sich offensichtlich der Einzelheiten bewußt, die ihre Aufmerksamkeit beim tatsächlichen Ereignis am stärksten beanspruchte, während sie daneben auch noch wissen, was sich in der Gegenwart abspielt. Das alles hört auf, wenn der Strom ausgeschaltet wird, und setzt wieder ein, wenn er neu beginnt.

Die Manipulation von Menschen durch elektrische Gehirnreizung unterscheidet sich prinzipiell nicht von derselben Manipulation von Tieren. Was unterschiedlich ist, und zwar oft so dramatisch, daß es den Beobachter erschreckt, ist die Tatsache, daß die Folgen der Reizung in einer spezifisch menschlichen Weise ausgedrückt werden. Tiere haben unzweifelhaft Erinnerungen und sind lebhafter Vorstellungen fähig, aber sie können sie nicht in Worte kleiden, die ihren Ausdruck von Erschrecken, Angst, Lust, Liebe oder Gram begleiten. Tiere mögen wie wir Lust empfinden, aber sie können ihr Vergnügen nicht durch Kichern, Lachen oder andere ähnliche Akte ausdrücken, die den Menschen gemeinsam sind und gemeinhin in solchen Reizversuchen beobachtet werden.

Elektrischer Sex. Wie zu erwarten, lassen sich menschliche Sexualreaktionen durch Radiostimulation manipulieren. Einige solche Fälle sind berichtet worden: Es handelte sich um scheue, zurückhaltende Frauen und wenigstens um einen jungen Mann, die durch die Stimulation bestimmter Gehirnteile sexuell erregt wurden, mit ihrem Arzt flirteten und ihm sogar in zwei Fällen (einschließlich des Mannes) einen Heiratsantrag machten! Mindestens einmal hat auch ein Neurochirurg geplant, einen Fall schwerer Nymphomanie durch ein Dauerimplantat zu heilen. Wahrscheinlich könnte man dasselbe mit sexueller Frigidität tun.

Aggressionssteuerung. Wahrscheinlich ist kein Gebiet der Radiosteuerung für die nahe Zukunft wichtiger als die Kontrolle individueller Gewalttätigkeit, der man in diesem Jahrzehnt erhöhte Aufmerksamkeit schenkt und die uns wahrscheinlich in Zukunft noch mehr Sorgen machen wird. Sie ist seit den Studien von Hess über die »Scheinwut« intensiv erforscht worden.

Bis heute haben Dutzende von Untersuchungen gezeigt, daß sich Aggression durch direkte Gehirnreizung erregen läßt. Die meisten Berichte handeln von Tierversuchen, aber eine zunehmende Anzahl spricht dafür, daß ähnliche Phänomene auch beim Menschen auftreten. »Obschon das Beweismaterial noch dünn gesät ist«, bemerkt Dr. Moyer, »scheint es klar, daß der Mensch trotz seines hochgradig entwickelten Gehirns nicht frei von aggressiven Schaltkreisen ist. Der Mensch ist keine Ausnahme. Es gibt wilde Menschen, wie es wilde Katzen gibt ...« Aggression kann manchmal eine Folge einer Gehirnerkrankung sein. Brandstiftung, Vergewaltigung und Mord sind ebenso wie andere gewalttätige Akte oft mit besonderen Hirnwellenmustern in Verbindung gebracht worden. Einige dieser Zustände könnte man theoretisch durch Implantationen manipulieren, wenn einmal die entscheidenden Gehirnteile bekannt und ihre Tätigkeiten verstanden werden.

Mittlerweile hat sich eine beträchtliche Anzahl von Studien über die Aggressionssteuerung beim Menschen angesammelt. In Boston betreibt ein interdisziplinäres Team der medizinischen Fakultät in Harvard, dem General Hospital von Massachusetts und dem City Hospital von Boston eine Klinik, die der Erforschung und Steuerung gewalttätiger Menschen dient und durch William Sweet und Vernon Mark, zwei Neurochirurgen, sowie Frank R. Ervin, einem Psychiater, geleitet wird. Viele der Kranken, die an sie überwiesen werden, haben eine typische Vorgeschichte, die von Gewalttätigkeit und seelischen Problemen angefüllt ist, die nicht aus Gehirnleiden im üblichen Sinn resultieren. Einige Patienten leiden jedoch auch an nachweisbaren Gehirnschäden, die von Epilepsie bis zu Tumoren reichen. ESB kann in einigen solchen Fällen als diagnostisches Instrument verwendet werden. Ein zwanzigjähriges Mädchen beispielsweise, das zu Wutanfällen neigte, wurde in einigen Gehirngebieten stimuliert, um herauszufinden, welche Gebiete für ihr Verhalten verantwortlich sind: Die Stimulation des Mandelkerns löste den Wutausbruch aus, mit dem Reiz erlosch auch die Raserei. Moyer berichtet wie eine »wohlerzogene Patientin aggressiv wurde, den Experimentator beschimpfte und ihn zu schlagen drohte, als man die Region der Mandelkerne experimentell stimulierte. Als der Strom ausgeschaltet war, wurde sie wieder höflich und entschuldigte sich für ihr Verhalten. Ihr feindseliges Verhalten konnte aus- und eingeschaltet werden wie ein Licht.« Unkontrollierbare epileptische Wut ist ebenfalls ein wohlbekanntes Phänomen. Vernon Mark zitiert einen Fall, in dem ein 34jähriger Ingenieur mit ausgezeichneten beruflichen Erfolgen zehn Jahre lang immer wieder gewalttätig wurde, wobei er Mitglieder seiner Familie angriff und viele Menschen durch seine verrückten Fahrgewohnheiten gefährdete. Er litt an Anfällen, die vom Mandelkern ausgingen. »Reizung ... des linken Mandelkerns rief ein Gefühl hervor, ›wild zu werden‹, und der Patient äußerte dabei ›ich verliere die Kontrolle‹. Andererseits produzierte Reizung im seitlichen Mandelkern, drei Millimeter weiter, ein Gefühl der ›Überentspannung‹, der ›Distanz‹, ›gerade das Gegenteil von meinen Ausbrüchen‹. Im Normalzustand war das Bewußtsein dieses Patienten für die leisesten Anzeichen einer persönlichen Beleidigung geschärft und seine Reaktion oft heftig oder gewalttätig. Unter der Einwirkung einer lateralen Stimulation seines Mandelkerns fand er sich ruhig damit ab, daß der mittlere Teil seines Schläfenlappens zerstört werden sollte.« In diesem Fall war eine Operation nötig, die einen Teil des Gehirns zerstörte. Als sie durchgeführt worden war, verschwanden die Wutreaktionen.

Gehirnchirurgie ist glücklicherweise nicht die einzige Methode, um Aggressionen zu vermindern, aber es ist wichtig, sie in Reserve zu haben, wenn andere Methoden versagen. Selbst wenn eine Neigung zur Gewalttätigkeit nicht aus Gehirnschäden resultiert, kann man Implantate verwenden, um sie zu steuern, und zwar so schonend wie nur möglich. Wenn die ungewöhnliche Verteilung männlicher Geschlechtschromosomen, die man XYY nennt, sich tatsächlich als verläßliches Merkmal entpuppen sollte, mit dessen Hilfe eine genetische Neigung zur Gewalttätigkeit voraussagbar ist, wie einige Forscher annehmen, dann könnte die Implantation empfehlenswerter sein als das Gefängnis, wenn sich keine andere Behandlungsverfahren anbieten, da es keinen gangbaren Weg gibt, die Chromosomen eines Menschen auszuwechseln. Aber da Chirurgie die am wenigsten reversible Methode der bekannten Zwangsmittel ist, wird die Frage bleiben, ob sie schon deswegen gerechtfertigt ist, weil sie besonders gut wirkt.

Gegenwärtig bedient man sich nur relativ wenig des medizinischen und wissenschaftlichen Wissens, um die Gehirnimplantation auf praktische menschliche Probleme anzuwenden, die Forschungsmethoden auf diesem Gebiet weiterzutreiben und zu prüfen oder neue Instrumente und Techniken zu entwickeln, um unsere Kenntnisse auf diesem Sektor auszudehnen. Zweifellos wird ihre Zahl aber sehr zunehmen, wenn sich die Menschen erst einmal deren Existenz und Zukunftsaussichten bewußt werden. Die Verbindung von dringendem Bedürfnis und technischen Entwicklungen, die sie zu erfüllen versprechen, sichern dieses Wachstum. Immer kleinere Instrumente, immer bessere Materialien, immer stärkere Batterien — an allem wird gearbeitet, und sicher auch an anderen Dingen, die hier nicht erwähnt sind. Niemand muß die Grenzen der chirurgischen Steuerung kennen, um nach einer Prüfung ihrer bisherigen Leistungen festzustellen, daß es einmal möglich sein wird, eine äußerst verfeinerte chemische oder elektrische Verhaltenssteuerung auszuüben.

Trotz der Tatsache, daß so viele Funktionen durch Implantation gesteuert werden können, ist es keineswegs klar, daß diese Methoden — sei es in ihrer gegenwärtigen Form, oder als Zukunftsprojekt — fähig sind, menschliche Roboter zu produzieren. Delgado glaubt nicht, »daß eine roboterähnliche Steuerung menschlicher Wesen möglich ist, weil unsere Persönlichkeit von der Funktion von Millionen Nervenzellen mit einer so komplexen raumzeitlichen Integration so vieler Faktoren abhängt, daß sie durch Manipulation des Gehirns nicht dupliziert werden kann. Vor allem sind gedankliche Vorgänge auf einer hohen Ebene, Ideologien und andere Aktivitäten, die mit rationalen Schlüssen verknüpft sind, nicht direkt manipulierbar. Je näher man den geistigen Vorgängen und dem oberen Teil des Schädels kommt, um so ungünstiger sind sozusagen die Chancen für radiochirurgische Steuerung. Vielleicht kann man handelsübliche Radioapparate verwenden, um Denkprozesse zu dirigieren, aber mit implantierten Apparaten geht das nicht.«

Wir sollten nicht übereilt schließen, daß deshalb wirklich wichtige Verhaltensweisen vor der chirurgischen Steuerung sicher seien. Gerade sie weist ja deutlich nach, daß es viele wichtige Verhaltensformen gibt, die nicht vom Denken abhängen, die in der Mitte, den Seiten oder im unteren Teil des Kopfes schlummern, Ängste, Angriffslust und Wohlgefühl, die der Mensch mit niedrigeren Tieren gemein hat. Selbst im besten Fall, wenn sie ganz unabhängig sind, können Denkvorgänge das Verhalten weniger beeinflussen, als Schriftsteller, Dichter, Erzieher und Romantiker gerne annehmen. Die Theoretiker der Gewalttätigkeit mögen endlos reden, aber es gibt keine Straßenschlacht, wenn nicht die Mandelkerne eines Teilnehmers auf Umweltsignale reagieren. Selbst auf höchstem Niveau würde eine Vereinigung von Hirnrinden allein wenig Handlungen provozieren.

Was ihre praktischen Möglichkeiten angeht, so zählt es wenig, wo die endgültigen Grenzen dieser Technologie liegen. Ob höhere geistige Vorgänge einmal durch wissenschaftliche Mittel gesteuert werden, die man heute noch nicht kennt, oder ob man Menschen auf erschreckende oder wohltätige Art zu Robotern machen kann, die Richtung, in welche die damit befaßte Industrie geht, ist für eine Reihe von Jahren klar. Früher oder später wird jemand versuchen, einen kleinen Computer in das menschliche Gehirn zu pflanzen, um die Intelligenz zu steigern. Man wird epileptische Anfälle und einige Formen von Schwachsinn und von Psychosen beherrschen. Doch diese Technologie, die gedankenlos und amoralisch wie alle nicht menschlichen Dinge und nicht einmal lebendig ist, wird sich nicht selber lenken. Menschen werden sie benützen, wie sie sie auch gemacht haben, und einige von ihnen werden sehen, daß sie Möglichkeiten bietet, die über die rein medizinische Steuerung hinausgehen und veilleicht nur denen helfen, die steuern, nicht aber den Gesteuerten. Die Verhaltenssteuerung ist ein zweischneidiges Schwert; ob sie für den einzelnen und die Gesellschaft unheilvoll oder nützlich wird, hängt davon ab, wie man sie versteht, empfiehlt, ausbeutet und begrenzt, wenn sie sich in Zukunft weiterentwickelt. Einiges kann hier vorausgesehen werden.

III

Die Bedeutung der Verhaltenssteuerung

6

Die Aussichten für eine Verhaltenssteuerung

Die zunehmende Verbesserung struktureller Zwangstechniken sollte klarmachen, daß es der modernen Wissenschaft in der Tat möglich sein wird, die Mittel bereitzustellen, mit denen sich individuelles Verhalten prinzipiell steuern läßt. Wenn unsere kurze Beschreibung noch Zweifel offenläßt, dann wird die zunehmend verfeinerte Anwendung dieser Techniken in den nächsten Jahren diesen Gesichtspunkt deutlich machen. Die Fragen, die sich dann erheben, betreffen die Aussichten, Gefahren und Grenzen der Steuerungstechnik und die politischen, sozialen und moralischen Überlegungen, zu denen anständige Männer verpflichtet sind, um die Macht zu zähmen, die den Meistern in dieser Technik zur Verfügung stehen wird.

Prognosen über die künftigen Auswirkungen der Steuerungstechnologie nehmen oft extreme Form an. Ithiel de Sola Pool vom MIT erwartet zu Anfang des nächsten Jahrhunderts ein goldenes Zeitalter menschlicher Begegnungen, die weitgehend aus dem Verhalten der modernen Hippies abgeleitet und von Drogen gesteuert sind. In einem Abschnitt von *The Year 2000*, überschrieben »Andere Alpträume des 21. Jahrhunderts«, sehen Herman Kahn und Anthony Wiener vom Hudson Institute eine ebenso wahrscheinliche Ära der Unterdrückung und »Dystopie« voraus (einen Ausdruck, den sie auf Huxleys und Orwells gräßliche Visionen künftiger politisch-sozialer Steuerung anwenden). Und beide Möglichkeiten können sogar auf einmal Wirklichkeit annehmen, mit einerseits versklavten, andererseits verzogenen Menschen.

Man muß keine weit in die Zukunft reichenden Bilder der Technik der Verhaltenssteuerung zeichnen oder über ihre künftigen Auswirkungen auf die Gesellschaft spekulieren, um klar zu erkennen, wie sie sich in den nächsten Jahren entwickeln wird, um daraus einige Schlüsse über individuelle und gesellschaftliche Folgen zu ziehen. In mancher Hinsicht haben Informations- und Zwangssteuerungen verschiedene Aussichten und Auswirkungen auf die Gesellschaft. Beide werden sich jedoch erheblich ausweiten, sobald sich ihr

Anwendungsbereich und ihre Ziele von der Behandlung persönlicher Störungen auf die Ordnung menschlicher Probleme in vielen Gebieten verschiebt. Die Unterschiede zwischen beiden werden sich mehr und mehr verwischen, da jede Verhaltenstechnologie zunehmend von harten Tatsachen und der *hardware* abhängt. Im allgemeinen werden Informationssteuerungen und einige Medikamente hauptsächlich auf individuelle Verhaltensweisen und Moralbegriffe wirken, die Beschäftigung mit dem eigenen Ich fördern, während sich ihre sozialen Konsequenzen aus der Summe solcher Einzelwirkungen ableiten lassen. Auf der anderen Seite werden die Zwangssteuerungen wie die Hirnimplantate, vor allem die Mitglieder höchster Gesellschaftsschichten angehen und politische, ethische und philosophische Kontroversen auslösen, da sie zunehmend moralische Traditionen untergraben und Skeptizismus gegenüber ihren Annahmen nähren, auf denen diese beruhen.
Die wichtigsten technologisch inspirierten Veränderungen in einer Gesellschaft sind in jedem Fall Folgen allgemein-technischer Fortschritte, deren Auswirkungen auf das Verhalten, selbst wenn sie sehr einschneidend sind, indirekt und zufällig bleiben. Empfängnisverhütende Pillen mögen gewaltige Konsequenzen für das Sexualverhalten haben, doch sie haben überhaupt keine direkten Effekte auf sexuelle Motive, Wünsche und Neigungen. Wenn Verhaltenssteuerungen jeder Art aus den engen Grenzen der Heilmethode ausscheren und sich der größeren Aufgabe einer Herrschaft über menschliches Verhalten schlechthin zuwenden, dann bestimmt ihre Rolle in der Technologie unserer Zeit immer noch das Problem, das sie geschaffen haben. Es handelt sich um ein Problem des Erfolges, nicht des Versagens, und gerade ihre Erfolgsaussichten machen sie so schwerwiegend.

Die allgemeinen Wirkungen der Technologie

Technik verändert das menschliche Leben allgemein auf drei Ebenen. Einmal spendet sie Leben, manchmal wunderbar, manchmal tragisch, für jene große Zahl von Menschen, die im Lauf der Geschichte wegen eines Mangels technischer Möglichkeiten allzujung starben. Frauen überleben das Kindbett heute dank der Technik der Antisepsis; gesunde Kinder überleben dank moderner Medikamente; geschädigte Neugeborene sind zu Schwachsinn oder anderen Benachteiligungen verurteilt, weil die moderne Geburtshilfe ihr Leben rettet; zahllose Unwissende entgehen durch die Hilfe von Sanitätsingenieuren dem Seuchentod. Zweitens erleichtern sie unser Leben durch Komfort, Spülklosetts und Warmwasser, elektrisches Licht, rasche Kommunikation, elektronische Entspannung und noch mehr. Und endlich komplizieren sie unser Leben gerade durch ihre Fortschritte. Automobile haben den herkömmlichen Städtebau in Amerika beendet, indem sie städtische Zentren rasch deurbanisierten und ungeheuere Menschenmengen in Bewegung setzten. Arbeitssparende Geräte und die Verbesserung der Einkommensverteilung haben sich in ungeahntem Ausmaß dazu verschworen, junge amerikanische Hausfrauen der oberen Mittelklasse in den Vorstädten auf einen Schlag zu den verwöhntesten und überarbeitetsten Menschen der Welt zu machen. Wahrscheinlich muß ein bestimmter Nettogewinn oder Nutzen für viele Menschen vorliegen, wenn technische Neuerungen Fuß fassen sollen. Doch der Verlust, den solche Neuerungen für einige bedeuten, wie technisch bedingte Arbeitslosigkeit, die Störungen und Ängste, die sie vielen anderen bringen, die ihr Leben verändern müssen, um den Neuerungen gerecht zu werden, können sehr belastend sein.

Wenn technische Veränderungen unser Leben einschneidend und offenkundig beeinflussen (das heißt, unser Verhalten), dann bedarf es großer Anstrengung, sich an sie zu gewöhnen. Das Erscheinen von Zügen und später von Automobilen beanspruchte die Nerven von vielen Pferden und Reitern. Doch wenn sie schrittweise als Teile eines unaufhörlichen Stromes kleiner einzelner Änderungen eintreten, werden sie nicht so intensiv erlebt. Die Erfindung des Düsentransportflugzeuges hat eine Menge Folgen, aber eine mit einfacheren Lufttransportmitteln vertraute Öffentlichkeit schenkt ihr keine besondere Aufmerksamkeit. Die meisten technischen Neuerungen gehen Schritt für Schritt, sie entspringen nicht fix und fertig dem Reagenzglas oder dem T-Labyrinth, den hinter gefurchten Brauen versteckten Gedanken großer Wissenschaftler in weißen Mänteln und nicht einmal jenen Forschungsorgien, in denen riesige Vorhaben aus dem Trog öffentlicher Mittel Körbe voll leicht gewonnenen Geldes schöpfen. Sie entwickeln sich weit öfter Stufe für Stufe, wobei jeder, der einen Beitrag leistet, auf den Schultern des Mannes steht, der vor ihm daran ging, das Gesamtwissen um einen kleinen Betrag zu vermehren, um mit Isaac Newton zu sprechen. In der Vergangenheit konnte deshalb die Anpassung an die meisten Neuerungen mit ihrer Entwicklung Schritt halten. Doch heute beschleunigt sich die technische Entwicklung aus technologischen Gründen immer mehr, und der Mensch gerät in Gefahr, mit mehr neuen Dingen überhäuft zu werden, als er gebrauchen kann. Niemand vermag genau vorauszusagen, welche Ergebnisse diese Beschleunigung haben wird, doch sicher wird sie zu einigen Brüchen in unserer Gesellschaft führen. Die Technik der Verhaltenssteuerung als Teil der allgemeinen Technik trägt zu diesem Bruch bei und hilft, das ist die Ironie der Ereignisse, zur selben Zeit, ihn zu kitten, indem sie verwirklicht, wozu sie bestimmt ist: Verhalten zu steuern. Diese beiden Rollen spielt sie bei der Information etwas anders als bei Zwang.

Die Aussichten für Informationssteuerung

Einige zukünftige Richtungen der Steuerungstechnik durch Information sind deutlich, andere nicht. Je härtere Daten einbezogen sind, desto deutlicher wird die Zukunft. Es ist sehr leicht zu erkennen, wie sich die Technik der Verhaltensformung und der Lehrmaschinen weiterentwickelt und relativ leicht, worauf die Handlungstherapien abzielen. Nur schwer läßt sich dagegen sagen, was aus den Einsichttherapien und ihren Abkömmlingen werden wird. Wenn es überhaupt ein Gebiet gibt, auf dem technische Beschleunigung Menschen fähig macht, mit dem Druck immer schnellerer technischer Fortschritte fertig zu werden, dann ist es die Erziehung. Drei positive Faktoren kann man dafür verantwortlich machen: Erstens nimmt unser Wissen um die Prinzipien des menschlichen Lernens zu und verfeinert sich, so daß wir zunehmend nicht nur die Regeln der Verstärkung kennen, auf denen ein großer Teil des Lernens beruht, sondern auch die Zusammenhänge von Erfahrung und Entwicklung sehen, welche es ermöglichen, sie vernünftig auf Kinder mit verschiedener Vorbildung und Aufgaben verschiedenster Art anzuwenden. Zweitens erlaubt es das wachsende Arsenal von programmierten Texten bis zum Videotape zunehmend, fast alles, was wir unterrichten wollen, wirksam zu verpacken und den Stoff so mitzuteilen, daß er besonders verständlich ist und vom Gedächtnis leicht aufgenommen werden kann. Drittens bietet der

Einsatz von Computern als Lehrmaschinen nahezu unbegrenzte Möglichkeiten, den Unterricht zu individualisieren, selbst bei hochkomplizierten Sachverhalten und heterogenen Schülergruppen. Die technische Zukunft der Erziehung, die ja in jedem Fall intensivste Verhaltenssteuerung der menschlichen Geschichte ist, scheint golden. Wofür man sie gebrauchen wird, ist eine andere Frage.

Ein Gebiet, auf dem man die Erziehungstechnologie in Zukunft anwendet, ist natürlich die technische Ausbildung. Das stellt zwar keinen hohen moralischen Zweck dar und ist auch nicht das vornehmste soziale Ziel, das man dem Unterricht setzen kann. Aber es ist unerläßlich, um die Räder des Getriebes in Gang zu halten, das heißt, um die Technik selbst zu versorgen. Und das ist nötig, weil wir sie ja schon haben. Die darin liegende Ironie mag schmerzlich empfunden werden, aber keines der Ziele, die wir prüfen, wird diesem Zirkelschluß ausweichen können. Handlungstherapien werden zunehmend populär, teilweise, weil sie polemisch sind, und teilweise wegen ihres Nutzens. Aus beiden Gründen werden diese Verfahren in einigen Jahren mehr und mehr »in« sein; Studenten werden sie erlernen, Universitäten lehren, Fachleute und Öffentlichkeit akzeptieren und fördern. Das wird in größerem Umfang durch ihre therapeutischen Erfolge gerechtfertigt, aber auch durch die nützlichen Dinge, die sie über Therapie im allgemeinen zu sagen haben. Diese bestehen zuerst einmal in ihrer operationalen Annahme, daß das Verhalten gesetzmäßig abläuft, so daß jede Art menschlicher Probleme als Kette von Ursache-Wirkungs-Beziehungen angesehen werden kann. Zweitens aber auch in der Annahme, daß solche Probleme, wenn sie gesetzmäßig entstehen, planvoll gebessert werden können; Therapie muß deshalb von langer Hand vorbereitet sein. Drittens ist das Gewicht, das die Handlungstherapeuten auf das Lernen als die Basis von Verhaltensänderungen legen, nicht deshalb wertvoll, weil sie allein darauf hinweisen, sondern weil sie sie handgreiflich machen. Schließlich verleiht ihnen ihre Suche nach wirtschaftlichen Behandlungsverfahren und exakten Prüfungen therapeutischer Ergebnisse eine Aura der Glaubwürdigkeit, die ihre Anziehungskraft in Zukunft nur steigern kann.

Die Zeiten ändern sich jedoch immer rascher, und wenn einmal die Polemiken verstummt sind, werden sich die Handlungstherapeuten — von wenigen verdrießlichen Ausnahmen abgesehen — mehr zurückhalten und ihre Arbeit tun, ohne neue schwarze Schafe in Freud und der Psychoanalyse zu entdecken. Sie werden erkennen, daß ihr Beitrag zum menschlichen Wohlergehen nicht schrankenlos sein muß, um Wert zu haben. Aus demselben Grund werden die Analytiker und Existentialisten nüchterner über Hypnose, Konditionieren und Psychopharmaka denken und zur Überzeugung gelangen, daß es in der Tat eine Menge Menschen gibt, die aus vielfältigen Gründen auf sehr verschiedene Art leiden. Was hilft, hilft, und nichts anderes; wer auch immer hilft, handelt aus Mitleid, selbst wenn seine Methoden wenig vertraut, seine Beschreibungen pompös und seine Motive unrein sind. Die Zukunft der Psychotherapie ist unklar genug, um eifrige Empfehlungen für das, was sie nun sein sollte, oder allzu selbstsichere Prognosen über das, was sie nun sein wird, zu geben. Es hat einige eklatante Erfolge der Psychoanalyse gegeben und eklatante Versager der Verhaltenstherapie und umgekehrt. Wir dürfen erwarten, daß wir noch mehr davon erleben werden. Keiner sollte sich in selbstgerechter Torheit darüber auslassen, was heute oder in den nächsten zehn Jahren für wen richtig sein wird. Solange persönliches Leid eine Zukunft hat, wird auch die Suche nach verschiedenen Wegen, mit ihm fertig zu werden, eine Zukunft haben.

Die Technik wird ebensoviel wie ihre eigene Reife zu Bescheidenheit der Psychotherapie beitragen. In vielen Belangen wird eines Tages die Psychotherapie als bevorzugtes Therapieverfahren durch Medikamente und Gehirnimplantate ersetzt. In vielen Fällen, für die heute die Handlungstherapie verwendet wird, wird man später chemische und chirurgische Verfahren heranziehen. Tatsächlich beschwört die Handlungstherapie durch ihre mechanistischen Annahmen solche Entwicklungen herauf und ermöglicht sie erst.

Der Beruf des Einsichttherapeuten dürfte von allen Informationssteuerungen die schlechteste Zukunft haben, weil die Einsichttherapie so wenig gegen Symptome ausrichtet. Gleichzeitig kann aber die Einsichttherapie den größten Einfluß auf die Gesellschaft ausüben, weil sie als Behandlungsverfahren für Probleme der existentiellen und persönlichen Identität eine große Anziehungskraft ausübt. Wenn unsere technische Gesellschaft wirtschaftliche Fortschritte macht, so daß die Menschen immer weniger zu tun und immer mehr Zeit haben, sich mit diesen zu beschäftigen, dann wird die Popularität solcher Fragen entsprechend wachsen. Kahn und Wiener weisen darauf hin, daß dieses Interesse schon bemerkenswerte Ausmaße in »einer Sorge für Persönlichkeit und soziale Beziehungen« annimmt, was »für amerikanisches Geistesleben des letzten Jahrhunderts relativ neu ist«. Ausdrücke wie »Anteilnahme«, »Zeugnisabgabe« und »Selbstverwirklichung«, sagen sie, haben unter politischen Gruppen der Neuen Linken schon fast religiöse Bedeutung. Das »Bedürfnis nach Kameradschaft und dem Gefühl der Zugehörigkeit« drückt sich zunehmend in sozialen und politischen Bewegungen aus, die von den Black Muslim bis zu Hippies, Kulten der freien Liebe und therapeutischen Gemeinschaften wie Synanon reichen. Sie legen nahe, daß »neue, große Bewegungen dieser Art in der postindustriellen Zukunft« eine Menge Anhänger aus dem kleinstädtischen Amerika, der unteren Mittelklasse und den Kindern von erfolgreichen Eltern gewinnen werden, die in den Augen der Heranwachsenden alle echten Werte verkauft haben.

Einsichttherapien tragen auf drei Wegen zur existentiellen Orientierung bei. Erstens ermutigt ihr säkularer Charakter und wissenschaftlicher Anspruch Menschen mit Schuldgefühlen, die den Wertsystemen der meisten Priester, Ärzte und Eltern mißtrauen oder sie verachten, zu Psychotherapeuten zu sprechen. Zweitens lassen sich ihre Methoden, Selbsterkenntnis und die Selbsterforschung zu fördern, leicht auf Beziehungen außerhalb des Sprechzimmers und ebensogut auf Gruppen wie auf Individuen anwenden. Und drittens kann die Selbsterforschung, die in einer Einsichttherapie eintritt, in eine Ideologie der Selbstverwirklichung und Anteilnahme übertragen werden, die keine Loyalität gegenüber unerwünschten politischen, religiösen oder elterlichen Machtansprüchen verlangt. Dadurch wird die Selbsteinschätzung von der äußeren Moralität auf die persönliche Integrität verschoben, ein Ausdruck für Moralvorstellungen, die im Ich selbst begründet sind.

Inwieweit diese Verschiebung einen sozialen Bruch auslöst, wird man abwarten müssen. Vielleicht ändert sie an der Lage der Dinge nicht sehr viel. Praktisch gesehen, kann die resultierende »Moral der Psychohygiene« hauptsächlich den Jungen beschreiben, der sein Medizinstudium abbricht oder seine Alkoholabstinenz aufgibt oder das Mädchen, welches keine Lehrerin oder keine Jungfrau mehr sein möchte, weil sie im Lauf einer Psychotherapie entdeckt hat, daß es sich hier um Wünsche ihrer Eltern, nicht um ihre eigenen handelt. Oder sie kann im Gegensatz dazu den Geschäftsmann schildern, der aufhört, Geld zu machen und wieder in die Schule zurückkehrt, aber auch den Tunichtgut, der sich bekehrt, um ein anständiger Mensch zu werden, und jeden, der durch diese Mittel der Selbsterkenntnis zur Überzeugung kommt, er müsse »seine Aufgabe erfüllen«. Oder sie kann im tragischen Fall den beschreiben, der auf diesem Weg entdeckt, daß er keine Aufgabe hat. (Selbstmord steht als Todesursache für Amerikanische College-Studenten nur hinter Autounfällen zurück.) Es wird nie einen eindeutigen Weg geben, solche Folgen genau abzuschätzen, ebensowenig, wie es keine brauchbare Methode gibt, mit der sich ermitteln ließe, wie die Gesellschaft aussähe, wenn die Psychotherapie nie erfunden oder seit langem eine perfekte Heilmethode wäre. Der Apostel Paulus ohne Anfälle, Luther ohne Verstopfung oder ein vergnügter Freud, alle drei hätten ein ganz anderes Erbe hinterlassen können, vielleicht ein besseres, vielleicht ein schlechteres. Ob gut oder schlecht, feststeht, daß Informationssteuerungen wie die Psychotherapie dazu neigen, eine moralische Tradition zu erschüttern, um die Person von jeder Forderung und Verpflichtung zu entlasten, um diese der Gesellschaft aufzuerlegen.

Die wichtigste künftige Aufgabenerweiterung der Einsichttherapie wird wahrscheinlich auf dem Gebiet der Begegnung in kleinen Gruppen erfolgen, einschließlich der Arten unkonventioneller Gruppen, die am Ende von Kapitel 3 erwähnt wurden. Sie können sowohl durch quasi-religiöse als auch durch quasi-medizinische Argumente gegründet werden, da z. B. die Meditation in Gruppen, Nacktheit, Körperbewußtsein, Tanzen, Fühlen und Befühlt-Werden nicht nur geistig wertvoll, sondern auch psychohygienisch wirksam sind. Dieselben Dinge werden seit langem von den Treffen der Anonymen Alkoholiker, von Gruppengebeten und von öffentlichen Beichten berichtet. Die wichtigen Unterschiede liegen nicht so sehr in dem veränderten Inhalt dieser Treffen als in der Tatsache, daß Moral und persönlicher Lebensstil sich von verbreiteten sozialen und religiösen Konventionen auf die individuellen Perspektiven eines Psychotherapeuten oder einer Gruppe verschieben, von denen jeder behauptet, daß niemand als der Betroffene selbst für seine Lebensweise verantwortlich ist. Kritische Gegner der Einsichttherapeuten fordern oft, daß ihre Protagonisten zugeben sollten, daß sie sind, was sie nicht sein wollen, nämlich Vertreter moralischer Lehren, Träger von Ideologien, weltliche Priester; aber selbst wenn sie es tun würden, dann würde es die künftige Entwicklung ihres Unternehmens wohl nur wenig beeinflussen.

Eine andere Richtung, in der sich die Einsichttherapie wahrscheinlich ausdehnen wird, ist dagegen weit konventioneller. Es handelt sich um das Sensivity Training. Es stellt schon heute das größte kommerzielle Nebenprodukt der Psychotherapie dar. Das Sensivity Training ist ein verbreitetes Instrument der Erwachsenenbildung und der Wirtschaftshochschulen in ganz Amerika. Es wird durch Geschäftsleute, in der Industrie und in Regierungsstellen benützt, um die Harmonie zwischen Mitarbeitern zu verbessern und die Menschen bewußter werden zu lassen, wer sie sind und welchen Eindruck sie auf andere machen (wodurch man gelegentlich auch ihre Fähigkeiten verbessern kann, andere zu manipulieren). In welchem Grad man dadurch für sich und die anderen sensibler wird, ist nicht bekannt. Die Fähigkeit dieser Bewegung, bekannt zu werden, war allerdings ungeheuer.

Sensivity-Gruppen sind »personzentriert«, das heißt, sie haben kein Problem zu lösen, keinem Zweck zu dienen, außer dem, individuelle und gegenseitige Bewußtheit zu steigern. Tatsächlich dienen sie jedoch dazu, ihre Mitglieder durch einen Prozeß der Indoktrination zu steuern, der sie emotional von der Gruppe abhängig macht. Der einzelne wird zuerst ermutigt, irgend etwas Peinliches über sich selbst auszusagen, was ihn um den guten Willen der übrigen bangen läßt. Ihre Sympathie bringt ihn dann dazu, sich zu bekehren und fester an die Gruppe anzuschließen, und er gibt sich dann dazu her, den nächsten Teilnehmer zu veranlassen, dasselbe zu tun. Jemand drückte das so aus: »Es ist lustig, wie teilnehmend jeder von uns wird, wenn wir einmal von der Gruppe bearbeitet wurden.«

Menschen zu etwas zu verpflichten, ist gerade das, was Einsichttherapie besonders gut kann und weshalb sie eine bedeutende, wenngleich unklare Zukunft hat. Wofür verpflichtet? ist eine Frage von der Größenordnung wie: wofür erzogen? Jean-Paul Sartre würde Politik empfehlen, Abraham Maslow Yoga und andere vielleicht Gesellschaft, Selbsterfüllung, Gott, Revolution oder Vegetarismus. Was allen Kämpfern in Sachen Verpflichtung gemeinsam ist und was die Einsichttherapie mit ihrer wirksamen, wenngleich beschwerlichen Technik erreichen will, ist der Glaube, daß die Menschen lernen müssen, ihre Verpflichtungen als eigene Motivation anzusehen, daß sie ihr Leben lebenswert machen und niemandem sonst Rechenschaft ablegen müssen. Der beträchtliche Einfluß dieser

Idee kann jedoch den recht zungenfertig verbreiteten Glauben, wonach eine freie Gesellschaft der Zukunft auf einer übereinstimmenden Moral basieren wird, von Grund auf erschüttern, wobei sich vielleicht schon düstere Alternativen von Unterdrückung und Anarchie abzeichnen.
Die meisten Informationssteuerungen werden auch im akuten Fall in nächster Zeit nur einen subtilen Einfluß ausüben. Die meisten Fragen, die ihnen bislang im Sprechzimmer begegneten, sind individueller Art; ihre Lösungen reichen nicht sehr weit. Und diese Probleme, die sie in sozialen Kontexten wie Krankenhäusern und Schulen in Angriff nahmen, sind so beschaffen, daß die erwünschten Lösungen eigentlich immer eindeutig sind. Keiner will etwa, daß Kinder ungebildet oder unfähig sind, Freundschaften zu schließen, keiner will, daß Schizophrene hilflos in Krankenhäusern, Gefängnissen oder auf den Straßen herumlungern. Jedenfalls haben die Experten für Informationssteuerung bisher noch nicht viel Macht über das Verhalten anderer Menschen ausgeübt. Sie haben für sich selbst eine Manipulations-Rolle angenommen, wodurch sie manchmal ungerechtfertigter Einflußnahme geziehen wurden. Dagegen haben sie noch nie von einer Anklage gehört, ja nicht einmal daran gedacht, von welcher Tragweite ihre eindeutigen Einflußnahme ist. Diese Anklagen richten sich überwiegend gegen die Zwangssteuerungen.

Die Aussichten für die Zwangssteuerung

Die Technik der Zwangssteuerung des Verhaltens bringt aus denselben Gründen wie andere Neuerungen soziale Probleme mit sich. Ihre Effekte sind dramatisch, und die Menschen sind mit ihnen nicht vertraut genug, um sie zu akzeptieren, zu ignorieren oder in den Alltag ihres Lebens einzubauen. Doch wenn es erst einmal Allgemeingut ist, Epilepsie durch Gehirnimplantationen zu steuern, das Gedächtnis mit Medikamenten wiederherzustellen und Geisteskrankheiten auf Konditionierungsstationen zu behandeln, wird sich ein gut Teil des öffentlichen Unbehagens über die Zwangssteuerungen zerstreuen. Ganz verschwinden wird es nicht, da die Auswirkungen der Zwangssteuerungen, weit mehr als die der Informationssteuerungen, von dem Grad abhängen, in dem sie gegen nicht ganz eindeutige Krankheiten und Störungen eingesetzt werden. Jeder wird Gehirnimplantationen auf Leiden wie Epilepsie oder Schwachsinn anwenden lassen, da es sich um unzweideutig medizinische Störungen handelt. Dieselben Methoden gegen Homosexualität, Marihuanarauchen oder die aggressiven Impulse von Demonstratoren gegen das Establishment einzusetzen, wird jedoch nicht mehr so gern hingenommen werden. Aus denselben Gründen mag der Einsatz milder Informationssteuerungen, wie die Psychotherapie, bei diesen Zuständen akzeptabel erscheinen, gerade weil diese Methoden nicht mächtig genug sind, jemanden zu einer Änderung zu zwingen. Gerade die gleichen Gründe lassen sie als banale Belästigung erscheinen, wenn man sie auf Epilepsie oder Schwachsinn anwendet. Da unwirksame Steuerungsmethoden und ungenau definierte Leiden lange bekannt sind, erwecken sie keine neuen Ängste. Psychopharmaka und Chirurgie tun es dagegen. Obschon sie bei den meisten ähnliche Ängste auslösen, sind ihre voraussagbaren Folgen für die Gesellschaft nicht gleich. Medikamente teilen Eigenschaften der Informations- mit denen der Zwangsmethoden.

Die sozialen Auswirkungen der Steuerung durch Medikamente

Die medizinische Bedeutung der Zwangssteuerung führt leicht dazu, ihre nichtmedizinische Tragweite zu übersehen, die im wesentlichen darin liegt, daß man sie nicht darauf beschränken muß, Kranke gesund zu machen. Je mehr sie verfeinert werden, desto nützlicher werden sie auch sein, um auf jedes gewünschte Verhalten einzuwirken, ob es sich nun um körperliche Behinderung, soziale Abweichung oder was auch immer handelt. Sichtbare und handgreifliche Instrumente, die von Brillen, Prothesen und Rollstühlen zu Bruchbändern, Pessaren und anderen Kontrazeptiva reichen, haben dafür seit langer Zeit die medizinische Grundlage gelegt. Das moderne Fundament für dieses Einwirken bildeten die Tranquilizer, deren Einsatz gegen die meisten seelischen Beschwerden zwar gute Gründe, doch recht unterschiedliche Wirkungen hat, wie etwa der Gebrauch von Antibiotika. Penicillin beispielsweise wird Pneumokokken, Syphilis-Spirochäten und einige andere Organismen angreifen, ohne die meisten anderen Stoffwechselvorgänge zu stören. Das heißt, daß es einem Patienten mit Lungenentzündung helfen kann, und einen, der keine hat, überhaupt nicht affiziert. Das Medikament kann helfen, aber es schadet voraussichtlich nicht. Ein starker Tranquilizer andererseits neigt dazu, Menschen zu beruhigen, ob sie nun geistesgestört sind oder nicht. Wo er wirkt, ist klar, aber die Störungen, die seinen Einsatz erfordern, können nicht so klar definiert werden.

Der Schritt von eindeutig physischen Störungen zu solchen, die es nicht eindeutig sind, ist klein, weil wir daran gewöhnt sind, daß alles, was Ärzte behandeln, einschließlich der Störungen im Gehirn, Krankheiten sind, und Krankheit schließt für uns meist körperliche Störungen, nicht soziale Schwierigkeiten ein. Je mehr man die Kompetenz, solche Störungen zu definieren, denen überläßt, die nicht ihre unmittelbaren Opfer sind, und je mehr sich diese Definitionen auf das Verhalten und nicht auf Anatomie oder Physiologie stützen, desto dürftiger werden sie. Das gilt vor allem dann, wenn die gleichen Leute, welche die Krankheit definieren, auch die Kur auswählen und anwenden. Wenn die Synthese spezifischer Drogen nach und nach Pillen liefert, um aggressive Impulse zu befrieden, das Gedächtnis zu erweitern oder zu löschen und eine Vielfalt anderer intellektueller und emotionaler Funktionen zu manipulieren, die heute zum größten Teil außerhalb der direkten Kontrolle jedes anderen als der Person des Betroffenen selbst liegen, dann wird das ethische Problem, wer wem wann Pillen verabreichen soll, recht kompliziert. Es ist schon heute ziemlich schwierig, und allgemeine Definitionen von Krankheit, sozialer Anpassung und ähnlichen Dingen scheinen zunehmend inadäquat, wenn man solche Fragen verstehen und lösen will.

Es steht praktisch fest, daß der Gebrauch aller Arten verhaltenssteuernder Drogen enorm zunehmen wird, sobald sie verfügbar werden. Die beiden wichtigsten sozialen Probleme, die dann entstehen, hat die begrenzte Zahl der heute verfügbaren Psychopharmaka schon vorweggenommen. Das erste betrifft Stoffe, die Drogenkonsumenten haben wollen, während sie ihnen andere Leute verbieten möchten; das zweite Chemikalien, die potentielle Konsumenten ablehnen möchten, während andere wollen, daß sie sie nehmen. Keines dieser beiden Probleme ist einfach zu lösen, weil sich die vorhandenen ethischen, medizinischen und gesetzlichen Normen teilweise widersprechen und mit der hier eigentümlichen öffentlichen Hysterie überschneiden. Einige Halluzinogene scheinen beispielsweise weniger schädlich und gewohnheitsbildend als Alkohol, doch die Sitte hat das eine sanktioniert und lockert die Verbote des anderen nur schrittweise. Geht man von ihren Effekten auf das Verhalten aus, könnte man sie als eine besondere Klasse von Tranquilizern ansehen, die weniger gefährlich als Alkohol und Barbiturate, aber eher geeignet sind, Langeweile zu behandeln als Angst. In Amerika und Westeuropa ist Langeweile wahrscheinlich ebenso die Krankheit des Jahrhundertendes, wie die Hysterie seinen Anfang und die Angst seine Mitte beherrschte. Schlafanregende Drogen (auch Hypnotika oder Narkotika genannt) und aufputschende Mittel können mit ihnen kombiniert werden, was tatsächlich oft geschieht und wodurch ein subjektiv vollständiger Ring gesteuerter Aktivität entsteht. Für einige hat dieser Prozeß erschreckende Seiten; sie befürchten einen Zusammenbruch der Gesellschaft in einer kollektiven Orgie drogeninspirierter Nabelschau. Das wird wahrscheinlich nicht eintreten, wenigstens in keinem größeren Ausmaß als in dem stummen Elend von Millionen, deren bewußtes Leben in einem alkoholischen Dösen zugebracht wird. Entgegen allem Anschein wird keine neue Technologie gebraucht, sondern nur kleinere Pakete von Traumstoff. Und wenn das ein Trost ist: Viele College-Studenten der sechziger Jahre, die diesen Drogenkonsum unterstützten, werden ihn eines Tages legalisieren und ihm in einigen pathetischen Fällen wohl auch zum Opfer fallen; es handelt sich um aktive Rebellen gegen die soziale Ordnung, nicht um passive Wracks, die sich aus ihr zurückziehen.

Der zukünftige gesteigerte Gebrauch von »Bewußtseins«-Drogen muß nicht allein ein Versuch sein, der Langeweile zu entfliehen, ebensowenig wie der verbreitete Alkoholismus gänzlich als eine Form der Realitätsflucht wegerklärt werden kann. Beide Male handelt es sich um sozialisierende Wirkstoffe (ein Beispiel sind Ogden Nashs »Reflexionen übers Eisbrechen«: »Zuckerl ist ein Schnuckerl, aber Schnapserl ist rascher«*), und beide sorgen für neuartige seelische Erlebnisse, die meist angenehm sind. Für viele College-Studenten und Hippies, von denen bezeichnenderweise die meisten aus guten wirtschaftlichen Verhältnissen kommen, haben viele Drogen dem Alkohol wichtige Vorzüge voraus. Sie sind wirksamer, leichter zu handhaben (sowohl zu nehmen wie zu verstecken), manchmal leichter zu kaufen (entweder weil sie billiger sind oder weil sie

* Candy / Is dandy / But liquor / Is quicker.

keine Lizenz und keinen Altersnachweis verlangen). Sie sind den elterlichen Autoritäten fremd und erschrecken sie und werden oft in der Gruppe der Altersgenossen weniger als Schnaps mit Ausschweifung und mehr mit religiösen Erlebnissen verknüpft. Die Suche nach Sicherheit in einer komplizierten und nach Ekstase in einer schmerzvollen Welt, ist heute wohl so wichtig wie stets in der menschlichen Geschichte und wie stets durch Religion zu befriedigen. Aber gebildete junge Leute sind heute wahrscheinlich weniger als je zuvor fähig, Hilfe in Dogmen und Institutionen zu suchen, die sie für veraltet, wenn nicht für obszön halten. Viele von ihnen scheinen durch Drogen zu ekstatischen religiösen Erlebnissen zu gelangen. Drogen (und Alkohol) haben das schon seit langem in primitiven Gesellschaften getan, aber man kann sie auch mit modernen Argumenten rationalisieren: Man kann sie in Labors herstellen, und sie erlauben, die Illusion der Transzendenz präzise, selbstgesteuert und ohne Heuchelei heraufzubeschwören.

Auf lange Sicht werden wohl weit einschneidendere soziale Umwälzungen durch die indirekten Wirkungen von Mitteln auf das Verhalten zustande kommen, deren Aufgaben an sich in eine andere Richtung zielen. Die Wirksamkeit von Antibiotika gegen Geschlechtskrankheiten scheint z. B. deren Auftreten etwas vermehrt zu haben. Die Geburtenkontrolle durch Pillen hat eine immer raschere Liberalisierung der Sexualmoral bedingt, die ihrerseits die Struktur von Familien und die Natur der ehelichen Beziehung radikal verändern kann. David Krech glaubt, daß die voranschreitende Entwicklung von Intelligenzpillen und Gedächtnisdrogen neue Arbeitskrisen heraufbeschwört, weil die künstlichen Intellektuellen sich weigern werden, fortan noch als Holzhauer und Wasserschlepper zu arbeiten.

Solche indirekten Folgen neuentwickelter Drogen kann man eher als neue Probleme, die sich durch den Einfluß der Technik auf die kulturelle Stabilität ergeben, denn als neue Formen sozialer Probleme betrachten. Das legt nahe, daß auch diese, wie die meisten Fragen, die eine Abstimmung individuellen Verhaltens auf das Gemeinwohl verlangen, nicht durch moralische Untadelhaftigkeit, wissenschaftliche Expertise oder berufliche Geschicklichkeit alleine gelöst werden können.

Das zweite unmittelbare Problem der Drogensteuerung betrifft ihren Gebrauch, wenn das Opfer sich dagegen wehrt. Das kann in der Praxis manchmal durch Psychopharmaka behoben werden, da die Stimmung die emotionale Basis des Willens ist, und man ihn über sie manipulieren kann. Dadurch wird ein eigenes moralisches Milieu geschaffen, das vor allem für den Charakter der Ärzte kennzeichnend ist, nicht für den ihrer Medikamente. Deshalb muß über den ärztlichen Stand nachdenken, wer über Einsatzmöglichkeiten einer Technik der Verhaltenssteuerung nachdenkt. Der »Ingenieur« für Verhaltenssteuerung ist ein Spezialist, ihm stehen technische Hilfsmittel, Geschicklichkeit, sein Berufsgeheimnis, gesetzliche Erlaubnis für seine Tätigkeit und Patienten zur Verfügung, die kaum eine andere Wahl haben, als ihm zu vertrauen. Der Zwang, Psychopharmaka zu nehmen, hängt von den Beteiligten ab, nicht von den Medikamenten.

Die praktischen Vorzüge von Medikamenten, um einmal mit ihnen zu beginnen, liegen in ihrer vorübergehenden Wirkung und in der Leichtigkeit, mit der sie angewendet werden können. Es ist freilich nicht leichter, jemanden zu zwingen, eine Pille zu schlucken, als ihn durch Zwang einem Elektroschock zu unterwerfen. Die Macht von Medikamenten entfaltet sich erst, wenn sie einmal genommen wurden; ob sie genommen werden, hat mit ihren chemischen Eigenschaften nicht das geringste zu tun. In diesem Sinn sind praktisch alle Steuerungsdrogen Mittel, um die Selbstkontrolle zu vermehren. Sieht man von Versuchen ab, sie jemand in den Hals zu stecken oder in seinen Kakao zu schmuggeln, dann liegt der Einsatz von Drogen ebensosehr in der Hand des »Opfers« wie der Besuch von Psychotherapiestunden. Der einzige Unterschied zwischen beiden ist der, daß die voraussagbaren Wirkungen der Medikamente schärfer umrissen und stärker sind.

Die Verbindung von Freiwilligkeit, Genauigkeit und vorübergehender Wirkung verleiht den Steuerungsdrogen viele den Informationsmethoden ähnliche Aspekte und schafft Probleme, die vor allem bei der Einsichttherapie auftreten, die hier aber wie in einem Vergrößerungsglas erscheinen. Die Grundlage persönlicher Moral wird von äußeren auf innere Standards verlegt. Aber während die Psychotherapie das fast unabsichtlich tut, durch Zögern und Ungenauigkeit, die notwendig Selbstzweifel hervorrufen, tun die Psychopharmaka das gleiche, indem sie die Art von Selbststeuerung unterstützen, die das Selbstvertrauen stimuliert und ein Gefühl der Sicherheit über das Ergebnis gewährt, welches Skepsis gegenüber moralischen Traditionen weckt. Verbunden mit dem routinisierenden Einfluß der allgemeinen Technik, lassen diese Eigenschaften ungeheure Veränderungen der individuellen Moral als Nebenprodukt der zukünftigen Verhaltenssteuerung erwarten.

Technik und persönliche Moral

Moral betrifft die Auswahl oder Bewertung dessen, was gut oder böse ist. Die meisten Menschen neigen durch Temperament oder Übung dazu, ihr Leben so zu ordnen, daß sie nicht alle Lebensprobleme als moralisches Dilemma empfinden. Sie gewöhnen sich daran, moralische Probleme des Lebens auf kleine Gewissensbisse zu beschränken: wie man die Post betrügt, kleine Bequemlichkeitslügen erzählt, einem anderen eine Idee klaut oder ein Mädchen durch Liebesbeteuerungen verführt. Manchmal aber geht es um wichtigere Dinge, in denen man sein Leben, seine Ehre oder seine gesunden Glieder riskiert, indem man in den Krieg zieht oder den Kriegsdienst verweigert, alles für eine Geliebte oder für Fremde aufs Spiel setzt, sich unwiderruflich an eine Bewegung, ein Prinzip oder einen Gott bindet. Für solche nicht routinemäßige Angelegenheiten ist ein moralisches Empfinden wichtig, da es Richtlinien für das Verhalten auf einer Ebene gibt, die viele für die höchste der menschlichen Selbst-Bewußtheit halten, nämlich auf der des Urteils über unseren letzten Wert als menschliche Wesen. Die Moral ist der höchste Gerichtshof für den Selbstwert.

Indem sie eine Routine aufbaut, die das Leben glatt ablaufen läßt, neigt die Technik im allgemeinen dazu, die moralische Sensibilität zu untergraben. Sie vermindert die Zahl der bewußten, überlegten Entscheidungen, die getroffen werden müssen und schläfert uns ein, all das für gut zu finden, woran wir gewöhnt sind, ob es nun gut oder schlecht ist. Vegetariertum wäre in unserer humanen und keimfreien Welt sicher mehr verbreitet, wenn das Fleisch nicht in Folie verpackt aus dem Supermarkt käme, sondern wir unsere eigenen Tiere töten und womöglich die Fliegen von stinkenden Kadavern vertreiben müßten. Diese zunehmende Routine verändert auch die Basis, von der aus man früher Entscheidungen traf, wie man handeln solle, wodurch auch die Grundlage umgestaltet wird, auf der solche Handlungen beurteilt werden. Seit es Gesetze über soziale Sicherheit gibt, müssen sich die Leute z. B. keine Gedanken darüber machen, ob und wie sie ihre alten Eltern versorgen sollen, so daß die moralische Tradition in dieser Hinsicht geschwächt wird. Die Technik der Verhaltenssteuerung verstärkt die Drohung eines Abbaus der moralischen Tradition als wichtigster Basis der gegenwärtigen persönlichen Moral um zwei Umstände: Einmal orientiert sie das Individuum auf sich selbst hin, während ein großer Teil unserer gegenwärtigen moralischen Traditionen es auf die Gesellschaft und ihre Institutionen hin ausrichten, und zum zweiten zeigen ihre zunehmend genaueren Erfolge, daß viele unserer moralischen Traditionen und Imperative für ihre soziale Unterstützung auf unsichere, wenn nicht falsche Annahmen angewiesen sind. Was sich bereits jetzt am Zustand sozialer Institutionen wie der Familie und sittlichen Normen wie der Sexualmoral ändert, weist deutlich darauf hin, daß dieser Prozeß schon im Gange ist.

Die traditionellen Sexualnormen unserer Gesellschaft, die lange durch voreheliche Enthaltsamkeit und absolute Monogamie für Frauen geprägt wurden, eine Geschlechtserziehung der Kinder vermieden, Pornographie zensierten und Homosexualität verdammten, sind in kaum drei Generationen weitgehend überrannt worden. Das geschah durch eine Reihe von immer präziseren technischen Erfindungen, die das traditionelle Zwangsmittel untergruben, nämlich die Frauen zu bestrafen. Primitive mechanische Kontrazeptiva begannen, konventionelle sexuelle Praktiken zu unterminieren, das Automobil förderte diesen Vorgang, moderne chemische und mechanische Mittel der Empfängnisverhütung (Pille, Intrauterinpessare) vervollständigten ihn. Das geschah durch Erfahrung, nicht durch Argumente. Kondome und Diaphragmen gab es seit langer Zeit, aber erst die Vulkanisierung von Gummi und die Massenproduktion ließen sie für den allgemeinen Gebrauch zugänglich werden. Das Kondom ist nur von beschränktem Wert, da sein Gebrauch vom Mann kontrolliert wird. Das Diaphragma kontrolliert die Frau, doch sein Einsetzen verlangt Geschick. Beide Methoden sind nicht völlig sicher. Das Automobil lieferte parallel dazu einen wichtigen Schritt, um sexuelle Praktiken zu befreien, da es einen mächtigen Einfluß auf die Einstellungen ausübte, welche den Menschen für sexuelle Akte willig machen: Es erfüllte die unerläßliche Voraussetzung, um die Mittelklassen-Würde bei geschlechtlichen Intimitäten zu erhalten, nämlich Abgeschlossenheit. Die modernen Empfängnisverhütungsmittel vollenden diesen Prozeß, indem sie nahezu absolute Steuerung über die Schwangerschaft verleihen und diese gänzlich in die Hand der Frau legen.

Drastische Veränderungen in den sexuellen Praktiken der Amerikaner sind heute schon offenkundige Folgen. Voreheliche Beziehungen sind weiter verbreitet und mehr gebilligt als je; sexuelle Akte, die man früher für »pervers« hielt, sind, wenn nicht verbreiteter, so doch bereitwilliger zugestanden und gesetzlich sanktioniert, außerehelicher Sex wird zunehmend mit nervenkitzelnder Sympathie und als Amüsement akzeptiert, Filme wie *Was Ehemänner wissen müssen* und *Das heimliche Leben einer amerikanischen Ehefrau*, Bücher wie *Verheiratete Männer sind die besten Liebhaber* ziehen ein großes Publikum an. Sexclubs und Partnertausch finden immer mehr Anhänger und werden in aller Öffentlichkeit beschrieben, Pornographie jeder Art wird in größeren Mengen und offener denn je publiziert.

All das ist großenteils ein Resultat zunehmender Sicherheit von Steuerungswerkzeugen und ihrer Handhabung durch jene Menschen, die ohne sie besonders wehrlos wären: durch die Frauen. Sie haben praktisch die Auffassung einer rein auf die Fortpflanzung bezogenen Sexualmoral zerstört. Die Folgen dieses Vorgangs für die Gesellschaft selbst sind noch unklar, aber er kann auch das sexuelle Motiv für eine Heirat zerstört und nur zwei rationale Motive für sie übriggelassen haben: den Wunsch, miteinander Kinder zu haben, und das Versprechen liebevoller Kameradschaft. Das könnten tragfähigere Grundlagen einer Ehe sein, als sie jemals existierten, aber das ist noch nicht klar und gehört auch nicht hierher. Sicherlich aber gehört es zu den Konsequenzen, daß die bereits schwache Rolle der Familie in unserer Gesellschaft weiter geschwächt wird.

Die Rolle der Familie als moralischer Instanz hat stetig abgenommen, seit jener langen Zeitspanne, in der technologische Veränderungen die wirtschaftliche Verbindung der Familienmitglieder verminderten und ihre physische Beweglichkeit erhöhten. Die Technik der Verhaltenssteuerung wird diese Rolle noch weiter verengen, indem sie die Familie weniger denn je als einen Speicher von Erfahrungen ansieht, der ausreicht, das Verhalten der Kinder zu lenken. Die Altersgenossen werden wichtiger denn je, nicht so sehr weil sie mehr erlebt haben oder klüger sind, sondern weil sie die Interessen der Gegenwart und die Risiken der Zukunft teilen. Die formale Erziehung wird wichtiger, weil sie die Schlüssel zu wissenschaftlicher Erkenntnis besitzt. Robert Morrison meint, daß das abnehmende Prestige der Familie, das aus diesen Faktoren resultiert, möglicherweise verlangt, daß die Identifizierung des einzelnen mit seiner Familie durch seine Identifizierung mit der Gesellschaft ersetzt wird. Skinners Familienkonzept in Walden II läuft auf den gleichen Gedanken hinaus.

Die Aussichten für die strukturelle Steuerung

Wenn sehr verläßliche Techniken wie Gehirnimplantation verfügbar werden, dann beleuchten sie soziale Probleme deshalb besonders scharf, weil ihre Zwecke soviel deutlicher sind als die anderer Steuerungstechniken. Jeder kann seine eigene Pille schlucken, aber irgend jemand muß dein Gehirn operieren, auch wenn du es willst. Die Wirkungen einer Pille werden abklingen, aber eine Implantation nicht. Und das Medikament kann schließlich auch gar nicht wirken oder auf verschiedene Leute zu unterschiedlichen Zeiten verschieden, während die Implantation im Geruch der Standardisierung steht und eine garstige Amputation der Seele zu verkörpern scheint.
Die Grenzen dieser Steuerung sind nicht bekannt. Gegenwärtig gibt es keine theoretische »Grenzgeschwindigkeit« in Molekularbiologie, Genetik oder Psychologie, die jener in der Physik allgemein akzeptierten ähnlich wäre. Roger Williams, Universität von Texas, und Jerry Hirsch, Illinois, führen gute theoretische Gründe dafür an, warum jedes menschliche Wesen in seiner genetischen Zusammenstellung einzigartig sein muß, so daß die endlich erreichte Fähigkeit der Biologen, Protoplasma zu schaffen oder zu manipulieren, ihnen nicht einmal die Macht gäbe, ohne Hilfsmittel menschliche Automaten zu schaffen. Das Problem ist umstritten, aber selbst wenn es eindeutig unmöglich wäre, die Androiden der Science Fiction herzustellen, würde das die praktischen Möglichkeiten kaum einschränken, den größten Teil des sozial wichtigen individuellen Verhaltens mit Hilfe der Maschinerie zu steuern, die ziemlich bald in unsere Hände gelangt.
Die wichtigsten praktischen Einschränkungen für den verbreiteten Einsatz von Zwangssteuerungen des Verhaltens sind wirtschaftlicher, nicht ethischer oder wissenschaftlicher Natur. Für die meisten politischen Zwecke, bei denen die alles erfassende Verhaltenssteue-

rung auf den ersten Blick besonders bedrohlich erscheint, wird sie wohl gar nicht in dieser verfeinerten Form benötigt. Die harte Wirklichkeit der politischen Manipulation und ihres blutigen Werkzeugs, der militärischen Macht, hat ja längst gezeigt, daß der Mensch bereits die denkbar märchenhafteste »Maschine« ist, die in großen Mengen zu erstaunlich geringen Kosten zu haben und für die meisten Zwecke bildbar (erziehbar) ist und daß er mit relativ geringen »Erhaltungskosten« dazu gebracht werden kann, schier alles zu tun. Unter diesen Umständen ist es wenig wahrscheinlich, daß jemand auszieht, um im Gehirn anderer Menschen herumzukramen, just weil er es kann. Man kann sich unschwer Situationen vorstellen, in denen massive Steuerungsmittel, wahrscheinlich Medikamente, verwendet werden könnten und noch besser, um ein Verhalten zu verhindern als es zu stimulieren, etwa Aggression. Ein unterjochtes Volk könnte gefügig gemacht werden, indem man seinem Trinkwasser Tranquilizer beimischt. Aber solche Methoden sind sehr riskant, solange jemand tatsächlich möchte, daß seine Opfer auch für ihn arbeiten. Jede Chemikalie, die man durch die öffentliche Wasserversorgung Tausenden von Menschen geben will, um in jedermann aggressive Impulse zu unterdrücken, würde dasselbe wohl auch mit jeder anderen Art aggressiven Verhaltens tun. Die Menschen wären dann eines produktiven Gehorsams ebenso unfähig wie der Rebellion. Andererseits gibt es sicher einige Gesellschaften, in denen die herrschenden Mächte zufrieden wären, einen großen Teil ihrer Völker auf eben diese Weise unterjochen zu können.

Die politische Problematik der Verhaltenssteuerung erhebt sich nur angesichts akuteller oder potentieller Oppositionen. In solchen Situationen, glaubt Delgado, ist die Gefahr eines Einsatzes strukturell wirkender Steuerungen nicht sehr groß, auch wenn sie verfügbar wären, weil »diese Technik spezialisiertes Wissen, verfeinerte Technik und eine genaue, komplexe Erforschung jedes Individuums erfordert, und zwar wegen der physiologisch-anatomischen Variabilität. Es scheint deshalb sehr unwahrscheinlich, daß man Verhalten durch Gehirnreizung auf breiter Basis steuern kann. Die Anwendung intrazerebraler Elektroden wird beim Menschen wohl sehr individuell und auf die medizinische Praxis beschränkt bleiben.«

Es ist sicherlich richtig, daß Gehirnimplantation nicht auf große

Menschenmassen angewendet werden kann. Ihrer Natur nach erlaubt diese Technik große Verfeinerungen, die en masse anzuwenden überflüssig scheint. Das Argument, das sei auch sehr schwierig, kann sich aber als falsch entpuppen: Die Entwicklung besserer Methoden der Gehirn-Kartographie, einfacherer Methoden individueller Bestimmung von Nervenzentren und leichter durchzuführender chirurgischer Techniken, in denen beispielsweise Laserstrahlen Skalpelle ersetzen, kann die ganze Sache so billig und einfach machen, daß jedermann der Weg zur Gehirnimplantation offen steht.

Wirksame Zwangssteuerungen müssen aber gar nicht zu Schleuderpreisen zu haben oder in großen Massen anwendbar sein, um sehr ernsthafte politische und soziale Konsequenzen zu haben. »Politik«, wie T. H. White so überzeugend sagt, »ist eine Übung in Führerschaft.« Das politische Potential der Gehirnimplantation ist mehr als genützt, wenn man es auf politische Führer, nicht auf die Massen selbst anwendet. Und nur wenige Leute führen jeweils eine politische oder soziale Organisation.

Selbst in totalitären Staaten wird man Zwangssteuerungen weniger als Strafe für politische Opposition, sondern eher als ein politisch-medizinisches Behandlungsverfahren ansehen, um soziale Abweichler von der einen oder anderen Art wieder auf die allgemeine Linie zu bringen. In demokratischen Ländern könnten sie gleichermaßen auf andere Formen sozialer Abweichung angewendet werden, vor allem auf Verbrecher oder Geisteskranke, obschon Kahn und Wiener bemerken, daß nicht nur die »Sowjet-Union einige ihrer wichtigsten Schriftsteller in Nervenheilanstalten geschickt hat«, sondern daß auch die »Vereinigten Staaten Ezra Pound in eine schickten, und das als Akt der Freundlichkeit«. Jedenfalls erhebt sich dieselbe Frage: Wären nicht politische Abweichler, wenn sie erst einmal gefügig gemacht sind, besser daran als wenn sie tot wären? Ist Mord nicht ein weniger humanes Mittel der Steuerung als Implantation? Und warum sollte man Menschen in Zuchthäusern oder Heilanstalten einkerkern, wenn es sichere Wege gäbe, sie so zu behandeln, daß äußere Zwangsmittel überflüssig wären? Man könnte erwidern, daß hier nur ein Zwang durch einen anderen ersetzt würde und man das Gefängnis um ihre Körper gegen eines in ihren Köpfen austauschte. Aber für mindestens einige Menschen kann das als akademische Sophisterei abgetan werden, denn alle Menschen tragen eine Art Gefängnis in ihrem Kopf, wenn sie mit anderen Menschen harmonisch auskommen, und die Einschränkungen, welche Drogen oder Gehirnimplantate auferlegen, arbeiten auf der Ebene der Motivation, so daß ihr Opfer gar nicht tun will, was ihm verboten ist: Ehe er sich dazu unfähig fühlt, zieht er es vor, es gar nicht zu wollen.

Die meisten Menschen vergegenwärtigen sich überhaupt nicht, bis zu welchem Punkt die Zwangssteuerung schon fortentwickelt wurde. Ihnen mögen die Aussagen über ihre politische und öffentliche Tragweite weit hergeholt erscheinen. Die Arbeitsberichte von 1967 über *Wissenschaft und Technik* für die Kommission des Präsidenten zur Rechtsprechung und Justizverwaltung erwähnen keine spezielle Zwangssteuerung für Individuen, während sie die Resozialisierung von Verbrechern und die Prävention von Verbrechen abhandeln, obschon die Autoren des Berichts offensichtlich um die Existenz solcher Möglichkeiten wissen und sich darüber Sorgen machen: »Ihre Verfügbarkeit erhebt schwierige Fragen über ihren sozialen Wert, und man muß bezweifeln, ob eine von ihnen in einer freien Gesellschaft akzeptabel wäre. Wie mit vielen technischen Geräten, die solche Wertfragen erzwingen, müssen Entscheidungen über ihren Einsatz, selbst in Experimenten, sorgfältig abgewogen werden.«

Tatsächlich werden solche Geräte jedoch bereits in der Medizin verwendet. Viele von ihnen sind nur in dem Sinn experimentell, als man sie noch nicht bei vielen Menschen für viele unterschiedliche Aufgaben eingesetzt hat. Wenn Entscheidungen über ihren Gebrauch in der Medizin »sorgfältig abgewogen« wurden, wie die Kommission für ihren Einsatz in der Kontrolle von Verbrechen fordert, dann senkt sich die Waage bereits zu ihren Gunsten und wird es sogar noch weiter tun, sobald man sich ihrer segensreichen Auswirkungen für die Opfer so vieler eindeutiger Krankheiten bewußt wird.

Das Problem, dem man dann ins Auge blicken muß, bezieht sich darauf, daß die Verwendungen der Zukunft sich in erster Linie aus denen der Vergangenheit ableiten lassen werden, die wiederum vollkommen medizinisch gerechtfertigt waren. Doch die entscheidende Frage führt uns unweigerlich zurück zu unserer ersten, moderner gefaßt: Gehirnimplantationen bei nicht steuerbaren Anfällen — oder nicht kontrollierbaren sexuellen Impulsen, je nachdem —

anzuwenden, wird weitgehend problemlos sein, solange die Wünsche von Arzt und Patient übereinstimmen. Aber die Steuerung von Anfällen ist nicht sehr weit von der Steuerung der Wut und die Steuerung von sexuellen Akten nicht sehr weit von der sexueller Wünsche entfernt. Und wenn der Zustand, der korrigiert werden soll, einer Verhaltensweise eher entspricht als der Aktion einer Mikrobe, einem wildgewordenen Gen oder sogar dem Ausschlag des Elektroenzephalogramms, der einen Gehirnschaden anzeigt, dann wird die Linie zwischen der sozialen Abweichung, die man Krankheit nennt, und jener, die Verbrechen heißt, sehr unscharf. Und zwischen Besserung und Bestrafung zu unterscheiden, mag ebenso schwierig sein. Nichts beleuchtet die Unfähigkeit unserer Gesellschaft, schon heute mit diesem Problem fertigzuwerden, besser als die Uneinigkeit zwischen Gesetzgebern und Psychiatern, wenn sie über eine ganze Gruppe von Verbrechen ohne (äußere) Opfer, wie Prostitution, sexuelle Perversion zwischen zustimmenden Erwachsenen oder Rauschgiftkonsum, Aussagen machen sollen.

In vieler Hinsicht unterscheiden sich die zukünftig durch Zwangssteuerung entstehenden Fragen von denen der Vergangenheit vor allem dadurch, daß sie schärfer gestellt sind. Es ist keine rein akademische Übung mehr, einem Homosexuellen die Alternative zwischen Therapie oder Gefängnis anzubieten, wenn es absolut sicher ist, daß ihn die Therapie von seiner sexuellen Neigung befreien wird. Ein gesetzlicher Vorläufer ist in einem Fall bereits vorhanden, wenn einer unverheirateten Frau, die Sozialhilfe empfängt und mehrere Kinder bekommt, die Wahl zwischen Sterilisation und Gefängnis angeboten wird. Wie abstoßend ein solches Urteil vielen Amerikanern auch heute erscheinen mag, man kann erfahrungsgemäß darauf bauen, daß die Sitte immer das Gewissen einschläfert, wenn eine zunehmende Zahl von Perversen über ihre Zufriedenheit mit ihrem neuen Zustand berichten. Wenn sich genügend solche Berichte angesammelt haben, so daß fast niemand mehr ins Gefängnis gehen möchte, dann kann wirtschaftlicher Druck dazu führen, daß man die Gefängnisse abreißt, womit die Entscheidung entfällt, so wünschenswert sie sein mag, und die Behandlung zur *einzigen* Antwort auf ein Verbrechen wird. Das tatsächliche Ausmaß der Steuerung von Individuen ändert sich nicht, selbst wenn alle Strafen zu Behandlungen werden, alle öffentliche Mißbilligung zu sozialem Wohlwollen und alle Motive der Rache zum Motiv der Rehabilitation. »Wenn antisoziales Verhalten infolge der zunehmenden Komplexizität der Gesellschaft weniger erträglich wird«, fragen Kahn und Wiener, »müssen wir dann nicht behandeln, was wir nicht dulden können?«

Die Zwangstechnologie mag wegen ihrer Präzision besonders verblüffend oder bedrohlich sein, doch das wichtigste von ihr aufgeworfene Problem betrifft letzten Endes die Natur ihres Angriffs auf das Verhalten und nicht seine Macht. Sowohl Medikamente wie auch chirurgische Steuerungen wirken vor allem auf die Motive und Stimmungen, welche dem Verhalten zugrunde liegen, und nicht auf das offenkundige Verhalten selbst. Indem sie Motive ändern, verschieben sie auch die Bedeutung des Zwangs schlechthin von seiner historisch gewachsenen, psychologischen Bedeutung zu einer neuen Auffassung, die physiologisch bestimmt ist. Zwang bedeutete traditionsgemäß die Verletzung des Willens, um Verhalten zu erzwingen; dank der neuen Technologie wird Zwang zur Umkehrung des Willens, wobei ein körperlicher Vorgang erzwungen wird. Doch nahezu alle unsere Konzepte individueller Freiheit und sozialer Verantwortung, ihres Gegenspielers, beruhten auf der Annahme, daß menschliche Wesen unverletzlich die Fähigkeit in sich tragen, ihren Umgang mit anderen zu beurteilen und sich von ihnen abzugrenzen. Der wichtigste subjektive Weg, auf dem man herausfinden wollte, wie zwingend etwas ist, betraf deshalb stets die Wurzel und die Stärke des Motivs. Wenn ich denke, daß das Motiv, etwas zu tun, aus mir selbst kommt, halte ich das Tun für freiwillig; wenn es von jemand anderem kommt, empfinde ich es als mir aufgezwungen, solange es etwas ist, was ich nicht tun möchte. Wenn das Motiv schwach ist, dann bezieht sich seine Definition allein auf seinen Ursprung. Wenn das Motiv stark genug ist, dann macht es keinen Unterschied mehr, woher es stammt — die meisten Menschen werden sich als seine Opfer sehen, sei es eines Zwangs oder innerlicher Antriebe, die Anwälte in »unwiderstehliche Impulse« übersetzen.

Die Ironie chemischer und chirurgischer Steuerungen liegt bei dieser Definition in dem Umstand, daß man ihre Hauptfunktion darin sehen kann, Motive zu verinnerlichen, so daß die Betroffenen selber das wünschen, was wir wollen, daß sie es tun. Dadurch wird es nötig, das praktische Problem des Zwangs zu lösen, ehe die Pille geschluckt ist. Nachher wird das Corpus delicti selbst Zeugnis für unsere Verteidigung ablegen.

Die neue Technologie stellt uns hier vor ein Rätsel: Sie ermöglicht es, jene menschlichen Rechte zu annullieren, die uns über individuelle Zustimmung gepredigt werden. Wenn Zustimmung erst einmal ohne jeden Widerstand aufgebaut werden kann, dann werden Lehren wie die Übereinkunft von Nürnberg bedeutungslos, die mit den Worten beginnt: »Die freiwillige Zustimmung der menschlichen Person ist absolut notwendig«, um mit ihr medizinisch experimentieren zu können. Und wenn die Behandlung des Körpers eines Menschen nicht mehr dessen eigenem Urteil zu unterwerfen ist, dann kann der Mensch über gar nichts mehr verfügen; denn nichts sonst ist so sicher und unverletzlich sein rechtmäßiges Eigentum wie sein eigener Leib.

Doch auch auf diesem Gebiet hat die Regierung in ihrer Sorge um das öffentliche Wohl schon manche Barriere überschritten und Präzedenzfälle geschaffen, welche die körperlichen Vorgänge des einzelnen öffentlichen Einflüssen und Kontrollen unterwerfen. Wie Delgado zeigt, »hat im zivilisierten Leben der Eingriff des Staates in unsere persönliche Biologie so tiefe Wurzeln geschlagen, daß wir uns dessen im allgemeinen gar nicht mehr bewußt sind. Viele Länder, einschließlich der Vereinigten Staaten, erlauben es Braut und Bräutigam nicht, zu heiraten, ehe sie nicht Blutproben abgegeben haben, um das Fehlen von Syphilis nachzuweisen. Um Grenzen zwischen Nationen zu überschreiten, ist der Nachweis zu erbringen, daß die Haut geritzt und mit Pocken geimpft wurde. In vielen Städten enthält das Trinkwasser Fluor, um unsere Zähne zu stärken, und das Tafelsalz ist mit Jod versetzt, um Schilddrüsenstörungen vorzubeugen. Diese Eingriffe in unser eigenes Blut, in Zähne und Drüsen sind akzeptiert, werden ausgeübt und gesetzlich erzwungen. Sie nützen in der Regel der Gesellschaft und den Individuen, doch sie haben einen Präzedenzfall offizieller Manipulation unserer persönlichen Lebensvorgänge geschaffen ...«

Nur wenige Menschen erheben gegen Impfungen und Bluttests Einwendungen, da sie ja ihre individuelle Gesundheit keinem angeblichen Gemeinwohl opfern. Zwangssteuerung verkörpert jedoch einen neuen Grad solcher Eingriffe, die geradezu die Grundlage für eine Diskussion über das, was nun angezeigt ist und was nicht, untergraben.

Sicherlich werden Steuerungstechniken in keinem Fall ihre eigene Moral vorschreiben. Selbsterkenntnis löst die Bindungen der Menschen an zeitgenössische und Skepsis löst die Bindungen an traditionelle Normen. Verhaltensspezialisten, die auf eine Steuerungstechnik hinarbeiten, das heißt, auf planvolle Änderung menschlicher Aktivität, leisten nolens volens auch der Auflösung veralteter Moralbegriffe im menschlichen Leben Vorschub. Doch während das manche individuelle Leiden erleichtern (und einige schaffen) könnte, läßt sich kein allgemeiner sozialer Zweck daraus ableiten, und je mehr uns die Herausforderung des technischen Fortschritts vorwärts treibt, desto mehr wächst auch das Risiko für die Menschheit, das gerade aus einem Mangel an solchen gemeinsamen Werten entspringt. Wenn die Verhaltenstechnologie immer erfolgsträchtiger wird, werden die von ihr gestellten Aufgaben auch deutlicher und dringlicher. Es sind dieselben Aufgaben, vor denen für das Gemeinwohl verantwortliche Menschen schon immer standen, doch heute werden sie durch die erschreckenden Möglichkeiten der Technik größer geschrieben denn je. Der moralische Imperativ, mit dem die Verhaltensspezialisten der Gegenwart – von den Ärzten bis zu den Politikern – konfrontiert sind, heißt, die Macht zu erkennen, welche die Zukunft bringen wird. Einige von ihnen können sich mit diesen Gedanken nicht anfreunden. Sie fühlen sich durch die schnellen Änderungen, die sie beobachten, bedroht und nähren die Hoffnung, daß ihre vertraute Welt durch gesetzliche Einschränkungen der Macht der Techniker gerettet werden könnte. Vielleicht können in der Tat intelligente Einschränkungen verhindern, daß die Gesellschaft durch überstürzte Veränderungen überwältigt wird. Ein vernünftiger Vorschlag ist dazu im amerikanischen Kongreß eingereicht worden, nämlich einen Ausschuß zu schaffen, der neue technische Entwicklungen untersucht und die Öffentlichkeit vor den in ihnen erkennbaren Gefahren warnt. Die meisten Befürchtungen über technologische Gefahren würden ohnedies industrielle Probleme betreffen, da diese leichter festzustellen sind. Und wenn er Verhaltensprobleme behandeln würde, müßte er sich aus denselben Gründen mehr mit den körperlichen Gefahren struktureller Steuerungen befassen als mit den moralischen Risiken von Medikamenten und Psychotherapie. Es gibt aber wahrscheinlich keine fundierte Alternative, denn es ist in der Tat nutzlos, der Familie nachzuweinen, wenn sie an Bedeutung verliert, oder hinter der Pille »herzupfeifen«, weil man sexuelle Zügellosigkeit fürchtet, Drogen gesetzlich zu verbieten, weil man durch autistische Ekstasen in Panik versetzt wird, oder mit der Bibel herumzufuchteln und das Höllenfeuer auf eine kühle Generation herabzubeschwören. Selbst wenn es möglich wäre, solche Veränderungen zu verzögern, verhindern ließen sie sich nur durch brutale Unterdrückung, für die eine freie Gesellschaft letzten Endes einen höheren moralischen Preis zahlen müßte als dafür, ihren freien und gleichen Bürgern zuzutrauen, daß sie die biochemischen Machtmittel in ihren Händen nicht schlechter gebrauchen als die politischen. In einer Demokratie muß man wohl persönlicher Moral und freiwilligen Kontrollen ihren Lauf lassen; man darf gegen sie predigen, sie jedoch nicht unterdrücken.

Strukturelle Steuerungen machen es einem nicht so leicht. Sie entwickeln sich zu immer zunehmend wichtigeren Werkzeugen eben jener Verhaltensspezialisten, die bereits die Rollen von Eltern und Priestern übernommen haben und ihren Einfluß auf die Jugend unserer Gesellschaft ausüben. Bald werden sie finden, daß sie Bahnbrecher und Komplizen in einem Unternehmen wurden, das sie in die Rollen von Tyrannen, ja Göttern zu versetzen verspricht. Denn wenn einmal der genetische Kode entziffert ist und es möglich wird, haargenau die Temperamentseigenschaften künftiger Generationen zu beeinflussen und von Gefühlen der Verzweiflung durch ein Gespräch mit Computern zu befreien, Aggression durch Friedenspillen zu bremsen und Lust durch das Radio zu vermitteln, können sich die Steuerungsspezialisten von heute nicht einfach zurückziehen und aus ihrer Rolle fallen, indem sie nervös versichern, sie hätten nie soviel steuern wollen. Und sie können sich heute auch nicht vor Überlegungen drücken, indem sie sagen, daß die Macht der Steuerung bereits zu ausgeprägt ist, um damit zuzugeben, daß sie sich noch weiter entwickelt. Die praktischen Konsequenzen für einen Versuch, diese Entwicklung aufzuhalten, lägen wohl nur darin, sie den am wenigsten geeigneten Menschen zu überantworten, die sie für die denkbar schlechtesten Zwecke einsetzen würden. Das wäre moralisch auch deshalb nicht zu rechtfertigen, weil es viele Fälle gibt, in denen wir schon heute solche Steuerungen verwenden würden, wenn man über sie verfügen könnte, und in denen wir noch primitivere und schmerzendere Mittel verwenden. Die neuen Steuerungsgeräte sind zu ihren Opfern im allgemeinen freundlicher, auch wenn sie schrecklicher für ihre Beobachter scheinen, indem sie wünschen lassen, was befohlen wird.

Die moralischen Grundfragen der Verhaltenssteuerung ändern sich nicht, gleichgültig, wie sich die entsprechende Technik entwickelt. Sie lauten heute wie eh und je: Wer soll gesteuert werden? Von wem? Wie?

Aus welchem Recht kann ein Mensch einen anderen einschränken? Und innerhalb welcher Grenzen? Wer entscheidet darüber? Wer führt das Urteil aus? Und wer nimmt den Mantel, die Fasces oder das Szepter, das heilige Öl oder den Eid aus wessen Händen, um die angesammelten Erfahrungen endloser menschlicher Anstrengungen mit eben diesen Imponderabilien weiterzugeben? Die neuen Techniken schärfen diese Fragen und verleihen ihnen Dringlichkeit, indem sie sie mit jedem neuen Radiogerät und Medikament einer faktischen Antwort näher bringen. Aber De-facto-Antworten auf Fragen der Macht genügen anständigen Menschen nicht, so daß wir danach trachten müssen, diese Mächte in eine gute Harmonie mit unserem individuellen und gemeinsamen Leben zu zwingen.

7

Die Maschine als Modell des Menschen

Politologen, Theologen und Gesellschaftstheoretiker gehen von passenden Meinungen über die menschliche Natur aus, wenn sie über moralische Fragen befinden. Wissenschaftler, Ingenieure und Techniker versuchen, Tatsachen herauszufinden, und leiten daraus nur selten philosophische, theologische und politische Theorien ab. Vielleicht sollten sie das tun, vor allem heute, wo sich die Fakten häufen und ihr Verständnis zu einer ebenso dringlichen wie schwierigen Aufgabe wird.

Die Fakten der Technologie der Verhaltenssteuerung und einige ihrer potentiellen Probleme werden heute deutlich. Die nächste Frage, die sich hier erhebt, lautet: Was bedeuten sie für die menschliche Natur? Darum geht es in diesem Kapitel.

Europa und Nordamerika kennen die Technik schon einige Jahrhunderte, so daß dort kaum einer mit Heimweh daran denkt, daß die mechanisierte Produktion die Vielfalt der Güter vermindert, die es gäbe, wenn jedermann seinen eigenen Stoff weben und seinen eigenen Anzug daraus nähen würde. Wenn überhaupt jemand darüber nachdenkt, wird er finden, daß für die meisten Menschen der Gewinn aus der Massenproduktion vielfach größer ist als der Verlust durch sie.

Die Mechanisierung der Gesellschaft wird auf der anderen Seite nicht so leicht genommen, zumindest nicht von vielen Leuten, die dabei etwas zu sagen haben. In der Politik, der Wirtschaft und in jeder sozialen Arena, wo wenige Menschen das Verhalten vieler anderer lenken müssen, gibt es einen endlosen ideologischen Kleinkrieg zwischen dem Druck, die Kontrolle über das öffentliche Verhalten in Gesetz und Vorschrift niederzulegen, und dem Gegendruck, dasselbe Verhalten der individuellen Entscheidung zu überlassen. Doch auch so akzeptieren die Leute immer mehr, daß die soziale Steuerung mit der Technik anwächst. Die formale Opposition gegen Erlasse der Regierung wird zunehmend Sache von Leuten, die nicht regieren müssen. Unter denen, die es tun, wird Planung als das

Wesen verantwortlichen Verhaltens anerkannt; Planen ist jedoch nichst anderes als automatisieren, regulieren, systematisieren, routinieren, kurzum die Ereignisse steuern, mit denen man zu tun hat. Viele Menschen denken jedoch nicht gern über Sachen und Regierungen hinaus, um die Tatsache ins Auge zu fassen, daß Individuen ebensogut wie die industrielle Produktion mechanisiert werden können. Dieselben Leute, die glattzüngig und optimistisch über »Planwirtschaft«, »soziales Planen« und »soziale Programme« reden, würden sich zurückhalten, über »programmierte Menschen« zu sprechen. Für einige von ihnen führt dieser Gedanke an die gefürchteten Grenzen menschlicher Freiheit, die politische Freiheit oder religiöse Moral untergraben. Andere, einschließlich vieler, welche die nützlichen Verwendungen der Verhaltenssteuerung begrüßen, glauben nicht daran, daß man ihre philosophischen Fundamente oder ihre Beziehung zur menschlichen Natur überhaupt bedenken muß, wenn man sie nur praktisch anwenden kann. Angesichts dieser Aufgabe haben sie wohl recht.
Die Standardisierung menschlichen Verhaltens ist letzten Endes genau das, was exerzierende Unteroffiziere, Erzieher, Verkehrspolizisten, Zahnhygieniker und Gymnastiklehrer überlegt und bewußt anstreben. Verhaltenssteuerung in diesem Sinn läßt sich leicht durch die eine oder andere praktische Notwendigkeit begründen. Dabei dürfte ihr bedeutendster Wert mit dem Wert identisch sein, den sie für die reglementierte Person hat. In vieler Hinsicht wird die neue Technologie der Verhaltenssteuerung ähnlich begründet werden. Praktische Notwendigkeit erzählt immer ihre eigene Geschichte, stellt ihre eigenen Regeln auf, plädiert für ihre eigene Verteidigung und begeht wohl auch ihre eigenen Verbrechen.
Der Ärger mit Argumenten der praktischen Notwendigkeit beginnt, wenn das Lebensbedürfnis des einen Menschen zum Todesurteil für den anderen wird. Lebensfähige Sozialsysteme fordern ein zumindest stillschweigendes Übereinkommen ihrer Mitglieder über eine Anzahl von Regeln, nach denen Menschen leben und ihre gegenseitigen Beziehungen gestalten sollen. Eine Gesellschaft könnte nicht lange existieren, wenn die Hälfte ihrer Mitglieder glaubte, daß jeder den besten Teil seines Besitzes verschenken müsse, um sozial angesehen zu sein, während die andere Hälfte überzeugt wäre, jeder müsse Besitz horten, um dasselbe zu erreichen. Das gleiche würde gelten, wenn die halbe Bevölkerung im Streit auch die andere

Wange hinhielte, während die restliche Hälfte Blutrache forderte. Es muß einen Grundstock gemeinsamer Überzeugungen oder Prinzipien geben, der den Mitgliedern einer Gesellschaft gemeinsam ist, um die Geschäfte ordentlich ablaufen zu lassen und Streitigkeiten schlichten zu helfen. Solche Prinzipien bestimmen dann moralische oder gesetzliche Normen.

Wenn die Technik der Verhaltenssteuerung in demokratischen Gesellschaften weise gebraucht werden soll (Tyrannen und Wilde werden sie nur tyrannisch und wild verwenden können), dann muß sie auch einigen ethischen Grundsätzen genügen.

Doch die Ethik selbst hängt von Theorien über die menschliche Natur ab, zumindest jener Menschen, welche die Innen- und Außengruppen jeder realen Gesellschaft ausmachen. Die ethischen Konsequenzen einer Verhaltenssteuerung schließen die in ihr enthaltene Sicht der menschlichen Natur ein. Diese Sicht ist den wissenschaftlichen Überzeugungen entlehnt, die jene Experimente möglich machten und jene Resultate ergaben, die wiederum vor allem zum Aufbau dieser Technik beitrugen. So sind die Grundlagen unseres ethischen Systems an ein wissenschaftliches Modell des Menschen gebunden.

Der Mensch ist eine Maschine

Die wichtigste Vorstellung über die Natur des Menschen, die eng mit einer Technik der Verhaltenssteuerung verbunden ist, besagt, daß der Mensch eine Maschine sei. Das heißt nicht, daß er altert, rostet, reparaturunfähig wird, geölt werden muß, schwierig zu unterhalten ist, summt, schwirrt oder tuck-tuck macht, obschon viel davon zuträfe. Es heißt auch nicht, daß er nur ein warmer, weicher Computer ist oder ein gelungenes Gemisch billiger Chemikalien. Sowohl das Versprechen wie auch die Gefahren der Verhaltenssteuerung und ihrer Technologie sind implizit Folgen dieser Auffassung. Ihre Tragweite bleibt unverändert, unabhängig davon, ob der Gedanke nun buchstäblich wahr ist oder nicht.

Was bedeutet es, wenn wir sagen, daß der Mensch eine Maschine sei? Daß sein Verhalten gesetzmäßig abläuft und begrenzt ist. Die Tragweite dieser Erkenntnis für das Verständnis des Menschen ist nicht neu, aber sie wird nicht immer richtig eingeschätzt.

Die Annahme, daß menschliches Verhalten gesetzmäßig abläuft, impliziert, daß sich seine allgemeinen Leitprinzipien auf Individuen anwenden lassen, ohne freilich einzuschließen, daß man immer auf eine heikle Stelle stößt, sobald man ein menschliches Problem betrachtet. Das heißt nicht, daß die Menschen untereinander genau gleich sind, sondern nur, daß sie einander so ähnlich sind, daß uns bereits die Erfahrung mit einer kleinen Stichprobe darüber Aufschlüsse geben kann, wie wir mit ähnlichen Verhaltensweisen der gesamten Bevölkerung umgehen können. Ein junger Chirurg muß eine Blinddarmoperation nicht jedesmal neu lernen, selbst wenn keine zwei Operationen genau gleich sind: Die meisten sind sich ähnlich genug, so daß er zureichend für seine Aufgabe vorbereitet ist, wenn er die allgemeinen Prinzipien beherrscht, die Einzelheiten des Eingriffs kennt und einige Male selbst operiert hat. Ein anderer Weg, um das Wesen gesetzmäßigen Verhaltens zu beschreiben, ist die Voraussage. Wer die einschlägigen Gesetze kennt, kann den Ausgang einer Kette von Ereignissen vorwegnehmen, ohne diese Kette ablaufen lassen zu müssen. Ereignisse können nicht gesteuert werden, nur weil man sie voraussagen kann, wie manchmal irrtümlich gedacht wird. Astronomen verstehen es gut, die Bewegungen der Himmelskörper vorauszusagen, aber sie sind nicht fähig, diese Bewegungen zu lenken. Doch auch so ist die Voraussage ein wichtiger erster Schritt zur Steuerung, die ohne sie im allgemeinen nicht zu erreichen ist. Die Vorstellung der menschlichen Begrenztheit trägt weiterhin sehr dazu bei, das menschliche Verhalten, das man unter dem Aspekt des Maschinenmodells betrachtet, zu verstehen. Maschinen haben eine endliche Anzahl von Teilen, und es gibt für das, was sie tun können, strikte Grenzen. Den Menschen als ähnlich zu betrachten, ist für seine Erforschung nützlich. Schließlich liegt es nahe, daß man nicht alles über ihn wissen muß, um überhaupt etwas zu wissen. Mit anderen Worten: Man kann wertvolle, sogar unerläßliche Dinge über seine Einzelteile und ihre Funktionen erfahren, ohne stets gezwungen zu sein, viel über den gesamten Organismus zu kennen.

Der Wert dieser »molekularen« (oder auch »reduktionistisch« genannten) Auffassung für die Verhaltensforschung wird von einigen Wissenschaftlern, vor allem von Psychologen und Biologen bestritten. Die »molare« (auch »organismische«, »holistische« oder »morphologische«) Ansicht, welche besagt, daß man den gesamten

Bauplan eines Systems betrachten muß, um es zu verstehen, statt einzelne, isolierte Teile zu erforschen, ist aus vielen Gründen unter Psychotherapeuten besonders populär und in der klinischen Medizin nahezu heiliggesprochen, z. B. in Formeln wie »den ganzen Patienten behandeln«. Jeder Ansatz ist nützlich gewesen, manchmal sogar unentbehrlich, um wissenschaftliche Probleme in den Griff zu bekommen, für welche die andere Methode nicht geeignet war. Doch neigt der molare Ansatz zu komplizierteren Beschreibungen, und Kritiker des mechanistischen Modells haben deshalb manchmal irrtümlich in ihm nach für sie passenden Argumenten gesucht.

Operationale Modelle und die Wahrheit

Der Gedanke, daß Verhalten gesetzmäßig abläuft, ist natürlich das grundlegendste Axiom im »Glaubensbekenntnis« des Wissenschaftlers und war im allgemeinen auch einem guten Teil der jüdischen und christlichen Theologie vertraut. Die Ansicht, daß menschliches Verhalten seine Grenzen hat, wird ebenfalls weithin akzeptiert, wenn sie nur allgemein genug formuliert wurde. Und solange die praktischen Folgen dieser Gedanken nützlich oder harmlos sind, legt keiner auf Ausnahmen Wert. Die theoretischen Schwierigkeiten, den Menschen mit einer Maschine gleichzusetzen, beginnen in dem Moment, in dem klar wird, daß manche Leute überzeugt sind, diese Feststellung sei richtig und nicht nur eine Redeweise. Die praktischen Schwierigkeiten fangen an, wenn alle so handeln, als ob diese Feststellung richtig wäre, ob er nun daran glaubt oder nicht.
Außerhalb von Philosophie und Religion war es nicht notwendig, viel über die Natur von Menschen und Maschinen nachzudenken, nicht einmal unter Wissenschaftlern und Ingenieuren, also den Menschen, die heute im Sinne dieses Vergleichs handeln. Sie sind mehr mit operationalen Problemen beschäftigt, wie dem Aufstellen von Definitionen und Maßstäben zur Bewertung von Fakten, als mit der letzten Natur der Dinge. So war für Anatomen und Physiologen, deren Arbeit es verlangt, den Körper als ein Stück eleganter Maschinerie zu erforschen, die Annahme einer »menschlichen Maschine« ein Arbeitsmodell, das sie praktisch verwenden konnten, ohne dabei zu glauben, daß es ein wahres oder vollständiges Bild der menschlichen Natur gab.

Die Unterscheidung zwischen dem »Praktischen« und dem »Wahren« ist jedoch nur sinnvoll, solange es Situationen gibt, in denen das »Praktische« allein nicht weiterhilft. Es ist mit anderen Worten ganz in Ordnung, zu sagen, daß wir den Menschen aus rein praktischen Gründen als Maschine definieren, vorausgesetzt es gibt einige Aspekte, in denen diese Analogie falsch ist und er auf eine andere Art und Weise betrachtet werden muß. Der Wissenschaft fällt es sehr schwer zu sagen, wie diese Aspekte aussehen, und es wird immer schwieriger.

Legt man diese Scheu ab, dann wird offenbar, daß die meisten Wissenschaftler in Wirklichkeit gar nicht mehr daran denken, daß das Maschinenmodell überhaupt eine Analogie sei. In *Der Organismus als adaptives Steuerungssystem* beschreibt John M. Riener lebende Wesen als »umweltveränderliche physikochemische Regelgeräte«, und der Mensch ist sicher ein Organismus, ob man ihn nun ein »Gerät« nennen will oder nicht. Und wenn wir vom Menschen als einem »Informations-sammelnden und Informations-verarbeitenden System« sprechen, wie es der Harvard-Psychologe George Miller tut, wo wird dann noch eine Analogie vorgeschützt? Norbert Wiener definiert »Maschine« in nahezu derselben Art, in der Miller vom Menschen spricht, »ein Gerät, das ankommende Botschaften in hinausgehende Botschaften umwandelt«, und er macht hier ganz und gar keine Analogie. Wenn John von Neumann eine *Lehre von sich selbst reproduzierenden Automaten* schreibt, so meint er »selbst«, »reproduzieren« und »Automaten« ganz buchstäblich. Wenn ein Computer »rechnet«, ist das eine bloße Analogie zum Denken? Wie steht es dann mit unserer Art, Rechenaufgaben zu lösen? Ist es ein zufälliger anthropomorpher Irrtum, der uns hier das Wort »rechnen« verwenden läßt, oder ist es eine anthropozentrische Illusion, die es mit Anführungszeichen einfaßt?

Wenn man Denken eher durch eine Aktivität als durch den Denker selbst bestimmt, dann gibt es Maschinen, die denken – vielleicht nicht sehr schlau, aber jedenfalls sehr schnell. Wenn man Lernen als einen bestimmten Vorgang beschreibt und nicht diskutiert, wer daran beteiligt ist, dann können nach allen Gesetzen der Vernunft einige Maschinen lernen. Jede schlüssige Diskussion der Begriffe Produktion oder Reproduktion, die nicht nach Art des verrückten Hutmachers verlangt, daß vor jedem Gespräch erst mal der Stammbaum des Gesprächspartners geklärt wird, muß anerkennen, daß

Maschinen Dinge machen können, die letzten Endes ihre eigenen Kopien einschließen. Und ohne Zweifel kann man sie so bauen, daß sie sich selbst bedienen und unterhalten, über ihre eigenen Bedürfnisse entscheiden und sich ihnen entsprechend vermehren.

Würden Stoffwechselvorgänge und Fortpflanzungsfähigkeit genügen, Leben zu definieren, wenn Bewegung allein, die man hinzufügt, ein Tier ausmachte und wenn Denkfähigkeit zusammen mit allem übrigen ausreichte, ein menschliches Wesen darzustellen — dann müßten wir sagen, daß Strukturen aus Silikon, Stahl und Kupferdraht lebende menschliche Tiere sein könnten, denn das alles sind Eigenschaften, die Maschinen der Gegenwart oder mindestens der nächsten Zukunft besitzen werden. Das heißt keineswegs, daß eine von ihnen unserer Schwester einen Heiratsantrag machen wird. Alle Menschen können Maschinen sein, aber keine andere Maschine ist ein Mensch, wenigstens heute noch nicht.

Was aber *ist* der Mensch, und welche Verbindung mit seinen Teilen und Mechanismen macht seine Menschlichkeit aus? Die meisten Teile zählen da nicht viel. Geschickte Prothesenbauer fabrizieren künstliche Teile für natürliche Menschen; Transplantationstechniken bringen es fertig, natürliche Teile in natürliche Menschen einzusetzen. Automaten funktionieren wie künstliche Menschen, und können in der Tat mit ihnen verbunden werden. Sollte es eines Tages Androiden geben, wird man sie als künstliche oder als natürliche Menschen ansehen. Das hängt von politischen, nicht aber von wissenschaftlichen Gesichtspunkten ab.

Körperteile wie Glieder und innere Organe definieren den Menschen nicht, weder durch die Beschaffenheit ihrer Moleküle noch durch ihre Funktion. Und die Verhaltenstechnologie der Gegenwart dringt ebenso in das Gehirn wie in andere Teile ein: mit Chemikalien, Stahl- und Plastikteilen, die seine höchsten Leistungen usurpieren können, so daß seine Handlungen selbst von künstlichen Dingen abhängen, die kein natürlicher Teil seines Ich sind. Als die Entdeckung chemischer Narkosemittel diese Entwicklung vor mehr als einem Jahrhundert in Gang setzte, vergegenwärtigte sich niemand, wie umfassend die Steuerung sein könnte. Und auch heute tut das noch keiner. Aber wenn die Technik einen Schritt weiter geht, wenn sie den Intelligenzquotienten des Menschen anhebt, seine künstlerische Fähigkeit und seine athletische Kraft verbessert, wird dann der Betroffene nun mehr oder weniger Mensch sein? Sobald die rein operationalen Vorzüge des Maschinenmodells immer mehr »Wahrheit« verkörpern, immer umfassender beschreiben, was sich alles im Körper abspielt, erhebt sich wohl einmal die Frage, warum wir beides noch unterscheiden. Vielleicht tun wir es nur, um unsere sentimentale Bindung an alte Lehren zu schützen, denen zu glauben wir nicht die Überzeugung und die aufzugeben wir nicht den Mut haben. In bezug auf das Verhalten ist es die Lehre vom freien Willen, die durch das Maschinenmodell des Menschen besonders bedroht wird und die endlich ernstgenommen werden muß, um der Bedrohung zu begegnen.

Die wichtigsten Fragen, die sich angesichts des Maschinenmodells erheben, sind letzten Endes praktischer, nicht theoretischer Art. Sie stellen den juristischen, wissenschaftlichen, moralischen und spirituellen Status von Menschen und ihren Teilen in Frage. Wenn wir einige Körperteile oder die Funktionen verlieren würden, die sie sinnvoll machen, von welchem Punkt an würde dann ein Mensch aufhören, er selbst zu sein? Mit den schwerwiegenden Problemen, die dadurch entstehen, daß man lernt, den Menschen oder Teile von ihm im Labor herzustellen, werden wir in diesem Jahrhundert wohl noch nicht konfrontiert, sagen Kahn und Wiener. Doch die grundlegende Frage stellt sich nicht erst bei Androiden, weil man mit ihnen den Bereich der Theorie verlassen würde. Sie ist in Euthanasieprozessen und Autopsiefällen bereits gestellt worden; die traditionelle Antwort lautet, daß alle Teile des Menschen unantastbar sind. Doch diese Tradition, die vielleicht früher einmal bedeutungsvoll war, wird dem Menschen nicht länger nützlich sein; die Technik hat sie de facto widerlegt, durch eben denselben Vorgang, durch den sie den Menschen in eine Maschine verwandelte, wie auch immer sein ursprüngliches Wesen aussah.

Für den Wissenschaftler ist es weniger wichtig als für viele andere, ob das Maschinenmodell nun buchstäblich richtig ist oder nicht. Keine andere Theorie leistet so gute Dienste, um Experimente zu planen und zu deuten, und überhaupt gibt es für ihn keine Theorie, an die man wie an einen Katechismus glauben muß. Die Wissenschaft ist eine Arbeitsmethode, keine Religion; ihre Modelle der menschlichen Natur sind intellektuelle Konventionen, keine persönlichen Glaubensbekenntnisse. Alle möglichen Arten von Maschinen bieten sich angesichts verschiedener Situationen als nützliche wissenschaftliche Modelle des Menschen an; manche Modelle setzen ihn mit einem

Computer gleich, andere mit einem hydraulischen System und wieder andere mit einer Kuckucksuhr. Gemeinsam ist ihnen allen, daß sie nach Gesetzen arbeiten, nicht mehr, und Wissenschaftler nehmen offiziell auch nicht mehr von ihnen an. Sie glauben mit Albert Einstein, »daß der liebe Gott nicht würfelt«. Wissenschaftliche Hypothesen setzen den Glauben voraus, daß das Universum gesetzmäßig und Moleküle wie Menschen arbeiten, doch ist dieser Glaube für den Wissenschaftler eine intellektuelle Konvention, kein Dogma. Allerdings ist dieser Glaube für Leute, welche die menschliche Natur zu einem moralischen Problem erheben, mehr als eine Unbequemlichkeit. Sie stemmen sich auch am meisten gegen das Maschinenmodell.

Humanismus kontra Mechanismus

Die Ansicht, daß der Mensch keine Maschine sei, nennen wir hier Humanismus. Gelehrte äußern sie selten sehr deutlich, da sie, radikal vertreten, offensichtlich unrichtig ist. Jeder intelligente Beobachter sieht, daß ein guter Teil menschlicher *software* nach denselben mechanischen Prinzipien arbeitet wie die *hardware* anderer Maschinen. Die Knochen dienen den Muskeln nach den Gesetzen des Aristoteles als Hebel, die für alle Hebel gelten; das Blut wird durch das Kreislaufsystem mit Hilfe einer rechtschaffenen Pumpe getrieben; der Hautschweiß verdunstet ebenso wie der Schaum in einem Glas Bier. Verfeinert lautet die Feststellung der Humanisten, daß der Mensch nicht nur eine Maschine ist, sondern mehr eine vermeintliche Maschinerie. In der Vergangenheit, als Maschinen durchweg simpel und unvollkommen waren, mußte der Mensch sorgsam über alle anderen Tiere erhoben werden, fast bis zu den Engeln, um diesen Glauben zu unterstützen. Gegenwärtig, wo die Tiere kaum besser als bisher sind, aber Maschinen dauernd verbessert werden, muß die Überlegenheit menschlicher Fähigkeiten gegen den Computer verteidigt werden. Viele Anwälte beeilen sich, diesen Fall zu ihrem eigenen zu machen.

Psychologen, Biologen, Theologen, Künstler und Philosophen haben alle zu diesem Unternehmen beigetragen, gewöhnlich im Medium der Fachsprache und vom besonderen Gesichtspunkt ihrer Arbeitsgebiete aus und manchmal durch verblüffende Zeugnisse in-

tellektueller Virtuosität. Die Verschiedenheit der Ansätze und Ausgangspunkte, von denen aus das Maschinenmodell jüngst diskutiert (und oft abgelehnt) wurde, reichen von den Grundlagen der Molekularbiologie über Neurologie, Psycholinguistik und Philosophie bis zu den erhobenen Aussagen des Vatikanischen Konzils über die physische Basis des Bewußtseins sowie den heftigen literarischen Attacken auf die behavioristische Psychologie.
Unabhängig von ihrem Gegenstand und beruflichen Hintergrund unterstützt die humanistische Position im typischen Fall den ganzheitlichen Ansatz in der Verhaltensforschung, wobei der eine Spezialist bemerkt, daß funktionelle Produkte selbst auf den niedrigsten Ebenen zellulärer Organisation eine Rolle spielten, die mehr seien als die Summe ihrer chemischen und molekularen Teile, und der andere betont, das Selbst sei eine einzigartige Ganzheit, die den Menschen kennzeichne und ihn ein für alle Male von jeder Maschine unterscheide, wie elegant sie auch gebaut sein möge. Es ist leicht einzusehen, daß dieser Gedanke dank der klinischen Erfahrungen von Psychotherapeuten in der Psychologie Fuß faßte, von denen sich viele energisch gegen das Maschinenmodell des Menschen wenden. Psychologische Probleme werden nur von ganzen Menschen artikuliert, deren Selbst zwar unsichtbar, aber wahrscheinlich ebenso einzigartig ist, wie der Therapeut sein eigenes Selbst empfindet. Die humanistische Argumentation beschränkt sich aber gewöhnlich nicht auf derart einfache Aussagen. Sie nimmt oft eine so komplexe Form an – mit neurophysiologischen Spekulationen gespickt, mit psycholinguistischen »Transgenerationen«, martervollen Analogien oder der Zurückweisung von Analogien zu Computern angereichert –, daß man oft auf den ersten Blick hin gar nicht sagen kann, ob der Ansatz überhaupt molar oder antimechanistisch ist. Arthur Koestler etwa spricht in seiner komplexen, oft brillanten Attacke auf die behavioristische Psychologie über »hierarchische Organisationen« und andere technische Gedanken der gestaltpsychologischen Theorie, wobei er seine antimechanistische Konzeption höchst dramatisch nur im Titel ausspricht: »Das Gespenst in der Maschine«.
Die oben zitierten Argumente sind alle in Büchern erschienen, die seit 1966 publiziert wurden, doch allem Anschein zum Trotz hat sich die philosophische Basis des modernen Humanismus seit Descartes nicht sehr geändert, dessen Ansicht sich darauf zurückführen

läßt, daß der Mensch mehr ist als seine Maschinerie. Descartes zeigte deutlich, daß der Mensch eine Maschine sei, die sich von anderen biologischen Maschinen lediglich durch den Besitz einer Seele unterscheide, die sich aus keiner materiellen Macht ableiten ließe, sich aber in einer Sprache in ganzen Sätzen ausdrücke, einer Fähigkeit, von der er glaubte, daß keine vom Menschen gebaute Maschine sie jemals nachahmen könnte. Moderne Anhänger dieser Ansicht welche die theologischen Probleme der Seelenvorstellung oder ihres weltlichen (und sterblichen) Gegenspielers, des Geistes, umgehen wollen, sprechen hier vom »Selbst«.
Während die humanistische Polemik die Freiheit offensichtlich als wissenschaftliches, nicht als metaphysisches Problem betrachtete, zielte sie doch im Grunde stets darauf ab, persönliche Verantwortung zur Grundlage der Moral zu machen. Der kartesianische Dualismus verlangte die Trennung von Leib und Seele, um dem unsterblichen, körperlosen und freien Willen des Menschen einen Raum zu geben, in dem er sich entfalten konnte. Der Wille ist es demnach, der den Menschen kennzeichnet, und die Freiheit ist es, die ihm die Fähigkeit moralischer Entscheidung verleiht und Verantwortung ermöglicht. Diese ehrwürdige Ansicht wird in der naiven Fassung des Faust-Epos tragisch und schön zugleich ausgedrückt, wo der Mensch die lange Zukunft seiner Seele gegen einen vorübergehenden, doch ungeheueren Zuwachs an fleischlicher Lust eintauscht. Der Teufel macht das Geschäft, weil es keinen Weg gibt, ohne Fausts Zustimmung in den Besitz der Seele zu kommen, und der Pakt wird mit Blut unterschrieben, um bibelgetreu zu zeigen, daß das Wesen des Menschen eingesetzt wurde. In moderner Fassung bleibt das Argument ziemlich gleich. Weltliche Schüler von Descartes mögen Körperlosigkeit und Unsterblichkeit aufgeben, doch sie halten hartnäckig an der Idee fest, daß der Wille in seinem sterblichen Wirt frei ist. Gleichgültig auf welcher semantischen Ebene er zu seinem Ziel gelangt, der Humanist besteht darauf, daß der Mensch eine einzigartige Entscheidungsfreiheit besitzt. Die ganzheitliche, wissenschaftliche Voraussetzung, auf der er beruht, besagt bescheidener, daß sich gerade das bedeutungsvollste Verhalten des Menschen auf einer so komplexen Organisationsebene abspielt, daß seine einzelnen Determinanten entweder trivial oder unmeßbar sind. Auch wenn das zuträfe, wäre die Voraussagbarkeit begrenzt, und die humanistische Position, die vor allem anderen

menschliche Freiheit verlangt, kann durch sie nicht voll befriedigt werden.
So ist der Humanismus untrennbar in einem moralischen System verwurzelt, das durch das Maschinenmodell des Menschen bedroht wird. Dieses System würde auch dann politische oder religiöse Widerstände gegen dieses Modell mobilisieren, wenn es »wahr« wäre, ja selbst wenn offenbar würde, daß das humanistische Argument auf irrtümlicher Beobachtung beruht, wonach die scheinbare Einmaligkeit einzigartig ist, oder auf logischen Fehlern, welche die Möglichkeit vernachlässigen, daß Maschinen wie Menschen fühlen, es aber nicht sagen. Das Argument wird zu einem Plädoyer für den unvergleichlichen Platz des Menschen in der Natur und bietet als Gegenleistung verantwortungsvolle Dienste an. Während es für Ingenieure ein ungeeignetes Werkzeug sein mag, läßt es sich eingehend studieren, um die aus ihm abgeleiteten Lebensregeln zu beurteilen.

Die Gefahren des Maschinen-Modells

Strikt wissenschaftlich betrachtet, kann die humanistische Doktrin dem Maschinenmodell nicht viel entgegensetzen. Die molar-molekulare Kontroverse ist im Grunde nur eine Frage nach der besten Forschungstaktik, und beide Male handelt es sich um mechanistische Positionen. Die Konzepte des Selbst und der Einzigartigkeit des Individuums passen ohne Zwang in das Maschinenmodell, dem die humanistische Position auf der logisch-empirischen Ebene nicht viel entgegenhalten kann. Das klassische Dogma, daß »der Mensch das Maß aller Dinge« ist, kann nicht zu dem Dogma erweitert werden, daß er auch das physikalische Maß aller Dinge sei. Das humanistische Argument der Freiheit ist nur als moralisches Kriterium sinnvoll; als wissenschaftliche Umschreibung menschlichen Verhaltens interpretiert es die Tatsachen falsch. Würde man es etwa genau auf die Technik der Verhaltenssteuerung anwenden, dann müßte man entweder bestreiten, daß sie möglich ist, oder darauf bestehen, daß ihre Grenzen sehr eng sind. Die erste These ist nachweislich falsch, und die zweite unbewiesen und unwahrscheinlich.
Die einzig zuverlässige Basis des Humanisten in seinem Widerstand gegen das Maschinenmodell ist psychologischer Art. Sie stellt die moralischen Zwecke in Frage, zu denen dieses Modell dienen kann.

Es gibt zwei wichtige Gründe, die befürchten lassen, daß die mechanistische Theorie leichthin auf die Moral angewendet werden könnte: Sie kann eine unpersönliche Betrachtung menschlicher Wesen fördern und die persönliche Verantwortung für das eigene Verhalten vermindern.

Es ist gefährlich genug, die Produkte der Wissenschaft gedankenlos anzuwenden. Philip Wylie klagt deshalb religiöse Menschen in seinem Opus 21 an, sie spülten ihr WC und töteten ihre Feinde. Es kann sogar noch gefährlicher werden, wenn die Regeln wissenschaftlicher Arbeitshypothesen dazu dienen, das Bild vom Menschen in das eines hübschen Haufen Plunders zu verwandeln. Denn die Bemerkung, daß der Unterschied zwischen dem Menschen und den Maschinen, die er erfindet, nicht mehr ist als der physikalische Unterschied zwischen *hardware* und *software* (das heißt, kaum mehr als der Abstand zwischen den einzelnen Molekülen und ihre Geschwindigkeiten), könnte allen jenen Personen und Kräften in der modernen Gesellschaft Oberwasser geben, die — um damit anzufangen — den Menschen selbst nicht respektieren. Und wie absurd, pathetisch oder irrtümlich es auch scheinen mag, die Sentimentalität, welche die heftige Beteuerung auslöst »ich bin ein Mensch und keine Sache«, die Reizbarkeit, welche z. B. Entdeckungen auslösen, wonach unser Gehalt, unsere Einkommensteuer und selbst die Benzinrechnung Opfer eines verrückten Digital-Computers sind, ja selbst der politische Konservativismus, der einige von uns unrettbar an eine Rückkehr zur Demokratie Jeffersons hoffen läßt — sie alle sind schützende Einstellungen gegen die Depersonalisierung, die sowohl durch die Technik wie auch durch totalitäre Systeme vorangetrieben wird.

Die andere psychologische Gefahr des mechanistischen Ansatzes liegt darin, daß er, wie Norbert Wiener sagt, den »Maschinenanbeter« in seinem Streben ermutigt, persönliche Verantwortung zu scheuen und sie weiterzuschieben: »auf den Zufall«, auf menschliche Vorgesetzte und ihre Vorschriften, die man nicht in Frage stellen darf, oder auf einen mechanischen Apparat ... Das führt Schiffbrüchige dazu, per Los zu entscheiden, wer von ihnen zuerst gegessen werden soll. Gerade auf solche Einstellungen konnte Eichmann seine Verteidigung so geschickt aufbauen. Die gleichen Einstellungen machten es möglich, daß man einigen Männern des Erschießungstrupps Platzpatronen gibt, und sie werden zweifelsohne auch die Art und Weise bestimmen, in der sich der Offizier, der den Knopf zur Auslösung des nächsten (und letzten) Atomkriegs drückt, vor seinem Gewissen rechtfertigen wird, auf welcher Seite er auch steht.

Die allgemeinen Probleme persönlicher Identität und persönlicher Moral in unserer Zeit sind oft und gut beschrieben worden, obgleich damit keineswegs immer zwingende Vorschläge für ihre Lösung verbunden waren. Es ist nicht leicht, die individuelle Identität in einer komplexen Gesellschaft aufrechtzuerhalten, und dieser Umstand scheint das Maschinenmodell zu unterstützen, was James Bugental »den gefährlich pathogenetischen Trend zur Mechanisierung des Menschen« nennt, in dem wir uns selbst und andere als »austauschbare Einheiten« behandeln, während Identität und Individualität »in diesem Prozeß ausgewaschen werden«. Und da wir aus einer ethischen Tradition kommen, in der die Moral vom freien Willen abhing, ist es unklar, wie der Gedanke persönlicher Verantwortung in unserer Gesellschaft ohne intellektuellen Unterbau überleben soll.

Doch das Bild individueller Gesichtslosigkeit, das uns technologische Alpträume ausmalen, kann in keinem Fall erfolgreich durch die Macht verbrauchter Denkgewohnheiten bekämpft werden, welche die meisten von uns, wie gebildet und verweltlicht sie auch sein mögen, dazu führt, einen Anthropozentrismus am Leben zu erhalten, an den sie in Wirklichkeit gar nicht glauben. Vielleicht ist der einzige Grund, warum die Vorstellung von einem menschlichen Mechanismus die persönliche Identität bedroht, darin zu suchen, daß sie erneut jene gewohnte menschliche Eitelkeit beleidigt, die daraus besteht, daß wir uns auf vornehme Weise von allen anderen Geschöpfen Gottes und noch weit mehr von den Produkten unserer eigenen Erfindungsgabe unterscheiden. Wenn das so ist, dann wäre das nicht gefährlicher als die einst erschreckende Entdeckung Galileis, daß die Erde nicht der Angelpunkt des Universums ist, oder Darwins, daß der Mensch keinen einzigartigen Rang unter dem irdischen Leben aufweist, oder Freuds, daß er nicht nur durch seine höchsten Fähigkeiten gelenkt wird. Alle diese Vorstellungen haben die menschliche Eitelkeit einst ebenso verletzt, doch wir haben unser Selbstbild revidiert, um ihnen und ihrem neuen Wirklichkeitsgehalt gerecht zu werden, ohne die menschliche Art in diesem Prozeß zu zerstören. Das heißt nicht, daß das moderne Identitätsproblem irreal sei, sondern nur, daß wir wenig über seine Ursachen wissen. Sicherlich bedrohen Überbevölkerung und Versklavung die Individualität, weil sie in der Tat dazu führen, daß Menschen wie austauschbare Teile mißbraucht werden, doch das Maschinenmodell trägt vielleicht gar keine solchen Gefahren in sich. Es ist wichtig, unsere Denkgewohnheiten in dieser Hinsicht herauszufordern, denn das Problem der persönlichen Identität kann nicht mit Aussicht auf Erfolg gelöst werden, wenn man weniger intelligent vorgeht als die Mächte, welche den Menschen zu mißbrauchen drohen.

Es gibt keine Einwände gegen eine von persönlicher Verantwortung bestimmte Moral, doch ihr Wert hat nichts mit ihrem Ursprung zu tun, sondern nur mit ihren Wirkungen. Nur Gewohnheit führt uns zu der Annahme, daß es keine andere Grundlage für persönliche Verantwortung gibt als die Lehre vom freien Willen. Das gilt aber nur, wenn die einzige Basis der Moral Zwang ist. Dann muß nämlich die Verantwortung mit Freiheit verknüpft werden, um Strafen zu rechtfertigen. Aber zu sagen, daß es keine anderen Gründe für Verantwortung gibt, heißt feststellen, daß Angst und Furcht die einzigen Motive moralischen Verhaltens sind, was unrichtig wäre. Es gibt für moralisches Verhalten auch triebhafte Motive und Motive der Sympathie, und sie können mächtiger sein als alle übrigen. Es gibt Motive, die eine Maschine haben und denen zufolge sie handeln kann, selbst wenn man sie nicht verantwortlich machen kann, indem man sie vorher bedroht oder im nachhinein für Entgleisungen bestraft.

Wenn wir irgend etwas über die »Maschine« Mensch wissen, dann ist es zunächst einmal, daß ein Teil seiner Maschinerie tierisch ist, weil er Schmerz, Zartgefühl und alle jene Gefühle empfindet, die zusammen Mitleid ausmachen. Und zweitens wissen wir, daß er eine denkende Maschine ist, ein Rechner, der für begriffliches Denken in vielfältiger Form programmiert ist. Eine Art, durch die er sich selbst definiert, ist reflektierendes Denken, das heißt, Denken über sich selbst, Bewußtsein seiner selbst. Indem er über sich selbst nachdenkt, lernt er sein Selbst unabhängig von allen seinen Teilen zu bestimmen — er weiß, daß sein Bein, das er fühlt, nicht er selbst ist, daß sein Wille, den er wahrnimmt und immer frei fühlt, nicht er selbst und nicht frei ist. Nur der Mensch weiß, daß seine Menschlichkeit die Wechselwirkung seiner Teile ist und daß sie ebenso wirklich wie vollkommen ungreifbar ist. Nur das Kind des Menschen fragt, wohin die ganze Musik geht, wenn man das Tonbandgerät ausschaltet, und nur der Mensch selbst kann verstehen, daß sie nirgendwohin geht, daß sie nie als Wesenheit da war, sondern nur als eine Verwandlung von Energie, gerade wie sein Selbst.

Der Mensch ist nicht nur eine tierische Maschine, die in ganzen Sätzen spricht oder ein von Mitleid erfüllter Computer. Er ist die Maschine, die Sätze über sich selbst aufstellen kann und die Unterschiede zwischen seinen Teilen zu erläutern vermag, die ihm eigentümlich, aber nicht sein Selbst sind. Er ist aber auch imstande, etwas über ihre Wechselwirkung zu sagen, die ihn befähigt, zu reflektieren, und die seine Seele sind.

Diese Fähigkeit, seine Gedanken zu objektivieren und Intelligenz von Gefühl zu trennen, ohne eines von beiden zu verlieren, verleiht dem Menschen zwei große moralische Möglichkeiten. Er kann seine Gefühle mit denen anderer Geschöpfe vergleichen, das heißt Mitleid empfinden. Und er kann intelligente Urteile über die Welt fällen, das heißt leidenschaftslos denken, kurzzeitig alle Gefühle außer acht lassen, während er überlegt, welche Folgen seine Handlungen haben werden, und dann vorwegnehmen, welche davon sein Gefühl akzeptieren kann. Die einzige moralische Frage, die sich der Mensch stellen muß, ist, wie er handeln soll. Er kann das auch mit einer materiellen Seele, selbst wenn es im ganzen Weltall keine andere moralische Potenz als ihn selbst gibt, selbst wenn Gott tot ist oder nie vom Menschen verlangt hat, irgendeine besondere Rolle zu spielen, und selbst wenn er weiß, daß Freiheit letzten Endes nur eine Illusion ist.

Und könnte in der Tat der anthropozentrische Trugschluß der alten Moral nicht einen unnötigen, ja grausamen und gefährlichen Glauben fördern? Die alten Religionen suchten nach einem übernatürlichen Ziel in der menschlichen Geschichte, um dem Menschen Überlegenheit über die Natur zu verschaffen, nicht nur, um seine Ängste um Überleben und Wohlergehen in einer gefährlichen Welt zu beschwichtigen, sondern auch um seine Blindheit zu rechtfertigen, die ihn daran hindert, zu sehen, wie sehr er mit anderen Lebewese verwandt ist, z. B. in Empfindung, Schmerz und allgemein im Lebenskampf, obwohl ihm das schon einfaches Nachdenken zeigen könnte. Unsere weltliche Suche nach Freiheit und Einzigartigkeit mag dasselbe leisten, indem sie es für ganz in Ordnung hält, wenn ein Mensch beispielsweise seine armen stammesgeschichtlichen Verwandten tötet oder auch andere Menschen, als ob sie wüßte, daß »das Leiden der Kreatur« sich bei Mensch und Tier, Jude und Heide, Weißem und Neger deutlich unterscheidet. Und wenn der Tag kommt, an dem hervorragende Androiden existieren, so daß Mensch und Maschine zu der Liste hinzugefügt werden können, dann wäre kein neues Denken nötig, um sich mit ihrer Mißhandlung zu arrangieren. Ein Großteil der traurigen Versklavung von Mitmenschen ist gerade durch diese Art von Moral erleichtert worden.

Jedenfalls braucht der Mensch nicht die Rückendeckung eines Moralgesetzes, um sich seiner Überlegenheit über alle anderen Kreaturen auf diesem Planeten zu versichern. Er kann brutal oder mitleidsvoll sein, je nachdem welche moralischen Ansprüche er erhebt, und er kann die volle Spanne seiner Handlungsmöglichkeiten behalten, ob er sich nun ein Tier, eine Maschine oder einen Gott nennt. Alles, was man zum Handeln braucht, ist Macht, und der Mensch hat die Macht, über die Erde zu herrschen.

Das Maschinenmodell des Menschen ist als Credo, das der sich entwickelnden Technik der Verhaltenssteuerung unterliegt, nicht wichtig. Seine Herausforderung resultiert aus der Tatsache, daß es — so begrenzt seine konkreten moralischen oder materiellen Verwendungen auch sein mögen — für alle Absichten und Zwecke passend ist. Wenn dem so ist, dann ist es gleich, wie gefährlich es sein kann, außer in einem platonischen Staat, wo man Diskussionen darüber unterdrücken könnte; es gibt einfach keine andere Wahl, als seine Macht anzuerkennen und ihre Konsequenzen zu sehen.

Wenn man einmal begreift, daß in dem Maschinenmodell des Menschen keine Selbstverleugnung mitschwingt, und daß es noch lange keinen Grund gibt, den Menschen zu verachten, wenn er ganz aus Molekülen gemacht ist, dann ist das Problem besser zu fassen. Man wird die Grundlage für einen durch Mitleid bestimmten Mechanismus finden können. Dieser Mechanismus wird dann die von ihm entwickelte Technik lenken, ohne sie mit abgenutzten, fadenscheinigen Mythen zu bekämpfen. Wissenschaftliche Arbeit ist ideologiefrei, und der Mensch muß seine Weisheit immer aus moralischen Überzeugungen entlehnen, um ihren Einsatz zu lenken — doch nicht von den falschen. Früher oder später werden die Menschen auf eine Ethik verzichten, die von etwas abhängig ist, das nachweislich nicht stimmt. Die Technik ist keine zufällige Macht, sondern eine Macht, deren Produkte und Wirkungen man voraussagen kann. Das Maschinenmodell fordert und rechtfertigt nicht die brutale Maschinisierung der Gesellschaft; doch wenn man sich die Bedeutung dieses Modells nicht klarmacht, dürfte sie schwer zu vermeiden sein. Dieser Erkenntnisprozeß kann kein Zufall sein, so schrecklich er auch für die meisten von uns ist, die in den alten Mythen geschult wurden, wenn wir erkennen, daß der deus ex machina des Menschen letzten Endes der Mensch selbst ist. Nur wenn wir den Menschen begrifflich dehumanisieren, können wir herausbekommen, worin seine Menschlichkeit besteht, und nur mit diesem Wissen läßt sie sich bewahren.

8

Die Ethik der Verhaltenssteuerung

Steuerung bedeutet Macht. Verhaltenssteuerung bedeutet Macht über Menschen. In der Vergangenheit bedeutete das Macht über Leben oder Tod und einige Handlungen dazwischen. Immer mehr bedeutet es Macht über alle Einzelheiten menschlichen Lebens – von Einstellungen, Handlungen, Gedanken und Gefühlen, von Posen in der Öffentlichkeit bis zu den geheimsten Gedanken. Viele Wissenschaften sind mit Technologien, die für menschliche Bedürfnisse nutzbar gemacht werden können, beschäftigt, und gleichzeitig bauen und verfeinern sie immer schärfere, immer tiefgreifendere Werkzeuge der Verhaltenssteuerung. Die Natur dieser Werkzeuge, ihre Zukunft und die Ansichten über die menschliche Natur, die sie enthalten, hat bislang den größten Raum unserer Diskussion eingenommen. Nun müssen wir das größte moralische Problem ihrer Handhabung betrachten: Wie können wir die Waage zwischen persönlicher Freiheit und öffentlichem Interesse halten, die in freien Gesellschaften mit solcher Mühe erreicht wurde? Und wie können wir verhindern, daß dieses Gleichgewicht nicht durch Naivität oder bösen Willen im Umgang mit diesen Instrumenten zerstört wird? Technologien geben auf moralische Probleme keine Antworten, das tun nur Menschen. Was letzten Endes mit diesen Werkzeugen geschieht, hängt nicht davon ab, wie fähig der Mensch wird, sie zu gebrauchen, sondern wie bereit er ist, sie auf andere anzuwenden.

Das moralische Problem der Verhaltenssteuerung liegt in der Frage, wie man Macht richtig gebraucht. Das ist keine neue Frage, was bei kritischen Fragen über menschliches Erleben ohnedies selten der Fall ist. Der rechte Gebrauch von Macht liegt für nachdenkliche Menschen selten auf der Hand. Vor allem wenn sie religiöser Offenbarungen oder einer »natürlichen« Ethik ermangeln, fällt es ihnen schwer, zu entscheiden, was richtig ist. Doch während sich die grundlegenden Fragen nie ändern, tun es manchmal die Antworten. Sie müssen es, wenn auch nur versuchsweise, um den edleren Zielen des Menschen zu dienen oder Katastrophen zu vermeiden. Die

Macht richtig zur Lenkung menschlichen Verhaltens zu verwenden, ist heute nicht einfacher als früher, als die Werkzeuge der Macht noch gering und grob waren. Jetzt vermehren sie sich und werden mit einer solchen Geschwindigkeit wirkungsvoller, daß konventionelle soziale Steuerungsinstrumente wie Gesetze ungeeignet sind, sie in den Griff zu bekommen. Außerdem wird es fortwährend schwieriger, darüber zu entscheiden, wie, von wem und für welche Zwecke sie gehandhabt werden können. Wir brauchen neue Ideen, mit deren Hilfe wir sie nützen oder einschränken können. Wo man begonnen hat, über die Verhaltenstechnologie zu diskutieren, war man sich einig, daß ihre Ausdehnung unausweichlich ist, ihr Mißbrauch katastrophal sein kann (für die individuellen Opfer wie für uns alle) und daß einige extreme Fälle von Mißbrauch schon vorgekommen sind, vor allem und ironischerweise in der medizinischen Forschung. Doch hat man bis heute wenig darüber diskutiert, vielleicht weil das Gebiet noch zu neuartig oder zu unvollkommen erschlossen ist, so daß selbst viele Forscher noch gar nicht merkten, daß sie einen Tiger am Schwanz halten. Als 1966 die Gesundheitsbehörde der Vereinigten Staaten von allen Wissenschaftlern, die sie förderte, verlangte, nur noch mit freiwilligen Versuchspersonen zu experimentieren und ihnen zu garantieren, daß ihnen kein Schaden zugefügt würde, war es nicht überraschend, daß viele Wissenschaftler diese Maßnahme als überflüssige Zumutung empfanden. Erstens, sagten sie, sind die meisten Versuchspersonen der meisten Experimente ohnedies Freiwillige; zweitens kann man die Einzelheiten einiger Studien (beispielsweise der Placeboforschung) den Versuchspersonen nicht vorher verraten; drittens schadet doch niemand *absichtlich* seinen Versuchspersonen; viertens geschieht das kaum; und fünftens macht der beabsichtigte und oft auch erreichte Nutzen für die Menschheit gelegentliche Zwischenfälle tragbar. Soviel zu diesen Argumenten, denen man ihre Berechtigung nicht absprechen kann.

Selbst unter diesen Gesichtspunkten würden die meisten damit einverstanden sein, daß es wohl einige Einschränkungen für die Forschung geben muß, und daß man sicherlich viel über sie diskutieren sollte, solange es zutrifft, daß Versuchsleiter Macht über ihre Versuchpersonen haben oder daß ihre Fähigkeit, von ihr Gebrauch zu machen, mit der Entscheidung, zu sagen oder zu verbergen, was sie tun oder beabsichtigen, zu oder abnimmt. Alle guten Leute, die

Macht über andere haben, auch wenn es nur ein bißchen Macht und nur für eine kurze Zeit ist, brauchen eine Ethik, die bestimmt, welchen Gebrauch sie von ihr machen.

Die Bedeutung der Gerechtigkeit

In dem langen Kampf des Menschen, sein Schicksal zu steuern, war die Erfindung der Gerechtigkeit oder der Gedanke, daß Macht über Menschen kontrolliert werden muß, vielleicht sein größter Triumph. Doch bleibt die Idee der Gerechtigkeit eine Fiktion, solange sie sich nicht in Gesetzen niederschlägt, ihrem sichtbaren Kontrollinstrument, und solange die Gesetze nicht durch Mächte verteidigt werden, die so stark sind wie jene, die sie zu zügeln suchen. Ohne Macht sind die gesetzlichen Formeln über den richtigen Gebrauch von Macht oder über die Maßnahmen gegen ihren Mißbrauch wertlos. In diesem Sinn ist Macht real, Gerechtigkeit nicht.

Die Naturgeschichte der Gerechtigkeit zeigt, daß einschränkende Gesetze gewöhnlich als Nachspiel zu wilden Ausbrüchen destruktiver Macht entwickelt und konzipiert sind, um zukünftige Exzesse zu vermeiden. Die Nürnberger Prozesse fanden statt, als der Völkermord schon geschehen war, nicht vorher. Vorschriften, um solche Verbrechen gegen die Menschheit in Zukunft zu verhindern, folgen einer unglückseligen Vergangenheit auf den Fersen. Der höchste Gerichtshof der Vereinigten Staaten erkennt die Existenz eines Gesetzes nicht an, solange es nicht in einem Fall von jemand verletzt wurde, und verbindet so die Worte der Statuten mit den Tatsachen menschlicher Erfahrung. Das Gesetz ist ein Apparat, um die Macht über Menschen zu kanalisieren, nicht mehr. Und er kann nicht gut arbeiten, ehe nicht klar ist, wo der unkanalisierte Ausfluß der Macht Schaden anrichten wird.

Die Frage, wie man die allgemeine Kontrolle der Macht über Menschen planen kann, gilt auch für die Kontrolle der Verhaltenstechnologie. Ehe ihre Gefahren offenkundig werden, gibt es keinen richtigen Weg, Gesetze über ihren Einsatz zu erlassen. Wenn die Gefahren sichtbar sind, kann man versuchsweise Strategien für ihre Kontrolle entwickeln und sie durchsetzen, sobald ihre Notwendigkeit deutlich wird – aber nicht vorher. Es hieße, die Gerechtigkeit verkehren, wenn man in ihrem Namen Übel unterdrücken würde, die nur hypothetisch sind.

Absolute und relative Ethik

Von den Möglichkeiten der Verhaltenssteuerung erschreckte und abgestoßene Menschen können es erschreckend und abstoßend finden, wenn sie hören, daß alle ethischen Grundsätze für den Umgang mit der Technik der Verhaltenssteuerung, nicht absolut sein können, wenn man ihr gerecht werden will. Eine absolute Ethik wäre hier sicherlich nutzlos oder verhängnisvoll, da sie entweder zu wenig oder zu viel Schädigungen durch eine Technik voraussetzt, deren Einzelheiten man noch nicht voraussehen kann und deren Folgen man noch nicht überblickt. Eine von Angst bestimmte Ethik, die den Einsatz der Technologie allzusehr einengt, verhindert, daß der Fortschritt irgend jemandem nützt. Die meisten Leute, die den Wert von Placebo-Studien begreifen, würden sich beispielsweise als Versuchspersonen zur Verfügung stellen, wenn es ungefährlich wäre. Eine Kavaliersethik, die alles erlaubt, etwa auch daß Ärzte heimlich alten Leuten Krebsstoffe injizieren und das zweideutig »Zellsuspension« nennen (so geschehen 1963 in New York) kann nur dazu beitragen, die Opfer höflich bemäntelter guter Absichten zu begraben. Sie kann auch die Wissenschaft in neue Abgründe des Mißbrauchs verstricken.

Die Starrheit einer absoluten Ehtik verspricht nicht nur, daß sie ungerecht hart oder lax ist, sondern daß sie auch bald veralten wird, besonders wenn sich der technische Fortschritt beschleunigt. Die ethischen Fragen, vor die uns die Technik stellt, müssen nach dem Bau der Maschinen beantwortet werden, wie die Gerechtigkeit der Macht folgen muß. Da neue Maschinen das menschliche Leben verändern und damit auch die ethischen Formeln, die vorher gültig waren, scheint es klar, daß einige alte Regeln zu offensichtlich ungeeigneten Richtlinien für das Verhalten werden. Eine neue Ethik kann andererseits zu ihrer Zeit absolut wertvoll erscheinen, bis neue Realitäten wiederum verlangen, daß man neue Formeln findet, um mit den Realitäten fertig zu werden. Die praktische Ethik ist ein Hilfsmittel, gutes und schlechtes Verhalten zu definieren, eine Konvention, die begrenzte Zeit begrenzten Zwecken dient, sich entwikkelt und nicht fix und fertig vor uns steht, wobei die Veränderungen der Lebensumstände wichtiger sind als Dekrete.

Eine absolute Ethik der Verhaltenssteuerung kann überhaupt nicht sinnvoll sein, ebensowenig wie tastende und vorsichtige Versuche, allein schon wegen ihrer Bescheidenheit. Selbst ein begrenzter ethischer Kode muß nicht nur versuchen, den Gefahren oder Hoffnungen zu folgen, sondern muß sie auch antizipieren, um sie abzuwenden oder zu stärken. Das heißt, die Ethik muß aus den Erfahrungen der Vergangenheit einige abstrakte moralische Prinzipien ableiten und einige allgemeine Regeln aufstellen, um spezifische Handlungen zu lenken. Die intellektuellen Fallgruben dieses Prozesses gleichen denen des Abgeordneten, der über den angemessenen legalen Status von Marihuanakonsumenten entscheiden will oder des Moraltheologen, der unveränderliche Regeln für den Status von lebenden Wesen sucht, die wir eines Tages auf anderen Planeten finden werden. Verschwommene Logik und schlampige Sprache nehmen den Begriffen ihren Sinn oder bringen sie dazu, ganz andere Dinge auszusagen, als sie meinen, was für ihre Anwendung auf menschliche Einstellungen und Taten tödlich sein kann. Betrachtet man beispielsweise konkrete Dinge wie menschliche Wesen rein abstrakt, so gerät man in Gefahr, sie gleichgültig zu behandeln, während der umgekehrte Vorgang abstrakte Vorstellungen wie »Gesellschaft« oder »Regierung« zu sehr konkretisiert und dazu führt, daß wir uns diese wesenlosen Dinge so zu Herzen nehmen, als ob sie für sich selbst eine handgreifliche Existenz hätten. Solche Praktiken entfernen Worte so sehr aus ihrem Bezugsrahmen, daß ihr Sinn verlorengeht, sie fördern vage Ausdrücke und Euphemismen, die den Blick für die Wirklichkeit trüben und Unschuldige in die Irre führen. Das wäre unwichtig, wenn es nur um Dinge der persönlichen Eitelkeit ginge, z. B. jedermann vom Vorsitzenden des Aufsichtsrates bis zum Büroboten mit einem klingenden Titel zu versehen, wie es einige Firmen tun, oder Putzfrauen Raumpflegerinnen zu nennen. Doch wurden auf diese Weise unvorstellbare Grausamkeiten bemäntelt, und man hat die Empfindlichkeit von Leuten beschwichtigt, die durch eine Begegnung mit den häßlichen Dingen erschreckt worden wären, die sie in abstrakter Form akzeptierten, z. B. die »Endlösung der Judenfrage« durch die Nazis, wohinter sich der Plan zu einem Massenmord verbarg.

In der Ethik werden Abstraktionen gefährlich und Euphemismen zu reinem Gift, sobald sie verdecken, worum es eigentlich geht, nämlich das menschliche Individuum oder Dinge auf eine Weise zu beschreiben, die zu weit von der konkreten, sinnlichen Erfahrung des Zuhörers entfernt ist, um für ihn sinnvoll zu sein. In der Politik, wo die Demagogie verbreiteter ist und besser arbeitet als in anderen Bereichen, sind die manipulativen Möglichkeiten eines zweideutigen Geredes noch deutlicher. Die Linke besitzt in kommunistischen Ländern ein reicheres Vokabular solchen Unsinns als die Rechte, während das Gegenteil unter Faschisten gilt und die Demokratien wahrscheinlich in der Mitte stehen. Je höher der Stand der Redekunst ist, desto dichter fallen die Silben.

Anständige moralische Ideen sind schwierig zu formulieren und gefährlich zu verwenden, im besten Fall und trotz der Gefahren kann man gerechte und brauchbare ethische Formeln nicht völlig von Verallgemeinerungen befreien, nicht fest auf Sinneseindrücken statt auf Ideologien aufbauen – und auch nicht ohne sie auskommen. Was wir tun können, um eine sinnvolle Ethik für die Verhaltenstechnologie zu entwerfen, ist unser gebräuchliches ethisches Vokabular, unsere Ideologien und Mythen kritisch zu studieren, um herauszubekommen, wie gut sie den neuen Problemen und Aussichten unserer Zeit zu entsprechen vermögen.

Wir brauchen keine besonders tiefsinnigen Analysen, um zu sehen, daß manche gemeinhin verwendeten ethischen Abstraktionen ihren ideologischen Heiligenschein nur dann behalten, wenn niemand genauer über sie nachdenkt. Jeder gibt vor, zu wissen, was etwa Freiheit oder Wille bedeuten, solange man sich auf vertraute Gegenstände der Alltagserfahrung bezieht. Eine subtile Analyse jedoch untergräbt herkömmliche ethische Ideen, indem sie zeigt, daß ihre traditionelle Bedeutung zu einfach ist, um auch genau zu sein. Die Technik trägt dazu bei, indem sie Dinge erfindet, die das Leben auf eine Weise komplizieren oder vereinfachen, die überkommene ethische Lehren bedeutungslos erscheinen lassen, z.B. medizinische Techniken, die vegetative Funktionen eines Menschen aufrechterhalten können, lange nachdem seine sinnlichen Empfindungen und seine geistigen Prozesse starben, so daß Gesetze über Euthanasie oder auch Wohlfahrtsgesetze, die aus persönlicher Freigebigkeit gegenüber Witwen, Waisen und Alten eine nutzlose Tugend machen, ihren Sinn einbüßen. Jedenfalls kann der technische Fortschritt allgemeine Bezugspunkte hinfällig machen, ihre frühere Bedeutung bedeutungslos werden lassen und ethische Lehren auflösen, die einem früheren Zustand gut dienten. Die ideologischen Ecksteine des modernen Menschen werden dauernd durch unschuldige Schöpfungen seiner Ingenieure abgeschliffen.

Freiheit und Steuerung

Die wichtigsten ethischen Probleme der Verhaltenssteuerung betreffen ihr Verhältnis zur Freiheit, da Freiheit das Gegenstück von Steuerung ist. Und die vitalsten Fragen betreffen besonders die politische Freiheit, da Politik die wichtigste Art der Verhaltensmanipulation darstellt. Politische Freiheit besteht darin, zu tun, was auch immer man will. Die moralische Frage lautet: In welchem Ausmaß kann ein Individuum dieses Recht verlangen oder in wie weit kann man es ihm verweigern? Bis zu welchem Grad kann man die einzelnen zwingen, anderen Menschen Verantwortung anzuvertrauen? In welcher Hinsicht sollten Menschen frei sein, um mit anderen zusammenzuarbeiten, ihnen entgegenzuhandeln oder sich nicht um sie zu kümmern? Das alles ist eine einzige Frage, und sie ist sich wohl seit dem Ende der Steinzeit gleich geblieben, als die Arbeitsteilung der Gesellschaft die Menschen voneinander abhängig machte und die individuelle Freiheit auf diese Weise einzuschränken begann.

Die gegenwärtige Fassung dieses alten Problems unterscheidet sich von früheren nur durch einige wichtige Einzelheiten, die sie verschärfen, ohne ihren grundlegenden Charakter zu ändern. Erstens kann eine Gesellschaft, die zunehmend technisiert und komplex wird, auch labiler und durch Engpässe oder Zusammenbrüche verwundbarer werden, so daß jeder, der sich aus ihr zurückzieht oder gegen sie rebelliert, das Wohlergehen oder Überleben jedes anderen mehr gefährdet als je zuvor. Zweitens gibt es heute mächtigere Mittel denn je, um soziale Verantwortlichkeit zu erzwingen. Drittens, und das ist hier am wichtigsten, bietet die Technik der Verhaltenssteuerung die Chance, nicht nur den Zwang mit dem Allgemeinwohl zu begründen, sondern individuelle Zustimmung auf eine Weise zu erreichen, die es ermöglicht, zugleich glücklich zu sein und verantwortlich zu handeln. Die geistige Tradition des Westens hat uns auf dieses Phänomen nicht vorbereitet, weil es immer übermäßig schwierig war, Zustimmung zu erreichen.

Im Verlauf der Geschichte drehte sich der Kampf um Freiheit meist darum, die Macht von Herrschern über ihre Untertanen einzuschränken. Das wurde nahezu immer durch Gewalt erreicht und durch den Regierungsapparat aufrechterhalten, doch mindestens in der angelsächsischen Welt ging die Entwicklung mehr und mehr dahin, die Individuen zunehmend von der Kontrolle durch andere zu befreien, seien es Altersgenossen oder Vorgesetzte. Alle großen Gesetzeswerke von der Magna Charta bis zu den amerikanischen Bürgerrechten erweitern das Recht auf Rede- und Handlungsfreiheit. Die Nürnberger Übereinkunft, der jüngste Meilenstein in dem Gespräch über Freiheit, gewährt auch noch die Freiheit des Willens, indem sie es verbietet, Zustimmung zu erzwingen. Indem sie es aber ermöglicht, Zustimmung zu produzieren statt sie zu erzwingen, verschiebt die Verhaltenstechnologie das Problem individueller Freiheit einen Schritt weiter als es die Gesetzbücher jemals zu erfassen dachten.

Der politische Mensch, jenes hypothetische Geschöpf, auf dem die westliche Demokratie basiert, ist traditionsgemäß für sein eigenes Verhalten verantwortlich, das heißt fähig, nach den Entscheidungen seines individuellen Bewußtseins zu handeln. Dieses steht andererseits unter seiner eigenen Steuerung und keiner sonst. Das Gesetz des Talmud ging sogar so weit, zu versichern, daß »der Mensch ewig verantwortlich ist« für den Schaden, den er anrichtet, selbst im Schlaf, da ihn sein Bewußtsein befähigt, den Ausgang seiner Taten vorauszusehen. Diese Fähigkeit, bewußt zu entscheiden und daher verantwortlich zu handeln, ist in unserer Gesellschaft das ideologische Fundament individueller Freiheit.

Doch die Natur des Bewußtseins, seine Kontrolle und ihre Beziehung zur Verantwortung liegen nicht immer auf der Hand. Kleine Kinder können keine Verantwortung für ihr Eigentum oder für die Regierung übernehmen, oder in vieler Hinsicht nicht einmal dafür, was in ihrer eigenen Erziehung am nötigsten ist (obschon B. F. Skinner in seiner Utopie Walden II sagt, sie sollten es tun). Und man kann auch nicht Geisteskranke für ihre Verbrechen verfolgen, weil sie wahrscheinlich ihr Verhalten nicht kontrollieren können. Und gerade was »kontrollieren« bedeutet, ist auch problematisch. Die gesetzliche Basis, um einen geisteskranken Verbrecher zu erkennen, ist in den meisten Staaten der USA die M'Naghton-Regel, die besagt, daß jemand nur dann unzurechnungsfähig ist, wenn er Recht und Unrecht nicht unterscheiden kann oder es zum Zeitpunkt der Tat nicht vermochte. Ein Milderungsgrund, »unwiderstehlicher Antrieb« genannt, besagt, daß Menschen manchmal wissen können, daß eine Tat falsch ist, aber dennoch hilflos zu ihr getrieben werden. Die meisten Psychiater und viele Anwälte sind überzeugt, daß keine der beiden Vorstellungen der Wirklichkeit menschlichen Verhaltens sehr gut entspricht.

Ob nun die Verantwortung in einem Bewußtsein haust, das mit dem Intellekt identisch ist, wie die M'Naghton-Regel voraussetzt, oder in einem Steuerzentrum des Gehirns, das Intellekt und Leidenschaft verknüpft und harmonisiert, wie es die Annahme unwiderstehlicher Impulse anzeigt, sie richtet sich immer auf eine hypothetische Gruppe von Individuen, die zusammengenommen die Gesellschaft ausmachen.

Schon immer bestand eine dynamische Spannung zwischen dem Konzept der Freiheit und dem der Verantwortung; es handelt sich um entgegengesetzte Verhaltensweisen. Wenn jemand tut, was ihm gefällt, dann kann er mit anderen in Kollision geraten, die sich selbst Gesellschaft und ihn einen asozialen Psychopathen nennen. Doch handelt er gegenüber anderen verantwortlich, so kann er nicht frei sein und nur seiner eigenen Befriedigung leben. Die Individualität fördert stets soziale Abweichung, die Verantwortung niemals. Beide in eine dauernde Harmonie zu bringen, ist stets die Phantasie von Utopisten gewesen, die Gesellschaften auf dem Papier konstruierten. Wir haben immer angenommen, daß soziale Abweichung und soziale Verantwortlichkeit freigewählte Verhaltensstile von Individuen seien, die sich selbst steuerten, und zwar nach ihren eigenen Wünschen. Und gerade hier stellt die Verhaltenstechnologie den Sinn dieser Annahme in Frage, indem sie es ermöglicht, Utopia mit Automaten zu bevölkern, die auf jeder Verhaltensebene frei sind, *außer* in ihren Wünschen. Die Verhaltenstechnologie kann mit sozialen Abweichungen auf die glücklichste Weise fertig werden, indem sie persönliche Zügellosigkeit eliminiert und dem Individuum doch das Gefühl läßt, frei nach seinen Wünschen zu leben. Doch gerade die Möglichkeit, Menschen dazu zu bringen, verantwortlich zu handeln und sich völlig frei zu fühlen, hebt die herkömmliche politische Moral aus den Angeln, auf der die moderne Demokratie beruht.

In einer komplexen Gesellschaft, in der viele Arten individueller Regelungen unvermeidlich sind und wo soziale Verantwortung irgendwie als positiver Wert hervorgehoben werden muß, vergessen auch die Anhänger der Freiheit leicht, daß die Vorstellung verantwortlicher Freiheit ein innerer Widerspruch ist und die letzte Konsequenz sozialer Verantwortung auf »Statismus« hinausläuft, eine

Form der Sklaverei, die sich politisch in der Tyrannenherrschaft ausdrückt. Für freie Menschen ist der Staat keine Wesenheit, um die das ganze Leben eines Menschen kreisen sollte und dem er geweiht sein muß, sondern eine Fiktion, bequem und gefährlich zugleich, um sich überschneidende Interessen auszugleichen. Die theoretische Gefahr abstrakter Begriffe wie »der Staat« oder »soziale Verantwortung« liegt darin, daß man sie so einfach gebrauchen kann, um die Schliche der Macht, die stets konkret und zielbewußt sind, unter einem Haufen von Worten zu verstecken, die keines von beiden sind. Die praktischen Gefahren der Verhaltenstechnologie, die sich dauernd vermehren, je besser ihre Werkzeuge werden, liegen darin, daß sie mißbraucht werden kann, solchen Machenschaften zu dienen.

Mit der Informationssteuerung ist das natürlich schon geschehen. In den totalitären Staaten wird sie ausgiebig in der Form »dicker« Lügen (wie die Propaganda der Nazis) und in leicht fortschrittlicherer Form (wie die Propaganda in Rußland und den arabischen Ländern) benützt, indem man Worte für »vorübergehende Gefühlseffekte, nie um ihrer Bedeutung willen« gebraucht, wie Gore Vidal sagt, beispielsweise nennt man liberale tschechische Reformer »reaktionär« oder die Israeli »Nazis«. In künftigen Autokratien, wie sie z. B. George Orwell beschrieb, werden Worte so von ihrer Bedeutung befreit, daß es nicht mehr nötig ist, zu Abstraktionen Zuflucht zu nehmen, um emotional aufheizendes Kauderwelsch zu produzieren. Selbst der Sinn einfacher, konkreter Worte wird durch das »Doppeldenken« zerstört, wie »Krieg ist Frieden« oder »Freiheit ist Sklaverei«. Einem letzten Stadium politischer Abstraktion begegnet man jedoch in Kafkas Werken, wo sich Wörter auf gar nichts mehr beziehen, nicht einmal auf ihren Gegensinn. Wenn der Protagonist in Kafkas »Prozeß« angeklagt wird, dann spricht man überhaupt nicht von irgendeiner Handlung oder auch nur von einem Beiwort, das eine Handlung andeutet, wie »Revisionismus« oder »konterrevolutionäre Tendenzen«. Durch den Staat angeklagt werden, heißt schuldig sein. Damit ist der Endpunkt des »Statismus« erreicht.

Die durch eine Verhaltenstechnologie für eine freie Gesellschaft heraufbeschworenen Gefahren liegen aber nicht darin, daß einige tyrannische Schurken uns erst durch Propaganda dazu bringen, ihnen Macht zu geben, und dann unsere Gehirne oder unsere Fernsehempfänger verwirren, um sie in Besitz zu nehmen. Die Gefahr liegt darin, daß selbst ihre positivste Verwendung das Risiko in sich trägt, die Freiheit aufzulösen, wenn sie durch die Entscheidung von irgend jemand anderem als dem Betroffenen selbst angewendet wird. Und in einer freien, aber komplexen Gesellschaft muß diese Entscheidung manchmal von anderen Leuten getroffen werden, selbst gegen den Willen des Betroffenen. Die ethische Herausforderung, welche die Verhaltenstechnologie darstellt, läßt sich so formulieren: Wie kann individuelle Freiheit unter Umständen erhalten oder gefördert werden, in denen es häufig gerechtfertigt ist, sie nicht nur wegen des Gemeinwohls, sondern auch wegen des individuellen Glücks der Betroffenen zu unterdrücken?

Die allgemeine Technik trägt sogar noch mehr zu der Komplexität der Gesellschaft bei als die Verhaltenstechnologie, doch ist ihr Einfluß auf die individuelle Freiheit vielschichtiger. Emmanuel G. Mesthene, ein Mitarbeiter am Harvard-Programm über Technik und Wissenschaft, argumentiert, daß eben die Technik eine so reiche und verschiedenartige Gesellschaft geschaffen hat, daß die Menschen mehr als je in der Geschichte individualisiert und sich ihres Wertes als Individuen bewußt seien. Sicherlich vermindern technische Verbesserungen der wirtschaftlichen Effektivität – wie die Automation – die Abhängigkeit der Gesellschaft von der Teilnahme des einzelnen am Produktionsprozeß. Das kann es den Menschen ermöglichen, sich von der wirtschaftlichen Produktion zurückzuziehen, ohne die Gesellschaft zu schädigen, doch befreit es nicht notwendig von anderen sozialen Pflichten, wie in die Schule zu gehen und im Heer zu dienen, und es erlaubt es auch nicht notwendigerweise, gegen den Strom zu schwimmen, ohne soziale Verdammung oder Benachteiligung zu riskieren. Jeder Zuwachs persönlicher Freiheit, den uns die Produktionstechnik schenkt, kann leicht durch eine repressive soziale Ordnung aufgehoben werden, die »nützliche« Dinge erfindet, um die Zeit der Menschen in Anspruch zu nehmen. Und Verhaltenssteuerung kann möglicherweise die Leute dazu bringen, das auch noch gern zu haben. So bezieht sich das Problem individueller Freiheit gerade auf sie. Die Freiheit braucht im Zeitalter der Verhaltenstechnologie eine Ethik, die sie verteidigt, und darf nicht von der Illusion abhängen, daß sich irgendein »natürlicher« Ausfluß der allgemeinen Technisierung zu ihren Gunsten auswirkt.

Jeder ethische Kode enthält eine »Mythologie« und eine »Ideologie«. Ideologie bestimmt die Ziele des Kode und ist stets explizit; Mythologie gestaltet seine Ursprünge; sie kann explizit oder implizit sein*. Ethische Ideologie ist wichtiger als Mythologie, da man nach ihr handeln kann, nicht aber nach der Mythologie. Wir benützen Mythen, um unsere Zwecke zu unterstreichen, nicht um sie zu gestalten. Selbst dann hat die Mythologie, für sich selbst betrachtet, einigen Wert; sie versichert den Menschen, daß ihre Ziele erstrebenswert sind, was wahrscheinlich der Grund ist, warum man schier überall lange Geschichten ausarbeitet, um ihre Ziele zu rechtfertigen. Praktisch sämtliche Stammes-, Völker- oder Nationalsagen haben eine »Moral der Geschichte«.

Wird eine ethische Überlieferung durch Mythen an die Kinder weitergegeben, mehr als Teil ihres kulturellen Erbes denn als artikulierte Ideologie, dann wird sie im Unbewußten verankert. Die meisten Leute wollen dank ihres eigenen Verstandes gut sein, sich aber dafür nicht plagen. Im allgemeinen macht es das Beobachten einer ethischen Tradition möglich, ohne viel Nachdenken und intuitiv gut zu sein. Die Intuition steht der Sinneserfahrung näher als der Intellekt, so daß die Vorschriften und Beispiele der Mythologie sympathetisch und leicht einfühlbar scheinen, während man die abstrakten Bindungen der Ideologie für kalt und bedeutungslos halten mag. Abstraktionen ermangeln des Mitleids ebenso wie der Bosheit. Selbst so verlangt eine Ethik aber mehr nach einer Ideologie als nach einer Mythologie. Denn einmal können die Ereignisse in Mythos und Legende für spätere Zeiten und unvorhergesehene Ereignisse keine nützliche Lehre bieten. Und zum zweiten sind gerechte Prinzipien aus der Erfahrung destilliert und kopieren sie nicht; die alten Geschichten jedes Volkes berichten wohl ebensoviel von Grausamkeit, Bestechung, Unwissen und Haß wie von Tugend. Die Ideologie mag selbst ihren Ursprung in dem Mythos von Gruppentraditionen haben (wie manche religiöse Ethik), und neue Mythen können unaufhörlich niedergeschrieben werden, um einer Ideologie zu dienen

* Ein Mythos ist buchstäblich eine Geschichte, die auf mündlicher Überlieferung beruht, d. h. eine traditionelle Erzählung, in Latein eine Legende. Er kann wahr sein oder nicht wahr. Die verbreitete Ansicht, daß der Ausdruck nur für fiktive Geschichte gilt, trifft nicht zu.

(wie die offizielle russische Geschichte), aber in jedem Fall ist der Mythos ein Hilfsmittel der Ideologie, nicht umgekehrt. Das Wesen einer Ethik ist ihre Ideologie, der sowohl Gesetz wie auch Revolution entspringen.

Die geläufige Freiheitsideologie des Westens wird durch die Mythen der englischen Geschichte, der amerikanischen und französischen Revolution, und die romantischen Anekdoten von den Griechen des Perikles und den alten Juden unterstützt. Doch auch der wissenschaftliche Mythos vom Willen hält sie aufrecht, der wie die dualistische Auffassung der Seele eine gewisse Topographie der Freiheit im Menschen selbst einschließt.

Da es im Verlauf der Geschichte nie Mangel an tyrannischen Herrschaften gab, hat sich die Ideologie der Freiheit gewöhnlich darauf konzentriert, sie zu überwältigen. Doch war es niemals leicht, eine reine ideologische Basis für individuelle Freiheit in einer demokratischen Gesellschaft zu finden, da es im allgemeinen nur allzu deutlich war, daß das Gemeinwohl vom einzelnen verlangte, Beschränkungen seiner Entschlüsse hinzunehmen und seine Bürgerpflichten zu erfüllen. Der einzige Bereich, in dem man nahezu allgemein akzeptiert hat, daß die Menschen keinen sozialen Bindungen unterliegen, wenn sie ihren Wünschen Ausdruck geben, ist das Formulieren von Zielen oder Ideologien. Indem wir den Glauben hegten, daß die Ideologie einerseits das Verhalten bestimmt und andererseits durch den freien Willen des Individuums, das an sie glaubt, gewählt und manipuliert werden kann, hatten wir eine Grundlage, absolute Freiheit vorzuschützen. Gleichgültig, sagten wir, welche Einschränkungen die Gesellschaft dem Ausdruck triebhafter Leidenschaften oder der Erfüllung persönlicher Wünsche auferlegt, individuelle Freiheit existiert immer in jenem einzigen Bereich, in dem jeder formulieren kann, ohne jemanden zu verletzen und keiner ihre Unverletzlichkeit in Frage stellen kann – im menschlichen Denken. Ideologie, die weder physischer noch materieller Natur, doch imstande ist, die wildesten Energien der Menschen zu zügeln oder freizusetzen, ist frei; sie ist der Ausdruck des letztlich freien menschlichen Willens.

Doch die Verhaltenstechnologie vermag gerade diesen Glauben empirisch zu widerlegen und Ideologie wie Willen als reine Werkzeuge des Organismus identifizieren, von denen weder die eine noch der andere frei sind. Der Gedanke, daß die Ideologie irgendeine absolute Qualität der Freiheit ausdrückt, die von jeder anatomischen Grundlage unabhängig sei, ist ganz einfach ein neuer Ausdruck des Leib-Seele-Dualismus, der diesmal im Gefolge eines politisch-ethischen Säkularismus formuliert wird, anstelle der früher üblichen religiösen Frömmigkeit. Die Botschaft der Verhaltenstechnologie, die durch Medikamente, Psychotherapie, Konditionierung und Gehirnimplantationen wesentlich intensiver wirkt als reine Behauptungen je es sein könnten, besagt, daß letzten Endes weder der Wille noch der Mensch oder seine Ideologie frei ist. Freiheit ist ebensosehr eine wissenschaftliche Fiktion wie eine politische Realität, und diese Säule intellektueller Respektabilität kann ihr im politischen Bereich nichts nützen.

Gerade diese Bedrohung ihrer Lieblingsmythen von der menschlichen Natur erschreckt viele Leute an der Verhaltenstechnologie am meisten, mehr als ihre Herausforderung, die sie für die persönliche Freiheit oder die traditionelle Moralität darstellt. Da die Macht wissenschaftlicher Beweise immer deutlicher wird, fürchten sie, daß ihre erwählten Glaubenshaltungen, wie der freie Wille, durch die Wissenschaft nicht geheiligt werden, die den priesterlichen Segen unseres Jahrhunderts erteilt. Doch die Wissenschaft ist kein Wesen oder keine Institution, die Menschen schaden kann, deren Gedanken unwissenschaftlich sind, und es gibt keine konkrete Gefahr für den Mythos vom Willen, der ihre Ängste rechtfertigte. Die ethischen Probleme der Verhaltenssteuerung sind eine Realität, und für ihre Lösung sind spezifische Richtlinien nötig. Die Mythen werden dann schon den Zwecken angepaßt, denen sie dienen.

Die Ethik der Bewußtheit

Die Verhaltenstechnologie verkörpert eine so verfeinerte Macht, wie sie früher nie bestand. Selbst die mächtigsten Tyrannen der Vergangenheit waren unfähig, Menschen so durch und durch zu versklaven, geschweige denn sie dazu zu bringen, das auch noch gern zu haben. Es gibt keine größere Macht über Menschen, als sie wollen machen, was man will, daß sie wollen. Vertreter einer Ethik des Glücks mögen einen solchen Gebrauch der Macht gerechtfertigt, ja selbst mitleidig finden. Wenn man Menschen dazu bringt, zu wollen, was sie ohnedies tun müssen, dann schützt man sie gegen den Schmerz, sich unterdrückt und ihren Willen vergewaltigt zu fühlen. Wie Skinner bemerkt, ist Freiheit nur für jene Menschen eine wichtige Idee, die sich unterdrückt, und Glück nur für jene, die sich unglücklich fühlen. Eine Ethik individueller Freiheit findet eine so unbegrenzte Steuerung im allgemeinen inakzeptabel, nicht nur wegen ihrer Folgen für die Opfer, sondern auch weil sie die Lust des Verantwortlichen an der Macht belohnt, was in den Augen dieser Ethik das allergrößte Laster ist.

Selbst in der freiesten Gesellschaft müssen natürlich manchmal einige Leute die Verantwortung und Befehlsgewalt über andere übernehmen, um die gerechte Verteilung der Güter zu überwachen, Schutz und Hilfe für die Schwachen, die Unwissenden und die Hilflosen zu organisieren, und die physische Maschinerie der Zivilisation aufrechtzuerhalten. Einige Anwärter auf Macht werden sie anstreben, weil sie ihren Wert als Instrument erkennen, um menschlichen Bedürfnissen zu dienen. Andere werden durch sie berauscht werden, werden sich in dem Gedanken selbst betrügen, daß Macht ihr Leben wertvoller macht als das anderer Leute. Wenn ihr Bedürfnis einmal angestachelt ist, wird es sie nach Macht um ihrer selbst willen gelüsten.

Wer Macht um ihrer selbst willen anziehend findet, wird am ehesten dazu neigen, die Freiheit anderer zu verletzen, um seinem Machttrieb zu dienen. Doch selbst bei den Menschen, die Macht nur als Werkzeug suchen, kann man nicht sicher erkennen, wessen Wunsch, sie für andere zu benützen, Selbstbetrug oder geradezu eine Lüge ist, wessen reine Motive später durch den Besitz der Macht verdorben werden oder wer sie alsbald für unnütze Ziele einsetzen würde. Selbst die besten Menschen, die Macht suchen, neigen zu solchen Haltungen, und auch die besten Motive garantieren keine Weisheit, Ehrenhaftigkeit und Unbestechlichkeit. Hitler, Zapata und Huey Long mögen alle ihre Laufbahn von verschiedenen Voraussetzungen, Idealen und Motivationen her angetreten haben. Doch als sie einmal an der Macht waren, konnten diese Differenzierungen den Opfern ihrer Unterdrückung gleichgültig sein.

Ob nun die Menschen beherrscht werden wollen oder nicht, zählt in der Ethik der Freiheit wenig. Selbst wenn sie ihre Sklaverei wählen, wie viele Deutsche unter Hitler, hat doch keiner das Recht sie zu versklaven, wie man auch nicht jemanden umbringen kann, nur weil er einen darum bittet. So lange es historisch richtig war, daß es keinen besser abgesicherten Weg gab, Menschen zu versklaven als den »gegen ihren Willen«, war auch die individuelle Zustimmung ein vernünftiges Kriterium der Freiheit. Wenn einmal der Wille selbst leicht manipuliert werden kann, dann hört er auf, ein nützliches Maß für die Grenzen der Machtausübung zu sein, er wird zur bedeutungslosen Bezeichnung eines menschlichen Zustandes, der nur die Gier nach Macht verdeckt, indem sie die Aufmerksamkeit auf das Opfer statt auf den Täter richtet. Die Technik der Verhaltenssteuerung bringt hier nichts grundlegend Neues; sie erleichtert nur, Macht über andere auszuüben.

Verhaltenssteuerung besagt, daß einige Menschen Macht über andere haben; Freiheit, daß sie es nicht tun. Die ethischen Probleme von Freiheit und Steuerung lassen sich auf den Konflikt zwischen diesen beiden Bedeutungen zurückführen, gleichgültig, wie elegant der technische Apparat der Machtausübung letztlich ist. Und das sind praktische, keine philosophischen Probleme, denn die Bindung menschlicher Wesen an menschliche Freiheit beruht letzten Endes nicht auf ihren dialektischen Fähigkeiten, und noch weniger auf Freiheit oder Determinismus im Universum oder in der Seele selbst. Ideologie ist keine selbstgenügsame Abhandlung, sondern ein spezieller Führer zum Handeln, dessen Zweck es ist, vor langer Zeit gegebene Garantien zu sichern und sie angesichts einer ungewissen Zukunft aufrechtzuerhalten. Menschen, die der Freiheit und Zivilisation zugleich verpflichtet sind, die dem öffentlichen Interesse ebensowenig den Dienst aufkündigen wie die Unterdrückung der Bürger erlauben können, benötigen eine ethische Ideologie gegen die repressive Macht der Verhaltenstechnologie. Sie werden sie nicht in törichten Lobgesängen auf die wissenschaftliche Realität des freien Willens finden und brauchen sie dort auch nicht zu suchen. Man kann sie, wenn überhaupt, nur in der realen Macht finden.

Es gibt kein anderes Gegengift gegen Macht als Macht, und es hat auch nie ein anderes gegeben. Doch es gibt einen ethisch begründeten Gebrauch von Macht. Um der Gesetzlosigkeit im Rahmen des Rechts zu begegnen, ist es nötig, gesetzlich Macht auszuüben. Um Tyrannen zu entmachten, ist revolutionäre Macht nötig. Um individuelle Freiheit zu verteidigen, ist es nötig, die Macht von Individuen zu fördern. Wenn die Verhaltenstechnologie die Freiheit gefährdet, indem sie Kontrollpersonen verfeinerte Macht gewährt, dann ist das Gegengift, das Freiheit fördert, den Gefährdeten verfeinerte Macht über ihr eigenes Verhalten zu geben. Da jedermann in Gefahr ist, heißt das, jedem die Selbststeuerung zu erleichtern. Selbststeuerung bedeutet nicht einfach die Fähigkeit, Impulse zu hemmen, sondern die allgemeine Beherrschung des eigenen Verhaltens. Der Schlüssel dazu ist nicht der Wille, der sich, auch subjektiv, auf nicht mehr als die Wahrnehmung von uns selbst zurückführen läßt, wobei wir uns als kämpfend, bedürftig oder beharrlich erleben. Es ist »Bewußtheit«, eine Reihe höherer Gehirnvorgänge, durch die wir uns als Träger eines Ich erkennen und von denen wir die spezifisch menschlichen Fähigkeiten einer Steuerung ableiten, was tierische Leidenschaften eben nicht gewährleisten.

Bewußtheit ist bewußte Informationsverarbeitung: Information auswählen, speichern und nach ihr handeln. Und Informationsverarbeitung ist das Wesen der Verhaltenssteuerung. Was wir »Informationssteuerung« nannten, war einfach die Manipulation von Reizen, denen das Individuum ausgesetzt wurde, und was wir »Zwangssteuerung« nannten, war die Manipulation von körperlichen Vorgängen, um die Reaktionen auf verschiedene Reize zu beeinflussen. »Reiz« ist ein technischer Ausdruck für jede Information, auf die das Individuum reagiert, das heißt jede Information, die es verarbeitet. Der Unterschied zwischen Selbststeuerung und Steuerung durch andere beruht nur darauf, wer jetzt welche Reize manipuliert. *Jede* Verhaltenssteuerung ist Reizsteuerung, und Bewußtheit ist der Schlüssel zur Selbststeuerung, weil sie das Individuum befähigt, über seine eigenen Reizquellen zu verfügen.

Der Wille bietet für die Selbststeuerung nicht viel, außer vielleicht geistlosen Heroen. Es ist beispielsweise möglich, Mathematik in einem Raum zu studieren, wo ein Radio plärrt oder eine interessante Konversation geführt wird. Doch es ist leichter und wirkungsvoller, das Radio auszuschalten oder den Raum zu verlassen, das heißt, die Beziehung zu den störenden Reizen zu verändern, entweder indem man den Lärm manipuliert (Informationssteuerung) oder die Fähigkeit, auf ihn körperlich zu reagieren, verändert (Zwangssteuerung).

Solche bescheidenen Beispiele der Reizsteuerung lassen sie kaum als die Grundlage jeder Selbststeuerung erscheinen und noch weniger mit so feinsinnigen Ausdrücken wie Bewußtheit verknüpfen. Doch der Gedanke wird einleuchtender, wenn wir erwägen, wie vor unvordenklicher Zeit ein bescheidener Vorfahr beobachtete, daß er die Wärme des Feuers mit nach Hause bringen konnte, anstatt eine natürliche Feuerstätte zu suchen, daß sein Arm länger wurde, wenn er auf der Jagd einen Stock hielt, und daß seine Faust härter wurde, wenn er einen Stein zur Hand nahm. Zwischen Beobachten, Erinnern und Benutzen dieser einfachsten Werkzeuge und den Stadien der Selbststeuerung, von der aus die Eroberung der Welt begann, bis in die heute fast unendliche Komplexität oder bis zu den unvorhersehbaren Ergebnissen, zu denen diese Denkprozesse in nächster Zukunft führen werden, liegt für den menschlichen Geist keine unüberbrückbare Entfernung.

Bewußtheit ist das Steuerungsinstrument par excellence, das in dem fortgeschrittenen Zustand, den es in der menschlichen Evolution erreicht hat, weithin das biologische Arsenal ersetzt, das niedrige Organismen bei ihrem Kampf ums Überleben benützen. Das Arsenal menschlicher Erfindung, einschließlich der modernen Technik, drückt die dem Menschen zur Verfügung stehende Macht aus, die er ausschließlich seiner großen Befähigung zur Bewußtheit verdankt. Die Technik der Verhaltenssteuerung stammt selbst aus dem menschlichen Wissen über die Beziehung zwischen seiner Umwelt, seinen Körperteilen und seinen Erfahrungen mit Stimmung und Denken, die er Seele nannte. Die Lösung des Problems der Verhaltenssteuerung verlangt von der menschlichen Bewußtheit, daß sie dem subjektiven Ich größere Aufmerksamkeit widmet, nicht um die Umwelt auszuschließen, sondern um sich selbst zu erweitern. Und es ist gar keine andere Lösung möglich, weil es bis zum Aussterben der Menschheit keine andere Alternative gibt, als weiterhin Wissen zu sammeln, Werkzeuge zu bauen und sie zu verwenden. Die einzige Antwort auf die größere allgemeine Bewußtheit besteht darin, die persönliche Bewußtheit zu vermehren. Die einzige Abwehr gegen die Übergriffe der Wissenschaft und Technik, die eine ungeheure Wissensmacht darstellen, besteht darin, unser Ich-Bewußtsein als Waffe des individuellen Wissens zu erweitern und zu festigen. Die einzige Abschreckung oder Antwort auf Verhaltenssteuerung kann nur sein, die technische Beherrschung unseres eigenen Verhaltens zu verbessern.

All das enthält die biblische Erzählung vom vollen Kreis menschlicher Geschichte. Das Problem und seine Lösung zugleich werden durch Evas Versuchung geboren, Schmerz und Lust zusammen erzeugen die Erkenntnis. So kommt es endlich dazu, daß Wissen der einzige Schutz gegen sich selber ist.

Wenn das zutrifft, dann müssen wir uns fragen, welche ethischen Vorschriften aus dieser Ideologie folgen. Wenn Ideologie nicht nur Gedanken bedeutet, sondern Gedanken, nach denen man handeln kann, welche Handlungen fordert dann die Ethik der Bewußtheit? Es sind mindestens vier. Von der Technik verlangt sie, daß die individuelle Entwicklung möglichst weit vorangetrieben wird und man die Leute mit den Instrumenten der Selbststeuerung ausrüstet; Menschen müssen ihre Werkzeuge kennen. Von der Politik verlangt sie, daß die Menschen frei sein sollen und die Maschinerie der Regierung stets durch individuelle Handlungen gegen sie verwundbar bleibt; Menschen müssen ihre Rechte haben. Von freien Menschen verlangt sie, daß sie sich der Notwendigkeit bewußt bleiben, die Welt mit anderen Menschen teilen und deshalb ihre eigene Willkür zügeln zu müssen. Von der Gesellschaft verlangt sie, daß sie auf Zwang als ihr wichtigstes Steuerungsinstrument verzichtet und ihn durch die Mittel der Argumente ersetzt, die ein Individuum letzten Endes annehmen oder ablehnen kann, selbst auf die Gefahr hin, daß wir alle dadurch Schaden erleiden; die Menschen müssen etwas Risiko tragen können.

Bei ihren Fortschritten verspricht die Technik der Verhaltenssteuerung ebensosehr der Freiheit zu dienen, indem sie Werkzeuge entwickelt, welche Bewußtheit fördern, wie die Freiheit zu bedrohen, indem sie den Willen gefährdet. Medikamente zur Verbesserung des Gedächtnisses, der Intelligenz oder des Bewußtseins, elektronische Hilfsmittel (innerhalb und außerhalb des Gehirns), um Disfunktionen zu beschränken und Geschicklichkeiten zu fördern, Erziehungsinstrumente und -techniken (von programmierten Lehrbüchern bis zu Hypnose und Konditionieren), um Lernen zu beschleunigen und Selbststeuerung der Gehirnvorgänge und Körperfunktionen zu ermöglichen, Wege des Denkens und Meditierens, die ganz einfach das Bewußtsein auf sich selbst anwenden, das alles sind Bestandteile dieser Technologie. Sie entwickeln sich alle zusehends, tragen zur individuellen Bewußtheit bei und verbessern dadurch die innere Verhaltenssteuerung. Ohne die sozialen Effekte solcher Entwicklungen zu kennen, sind doch die beteiligten technischen Vorgänge klar. Ebenso klar ist der ethische Imperativ: Alle Instrumente der Selbststeuerung müssen für alle Mitglieder der Gesellschaft, die sie benützen können, verfügbar sein. Wenn technologische Änderungen dazu führen, daß ungelernte Arbeiter etwas lernen oder klüger werden und sich dann entscheiden, keine niedrige Arbeit mehr zu tun, dann werden wir so erfinderisch sein müssen, Automaten zu konstruieren, die jene Arbeit tun, der die Menschen entwachsen sind. Der Mensch ist also moralisch verpflichtet, mit sich selbst in einen technischen Wettbewerb zu treten, dessen zukünftige Grenze noch nicht erkennbar ist. Er muß sich bemühen, neue Dinge zu erfinden, um die unangenehmen Nebenprodukte seiner Errungenschaften zu korrigieren.

Schon seit langer Zeit hat die Politik der Demokratie die moralischen Imperative der Bewußtheit ausgenützt, als sie die Verantwortlichkeit an das Bewußtsein knüpfte, obgleich damit noch die oft nutzlose Verknüpfung von Bewußtsein und Willen verbunden war. Die politische Freiheit ist deshalb ethisch weiter entwickelt und praktisch zunehmend besser geschützt als alle anderen Aspekte individueller Selbststeuerung, da sie schon allein wegen der Natur politischer Aktivität immer geschützt werden muß. In den Demokratien gibt es darüber hinaus noch äußere Reizsteuerungen, um einen Mißbrauch der Regierungsgewalt zu verhindern, welche die Menschen vor Torheit und Bestechlichkeit ebenso bewahren wie vor Böswilligkeit, indem sie die Macht zwischen vielen Ämtern und Individuen aufteilen, die Zeit beschränken, in der jeder Macht verwaltet, ihn in seinem Amt überwachen und den ersten Zugang zur Macht einer breitgestreuten Wählerschaft überantworten. Doch die Wirksamkeit all dieser situativen Kontrollen hängt letzten Endes davon ab, daß sich freie Menschen ebenso wie ihre Regierenden der Natur politischer Macht und ihrer Gefahren bewußt bleiben, wodurch es möglich wird, Macht in den Händen weniger zu konzentrieren, ohne die Freiheiten vieler zu zerstören. Wenn Politiker nicht wüßten, daß die Menschen von ihnen eines Tages erwarten, daß sie die Macht abgeben, dann könnten sie versuchen, den demokratischen Prozeß zu verhindern. Das Bewußtsein ihrer eigenen Macht, verleiht freien Menschen Macht über ihre Politiker. Gerade diese individuelle Bewußtheit ist es, die jeder Kultur die individuelle Freiheit einträgt, ganz gleich wie fortgeschritten die Technik der Manipulation individueller Motive ist.

Die Politik der Freiheit beruht jedoch nicht nur auf dem Widerstand gegen Herrschaft, sondern auch auf dem Widerstand gegen jeden Übergriff von außen. Auch hier ist das Wissen stets der beste Schutz gegen Ausbeutung gewesen, genauso wie es stets eines der besten Werkzeuge der Fremdmanipulation war. Menschen, die ihre Rechte kenne, lassen sich diese Rechte nicht leicht nehmen. Leute, welche die Schwächen anderer ausforschen, sind schwer daran zu hindern, ihre gewonnenen Kenntnisse auszunützen. Bis zum heutigen Tag spezialisieren sich die Sklavenmärkte Arabiens auf unwissende und unschuldige Opfer, die buchstäblich keine Ahnung davon haben, daß es Gesetze gegen Entführung und Versklavung gibt oder daß sie Leute aus ihrer Heimat finden, die sie befreien wollen. Und die Banknoten der Schwindler sind voll von Geldern, die sie törichten Leuten abgenommen haben, die ihre Eitelkeit daran hinderte, in ihrer Unwissenheit Rat zu suchen, und deren Gier sie zu Opfern ihrer eigenen Illusionen von einzigartigen Chancen werden ließ.

Die einzige Ethik der Freiheit, die in der modernen Gesellschaft letztlich verteidigt werden kann, besteht darin, die Freiheit ebensosehr einzuschränken wie sich für sie einzusetzen. Wenn Menschen verlangen, in allem was sie tun, frei zu sein, dann werden sie letzten Endes in nichts mehr frei sein. Wenn sich die Individuen weigern, bestimmte Einschränkungen zu beachten und einige öffentliche Verpflichtungen zu erfüllen, dann kann eine freie Gesellschaft nicht überleben. Die Frage ist nur, woher die soziale Kontrolle kommen soll. Edmund Burke sagte: »Die Gesellschaft kann nicht bestehen, wenn nicht irgendeine steuernde Macht auf Willen und Wünsche ihrer Mitglieder einwirkt, und je weniger sie verinnerlicht ist, desto mehr muß sie von außen kommen.« Die Ideologie der Bewußtheit verlangt, daß soziale Steuerungen letzten Endes im Individuum selbst verankert sein müssen. Die Apotheose der Bewußtheit ist Freiheit, die sich auf Selbstbeherrschung gründet, welche das Individuum selbst gewählt hat. Ideale Steuerung ist Selbststeuerung.

Diese »moderne« Ethik der individuellen Freiheit mit ihren Grenzen ist in zwei alten Prinzipien niedergelegt, einem positiven für das Tun und einem negativen für das Verzichten: Die Menschen sind erstens berechtigt, zu tun, was sie wollen, solange sie zweitens niemand anderen schädigen. Was schädigen besagt, ist nicht immer klar. Es mag beispielsweise schädlicher oder auch weniger schädlich für einen anderen sein, wenn man sein Gefühl verletzt als seinen Körper. Und weder die positive Fassung der goldenen Regel ist wirklich umfassend (Was du nicht willst, das man dir tu, das füg auch keinem anderen zu) noch die negative: Was du willst, das man dir tut, das tue auch den anderen. Doch wird diese Ideologie von einer Grundannahme beherrscht, die besagt, daß das Leben wertvoll ist, daß jedes Individuum offensichtlich nur ein Leben hat und daß es so etwas wie ein Gruppenleben gibt. Eine akzeptable Ideologie für diese Ethik muß ebenso das Leben des Individuums wie das der anderen Individuen in seiner Umgebung fördern. Nur die Bewußtheit seiner selbst in den Beziehungen zu anderen ermöglicht das.

Wenn Bewußtheit das hauptsächliche Instrument sozialer Steuerung ist, dann muß die Gesellschaft eher mit Mitteln der Erziehung als mit denen des Zwangs arbeiten, mehr durch Überzeugung als durch Gesetz. Das Individuum muß die Hauptlast sozialer Konformität tragen, nicht die Behörden. Und insoweit diese die Verantwortung für die Steuerung und Rehabilitation von Individuen behalten, sollte sich ihre Arbeit zunehmend darauf richten, die Mittel der Steuerung in das Individuum selbst zu verlegen, statt aus ihm ein Mündel der Gesellschaft zu machen.

Der fortschreitende Verzicht auf Zwangsmittel zur Erziehung als hauptsächlichem Werkzeug der Gesellschaft scheint sich in fortgeschrittenen sozialen Klimata wie dem des modernen Schweden rasch abzuspielen. Es ist in diesem Zusammenhang bemerkenswert, daß Schweden eine sehr hohe Selbstmordrate hat; sie kann ein Preis verinnerlichter Steuerung sein. Je mehr die Verantwortung für das Verhalten eines Menschen allein in ihm selbst ruht, desto wahrscheinlicher wird er als sein eigener Richter und Henker handeln, wenn er fühlt, daß er seine Bedürfnisse nicht erfüllen oder seine Schuld nicht auslöschen kann. Jedenfalls spricht dieses Phänomen von unserem Gesichtspunkt aus nicht gegen das schwedische Sozialsystem; Aggression gegen sich selbst ist besser als Aggression gegen andere, und Schweden hat auch eine sehr geringe Kriminalität.

Selbststeuerung besagt Entscheidungsfreiheit nicht Hemmung. Ein soziales System, das auf individueller Bewußtheit und Steuerung beruht, muß letzten Endes mit dem Recht des selbstgesteuerten Ich versöhnt werden, das versucht, Wege einzuschlagen, die der Konvention widersprechen und die zur Zeit nur deshalb verboten sind, weil sie den Geschmack anderer verletzen, ohne sie handgreiflicher zu schädigen. Das selbstgesteuerte Ich hat das Recht, Schluß zu machen, wie es auch das Recht hat, Drogen zu nehmen, zu masturbieren und seine eigenen Gedanken zu denken. Dasselbe gilt für

Paare von Individuen, die das Recht zu Verträgen haben, die andere abstoßen, solange sie sie nicht beeinträchtigen. Beeinträchtigung ist schwierig zu definieren und hat die Rechtsprechung lange Zeit vor schwierige Aufgaben gestellt, doch das zugrunde liegende Prinzip ist nichtsdestoweniger klar: Es kann in dieser Ideologie keine Verbrechen ohne Opfer geben, denn es ist nur die Existenz eines Opfers, welche es erlaubt, ein Verbrechen zu definieren. Die Ethik der Bewußtheit gestattet kein anderes Argument, denn das würde beinhalten, daß es Verbrechen gegen die Gesellschaft gibt. Doch die Gesellschaft ist keine Wesenheit, der Staat ist kein wirkliches Ding, und die Regierung ist kein lebender, atmender Organismus, der verletzt werden kann. Abstraktionen können keine Opfer sein.

In einer Gesellschaft, die auf Zwang verzichtet, sind manche Formen individuellen Ausdrucks sicherlich schlechter als andere, das heißt, sie beeinträchtigen andere mehr. Daraus entsteht eine praktische Ethik. Sie besagt etwa, daß, wenn Aggression nicht gesteuert werden kann, Mord dennoch zu vermeiden ist. Sie legt eine ganze Hierarchie unerwünschter Zustände nahe:

Wenn jemand umgebracht werden muß, ist Selbstmord besser als Mord.

Wenn eine andere Person angegriffen werden muß, ist verbale Aggression besser als Schläge.

Wenn die Gesellschaft unerträglich ist, ist es besser, sich zurückzuziehen als mutwillig zu zerstören.

Wenn Rückzug notwendig ist, sind kurzzeitig wirkende Mittel wie Alkohol oder halluzinogene Drogen besser als Psychosen.

Wenn eine Psychose notwendig ist, sind introversive Psychosen wie Depression besser als projektive Psychosen wie Paranoia oder aktive Verrücktheit wie Manie.

Die Ethik der Bewußtheit verlangt eine Gesellschaft, die keinen Zwang anwendet, aber es ist nicht klar, wie das Leben in einer solchen Gesellschaft aussehen würde. Zweifellos wird sich die Natur mancher sozialer Institutionen in der gegenwärtigen Gesellschaft ändern, wenn neue Maschinen alte Sitten außer Kraft setzen. Unter diesen Umständen ist es möglich, daß wir in eine langfristige moralische Krise eintreten, da sich die Menschen von den Fesseln der Tradition befreit und haltlos getrieben vorkommen und verzweifelt nach Bindungen suchen. Die Ethik der Bewußtheit wird verzweifelte Leute besonders erschrecken, weil ihnen das Argument, daß soziale Beschränkungen in das Individuum selbst gelegt werden sollen, keine moralische Gewißheit zu bieten scheint. Die Gesellschaft muß durch diese Ideologie einige Risiken auf sich nehmen, wie sie die menschliche Freiheit stets mit sich bringt. Doch es gibt keine Alternative zur Freiheit als Tyrannei.

Die Leitlinien dieser Ethik sind jedenfalls deutlich: Das Leben ist stets wertvoll, und es ist immer individuell; Bewußtheit ist das gewählte Instrument zur Verhaltenssteuerung; die Steuerung sollte von innen her ausgeübt werden und nicht in der Hand anderer Menschen liegen. Informations- und Zwangssteuerungen sind gleichermaßen nützlich, um die Bewußtheit zu erweitern und sollten insoweit auch beide verwendet werden. Die Gesellschaft ist eine nützliche Fiktion der Abhängigkeiten vieler Individuen untereinander. Sie sollte deshalb den Bedürfnissen der Individuen dienen, deren hauptsächliche Verantwortung ihr gegenüber negativer Art ist, nämlich zu vermeiden, andere zu verletzen. Und ihre Hauptinstrumente sollte die gute Meinung von sich selber und anderen Individuen sein, nicht die Drohung mit Gewalt. Soviel zur Ethik der Bewußtheit, dem ideologischen Instrument der Freiheit in einer wissenschaftlichen Welt.

Der Mythos von der menschlichen Natur

Der Mythos vom Willen kann die Ethik der Zukunft nicht tragen. So müssen andere Mythen seinen Platz einnehmen. Der Mensch ist ein geschichtenerzählendes Tier, dessen starke Neugier auf die Welt und sich selbst ihn endlos nach Erklärungen suchen läßt. Er kann nicht ohne Mythen auskommen, und ob sie ihn nun in einem hohen oder niedrigen Platz im Weltsystem einordnen, zählt letzten Endes nicht. Allein, daß ihm ein Platz gegeben wird, befriedigt sein tiefstes Bedürfnis: die Suche nach Wissen. Die tatsächliche Wahrheit der menschlichen Mythen ist ebenfalls unwichtig; das Wissen von heute ist vielfach der Aberglaube von morgen und dient doch den Bedürfnissen der Gegenwart gut genug. Der Mythos von morgen über die menschliche Natur muß wohl der von der »Bewußtheitsmaschine« sein, weil er in einem wissenschaftlichen Zeitalter, indem der Wille gesteuert werden kann, annehmbarer ist als die dualistische These eines unverletzlichen Kerns im Menschen.

Auch seine faktische Wahrheit ist größer, aber das ist weniger wichtig; wie jede ethische Mythologie, ist sein Hauptzweck die Ideologie zu stärken, nicht sie zu gestalten. So gesehen, sind alle Mythen letzten Endes bedeutungslos.

Doch die ethischen Systeme, die sie stützen, sind in der Tat für die von ihnen betroffenen Individuen bedeutungsvoll, und eine Mythologie, die den Willen ersetzt, muß nicht nur leichter mit den Fakten zu versöhnen sein, sondern sich auch nicht schlechter eignen, der menschlichen Freiheit zu dienen. Je klarer wird, daß der Wille, absolut gesehen, eine Fiktion ist, desto wichtiger wird es, die Rechte des Individuums zu schützen, die bisher auf diesem Mythos beruhten. Denn er bleibt dasselbe Geschöpf, mit denselben Anlagen, Gefühlen und Gedanken, unabhängig davon, ob er durch eine Maschinerie von Nerven oder durch eine unsterbliche Seele geführt wird. Nur Narren und Rohlinge setzen das herab, was sie verstehen, und nur sie werden sich menschlichem Leiden oder menschlichen Sehnsüchten gegenüber gleichgültig zeigen, wenn sie erkennen, daß Menschen durch Mechanismen und Sterblichkeit bestimmt und begrenzt werden.

Der Vorteil, den Menschen als Maschine zu sehen, liegt darin, daß nun seine Leistungen und Möglichkeiten nicht mehr entwertet werden können, sobald man sie prinzipiell versteht. Gleichgültig, wie vielen Gesetzmäßigkeiten der Mensch unterworfen ist und worin das Wesen jeder Maschine besteht – der Mensch bleibt auf diesem Planeten doch das auserlesenste Produkt von Gottes Erfindungsgabe, ein Produkt, das sich selbst nachzubauen versucht, seine Energie in alle Richtungen verschwendet und die Erde beherrscht. So gesehen ist der Mensch als Maschine sicherlich vornehmer und würdiger als der natürliche Mensch der romantischen Philosophie, der ja ein Wilder war. Und so gesehen ist er auch sehr viel mehr der Verwandte anderer Tiere, mit denen er so eng verknüpft wurde, seit man Darwin mißverstanden hat.

In der Tat befreit uns der mechanistische Mythos vom Menschen etwas von dem Zwang, mehr über seine tierischen Ursprünge als über seine spezifisch menschlichen Aufgaben nachzudenken. Eine Menge Energie ist auf die sterile Frage verschwendet worden, ob der Mensch aus niedrigen Ursprüngen stammt und wie weit er sich von ihnen entfernt hat. Wie Sir Arthur Keith (zitiert von Robert Ardrey) schrieb: »Ich bin sicher, wenn die Evolutionslehre herausgefunden hätte, daß der Mensch von einem gefallenen Engel und nicht von einem hochgekommenen Affen abstammt, ... wären die Gegner der Evolutionslehre bald abgetreten.«

Der bevorstehende Beginn einer Steuerungstechnik, die ja von unseren maschinenähnlichen Eigenschaften abhängt, macht Diskussionen über die ethischen oder politischen Konsequenzen unserer Abstammung bedeutungslos — ein Thema, das allenfalls nur für Rassisten und ihresgleichen nützlich ist, die sich auf die Vergangenheit berufen, um die Übel der Gegenwart zu rechtfertigen. Die Steuerungstechnik ermöglicht es, das Interesse am Ursprung des Menschen durch das an seinen Zielen zu ersetzen, sich zu fragen, wie man einen moralisch vertretbaren Gebrauch vom spezifischen menschlichen Wesen machen soll, was er kostet und was er einträgt, statt aus Stammbäumen Ansprüche abzuleiten. Gleichgültig woher wir kommen, diese Technologie besteht darauf, daß die Menschheit überall hingehen kann, wohin sie gemeinsam geht.

Ein Tier, doch mit keinem Tier vergleichbar; eine Maschine, doch gebrechlicher als die meisten Maschinen; ein fühlender Computer, der Leidenschaft kennt, wunderliche Einfälle hat und sich geschickt fortbewegt, der Mensch ist das Tier, das Maschinen baut. Bis heute sind seine Produkte das, was Eric Hoffer bloße »Halbmaschinen, denen die Hebel und Drähte für Denken und Wollen fehlen« nennt, »welche das Maschinenzeitalter in einen Alptraum verwandelten. Menschliche Wesen mußten als Lückenbüßer der mangelnden Erfindungskraft einspringen; Männer, Frauen und Kinder wurden mit Eisen und Dampf gepaart ... die Maschinen verbrauchten menschliche Wesen so schnell wie Kohlen.«

Um zu verhindern, daß menschliche Wesen zu Lückenbüßern degradiert werden, darf sich der Mensch nicht auf sich selbst zurückziehen, seinen Genius im Umgang mit Maschinen verleugnen oder aufhören, sich selber zum Gegenstand seiner Fragen zu machen. Was er tun muß, ist den wertvollen Charakter jedes einzelnen seiner Art anzuerkennen und zu versuchen, diese wertvollen Mechanismen zu erhalten, so daß ihnen individuell geholfen ist, wenn man sie ernährt, »repariert« und ihnen die Freiheit gibt, all die Zwecke zu erfüllen, die ihre »inneren Getriebe« und »Drähte« verlangen. Die Welt selbst muß gesteuert werden, so daß die Erhaltung jedes kostbaren Lebens in ihr gesichert ist.

Die größte Begabung des Menschen liegt darin, zu erhalten, was er

geschaffen hat. Darin drückt sich seine Fähigkeit zur Steuerung am reinsten aus.
In seinem Essay »Strategie für den Krieg mit der Natur« beschreibt Hoffer die Erhaltung von Dingen als eine der ruhmreichsten und wertvollsten Errungenschaften der Zivilisation. Gleichzeitig gibt sie ihm aber auch Rätsel auf: »Selbst eine schläfrige oder geschwächte Gesellschaft kann kurzzeitig angeregt werden, etwas Eindrucksvolles zu erreichen, doch die nötige Energie, Dinge zu erhalten, ist von einer anderen Art.« Die richtige Erhaltung des Menschen ist sogar noch weniger bekannt als die Erhaltung von Dingen, doch letzten Endes weit wichtiger. Die Verhaltenstechnologie ist eine wichtige Hilfe, um dieses Ziel zu erreichen.
Niemand weiß heute schon, ob der Mensch jemals zu den Sternen reisen oder andere Lebensformen — höher oder niedriger als seine eigene — auf fremden Planeten finden wird. Doch wie entfernt und hypothetisch dieses Abenteuer auch sein mag, es scheint wahrscheinlicher als die Möglichkeit, ein zweites Leben für menschliche Wesen auf der Erde zu finden, sei es in Gestalt eines unzerstörbaren Selbst oder einer Seele, die aus dem Grabe aufersteht. Wenn irgend etwas in unserer Zeit als gesichertes Wissen angesehen werden kann, dann ist es die Tatsache, daß menschliche Wesen nur einmal auf der Erde leben, in einer einzigartigen Struktur ihrer Teile und ihrer Geschichte, die unwiederholbar ist. Ein Leben ist eine Chance, zu leben, zu lieben und eine Welt zu hinterlassen, die wert ist, daß man in ihr lebt. Erhaltung verkörpert den Gipfel der Technik, sie ist die bewußte Folge einer Erfindung, die erhält, was der menschliche Genius gewonnen hat. Es ist die Kultur des Zerbrechlichen, des edelsten Zuges unseres tierischen Erbes. Erhaltung ist jener Akt der Bewußtheit, der dem Tod ohne Verzweiflung entgegensieht mit dem innigen Entschluß, eine nützliche Welt für die zurückzulassen, die wir lieben. Darin liegt der endgültige Triumph dieser geschmeidigen »Maschine«, die so wissend den Tod besiegt, die Natur erobert und die Zukunft einer Welt steuert, die sie nicht mehr sehen wird.

Literatur

Die ersten zwei Kapitel führen in ein Gebiet ein, das im Zusammenhang bisher noch wenig erforscht wurde. Die Literatur beginnt deshalb mit Kapitel 3, von dem ab die einzelnen Disziplinen und ihre spezifischen Beiträge zur Verhaltenssteuerung diskutiert werden.

Kapitel 3: Steuerung durch Information

Bandura, A.: Behavioral Psychotherapy. In: Scientific American, März 1967, S. 78—89.

— Principles of Behavior Modification. New York: Holt, Rinehart & Winston, Inc., 1969.

Ford, Donald H./Urban, Hugh B.: Systems of Psychotherapy: A Comparative Study. New York: John Wiley & Sons, Inc., 1963.

London, Perry: The Modes and Morals of Psychotherapy. New York: Holt, Rinehart & Winston, Inc., 1964.

Wolpe, Joseph/Lazarus, Arnold: Behavior Therapy Techniques: A Guide to the Treatment of Neuroses. New York: Pergamon Press, Inc., 1966.

Kapitel 4: Steuerung durch Information

Hypnose

Chertok, L. (Hrsg.): Proceedings of the 1967 International Symposium on Psychophysiological Mechanisms of Hypnosis. Berlin: Springer, 1969.

Gordon, Jesse E. (Hrsg.): Handbook of Clinical and Experimental Hypnosis. New York: The Macmillan Company, 1967.

Lassner, J. (Hrsg.): Hypnosis and Psychosomatic Medicine: Proceedings of the International Congress for Hypnosis and Psychosomatic Medicine, Paris, 1965. Berlin, Springer, 1967.

London, P./Hart, J. T./Leibovitz, D.: EEG Alpha Rhythms and Susceptibility to Hypnosis. In: Nature 219 (1968), S. 71—72.

Moss, C. Scott: Hypnosis in Perspective. New York: The Macmillan Company, 1965.

Naruse, G.: Hypnosis as a State of Meditative Concentration and its Relationsship to the Perceptual Process. In: The Nature of Hypnosis, hrsg. von M. V. Kline. New York: Institute for Research in Hypnosis, 1962.

Konditionieren

Brown, J. A. C.: Techniques of Persuasion: From Propaganda to Brainwashing. Baltimore: Penguin Books, Inc., 1963.

Condon, R.: The Manchurian Candidate. New York: McGraw-Hill Book Company, Inc., 1959.

Griffith, Samuel B., II: Communist China's Capacity to Make War. In: Foreign Affairs 43 (1965), S. 217—236.

Honig, W. K.: Operant Behavior: Areas of Research and Application. New York: Appleton-Century-Crofts, 1966.

Rice, Berkeley: The New York Times Magazine, 17. März 1968.
Sargant, William: Battle for the Mind: The Mechanics of Indoctrination, Brainwashing, and Thought Control. Baltimore: Penguin Books, Inc., 1961.
Skinner, B. F.: Science and Human Behavior: New York: The Macmillan Company, 1953.

Computer-Therapie und elektronische Mittel

Abelson, Philip H.: Privacy. In: Science 158 (1967), S. 323. A review of A. F. Westin: Privacy and Freedom. New York: Atheneum Publishers, 1967.
Bellmann, R./Friend, Merril B./Kurland, L.: Simulation of the Initial Psychiatric Interview. In: Behavioral Science 11 (1966), S. 389—399.
Bennet, Chester C.: What Price Privacy? In: American Psychologist 22,5 (1967), S. 371—376.
Colby, K. M./Gilbert, J. P.: Programming a Computer Model of Neurosis. In: Journal of Mathematical Psychology 1 (1964), S. 405—417.
Colby, K. M./Watt, J. B./Gilbert, J. P.: A Computer Method of Psychotherapy: Preliminary Communication. In: The Journal of Nervous and Mental Disease 142 (1966), S. 148—152.
Glueck, B. S.: The Use of Computers in Patient Care. In: Mental Hospitals 16 (1965), S. 117—120.
Kamp, M./Starkweather, J. A.: The Electronic Computer as an Interviewer. In: California Mental Health Research Digest 3 (1965), S. 103—104.
Loughary, J. W./Friesen, D./Hurst, R.: Autocon: A Computerbased, Automated Counseling Simulation System. In: The Personnel and Guidance Journal 45 (1966), S. 6—15.
Starkweather, J. A.: Computest: A Computer Language for Individual Testing, Instruction and Interviewing. In: Psychological Reports 17 (1965), S. 227—237.

Kapitel 5: Steuerung durch Zwang

Drogen

Abelson, Philip H.: LSD and Marihuana. In: Science 159 (1968), S. 1189.
Baker, Rodney R.: The Effects of Psychotropic Drugs on Psychological Testing. In: Psychological Bulletin 69 (1968), S. 377—387.
Beecher, H. K.: Quantitative Effects of Drugs on the Mind. In: Drugs in Our Society, hrsg. von P. Talalay. Baltimore: The Johns Hopkins Press, 1964, S. 77—89.
DeBold, Richard C./Leaf, Russell (Hrsg.): LSD, Man and Society. Middletown, Conn.: Wesleyan University Press, 1967.
Dubos, René: On the Present Limitations of Drug Research. In: Drugs in Our Society, hrsg. von P. Talalay. Baltimore: The Johns Hopkins Press, 1964.
Gottschalk, Louis A.: The Use of Drugs in Interrogation. In: The Manipulations of Human Behavior, hrsg. von A. D. Biderman und H. Zimmer. New York: John Wiley & Sons, Ind., 1961.
— The Use of Drugs in Information-seeking Interviews. In: Operant Behavior: Areas of Research and Application, von W. K. Honig, Kap. 42. New York: Appleton-Century-Crofts, 1966.
Jarvik, Murray E.: The Psychopharmacological Revolution. In: Psychology Today, Mai 1967, S. 51—59.

Katz, Martin M./Waskow, Irene E./Olssen, James: Effects of LSD. In: Journal of Abnormal Psychology 73 (1968), S. 11—14.
Noyes, A. P./Kolb, L. C.: Pharmacological Therapy. In: Modern Clinical Psychiatry, Kap. 33. Philadelphia: W. B. Saunders Co., 1958.
President's Commission on Law Enforcement and Administration of Justice: Narcotics and Drug Abuse. Task Force Report on Narcotics and Drug Abuse for the President's Commission on Law Enforcement and Administration of Justice, Washington, 1967.
Snyder, Solomon H./Faillace, Louis/Hollister, Leo: STP: A New Hallucinogenic Drug. In: Science 158 (1967), S. 669—670.
Uhr, Leonhard/Miller, J. G.: Drugs and Behavior. New York: John Wiley & Sons, Inc., 1960.
Uhr, Leonard/Uhr, Elizabeth: The Quiet Revolution. In: Psychology Today, Juli 1967, S. 40—43.

Gedächtnis

Deutsch, J. Anthony: Neural Basis of Memory. In: Psychology Today, Mai 1968, S. 56—61.
Halstead, Ward C./Rucker, William B.: Memory: A Molecular Maze. In: Psychology Today, Juni 1968, S. 38—41, S. 66—67.
Perlman, David: The Search for the Memory Molecule. In: The New York Times Magazine, 7. Juli 1968, S. 8 ff.

Schmerz und Bestrafung

Melzack, Ronald/Wall, Patrick D.: Pain Mechanisms: A New Theory. In: Science 150 (1965), S. 971—979.
Solomon, Richard L.: Punishment. In: American Psychologist 19 (1964), S. 239 bis 253.
Szasz, Thomas S.: Pain and Pleasure. A Study of Bodily Feelings. New York: Basic Books, Inc., Publishers, 1957.

Elektronische Gehirnstimulation

Delgado, J. M. R.: Chronic Radio-stimulation of the Brain in Monkey Colonies. In: Excerpta Medica International Congress of Physiological Sciences, 1965.
— Free Behavior and Brain Stimulation. In: International Review of Neurobiology. Vol. 6, hrsg. von Carl C. Pfeiffer und John R. Smythies. New York: Academic Press, Inc., 1964.
— Evolution of Physical Control of the Brain. New York: The American Museum of Natural History, 1965.
Heath, Robert G.: Electrical Self-stimulation of the Brain in Man. In: Control of Human Behavior, hrsg. von R. Ulrich/T. Stachnick/J. Mabry. Illinois: Scott, Foresman & Company, 1966.
Moyer, Kenneth Evan: Kinds of Aggression and Their Physiological Basis. In: Communications in Behavioral Biology, abstract no. 08680058 part A, 2 (1968), S. 65—87.
Rosenfeld, Albert: The Psycho-biology of Violence. In: Life, 21. Juni 1968, S. 67—70.
Sheer, Daniel E.: Electrical Stimulations of the Brain: An Interdisciplinary Survey of Neurobehavioral Integrative Systems. Austin: University of Texas Press for the Hogg Foundation for Mental Health, 1961.

Kapitel 6: Die Aussichten für die Verhaltenssteuerung

Dobzhansky, Theodosius: Changing Man. In: Science 155 (1967), S. 409—414.

Elkinton, J. Russel (Hrsg.): The Changing Mores of Biomedical Research: A Colloquium on Ethical Dilemmas from Medical Advances. In: Annals of Internal Medicine, supplement 7, 67 (September 1967).

Kahn, Hermann/Wiener, Anthony J.: The Year 2000: A Framework for Speculation on the Next Thiry-three Years. New York: The Macmillan Company, 1967.

Morison, Robert S.: Where Is Biology Taking Us? In: Science 155 (1967), S. 429 bis 433.

Moskin, Robert I.: Year 2018. In: Look, 28. Mai 1968, S. 110 ff.

Platt, John R.: Changing Human Nature. In: Science 152 (1966), S. 1573.

President's Commission on Law Enforcement and Administration of Justice: Drunkenness. Task Force Report on Drunkenness for the President's Commission on Law Enforcement and Administration of Justice, Washington 1967.

Williams, Roger J.: Biochemical Individuality. New York: John Wiley & Sons, Inc., 1963.

Kapitel 7: Die Maschine als Modell des Menschen

Adler, Mortimer, J.: The Difference of Man and the Difference it Makes. New York: Holt, Rinehart & Winston, Inc., 1967.

Allen, John M.: Molecular Organization and Biological Function. New York: Harper & Row, Publishers, 1966.

Bertalanffy, Ludwig von: Robots, Men an Minds: Psychology in the Modern World. New York: George Braziller, Inc., 1967.

Eccles, John C. (Hrsg.): Brain and Conscious Experience. New York: Springer Verlag New York, Inc., 1966.

Koestler, Arthur: The Ghost in the Machine: The Urge to Self-Destruction — A Psychological and Evolutionary Study of Modern Man's Predicament. New York: The Macmillan Company, 1967.

Langer, Susanne K.: Mind: An Essay on Human Feelings. Baltimore: The Johns Hopkins Press, 1967.

Miller, George: The Psychology of Communication. New York: Basic Books, Inc., Publishers, 1967.

Neumann, John von: Theorey of Self-Reproducing Automata, hrsg. von Arthur W. Burks. Urbana: University of Illinois Press, 1966.

Reiner, John M.: The Organism as an Adaptive Control System. Englewood Cliffs, N. J.: Prentice-Hall, Inc., 1968.

Wiener, Norbert: God and Golem, Inc.: A Comment on Certain Points Where Cybernetics Impinges on Religion. Cambridge, Mass.: MIT Press, 1964.

Kapitel 8: Die Ethik der Verhaltenssteuerung

Fleisher, Frederick: The New Sweden: The Challenge of a Disciplined Democracy. New York: David McKay Co., Inc., 1967.

Freund, Paul A.: Is the Law Ready for Human Experimentation? In: American Psychologist 22,5 (1967), S. 394—399.

Hoffer, Eric: What Strategy for the War with Nature. In: Saturday Review, 5. Februar 1966, S. 27.

Jones, Ernest: Free Will and Determinism. In: Essays in Applied Psychoanalysis, 2 Bde., S. 178, 189. New York: International Universities Press, Inc., 1964.

Lear, John: Do We Need New Rules for Experiments on People? In: Saturday Review, 5. Februar 1966, S. 61 ff.

Mumford, L.: The Transformations of Man. New York: Harper & Row, Publishers, 1956.

Skinner, B. F.: Freedom and the Control of Men. In: The American Scholar 25 (Winter 1955/56), S. 47—65.